U0922097

道德风险与逆向选择研究
——以内蒙古自治区农业保险为例

◎ 赵元凤　柴智慧　著

中国农业科学技术出版社

图书在版编目（CIP）数据

道德风险与逆向选择研究：以内蒙古自治区农业保险为例 / 赵元凤，柴智慧著.—北京：中国农业科学技术出版社，2018.2
ISBN 978-7-5116-3507-5

Ⅰ.①道… Ⅱ.①赵…②柴… Ⅲ.①农业保险-风险管理-研究-内蒙古 Ⅳ.①F842.66

中国版本图书馆 CIP 数据核字（2018）第 023999 号

责任编辑 李 雪 徐定娜
责任校对 马广洋

出 版 者 中国农业科学技术出版社
北京市中关村南大街 12 号 邮编：100081
电　　话 （010）82109707 82105169（编辑室）
（010）82109702（发行部） （010）82109709（读者服务部）
传　　真 （010）82106650
网　　址 http://www.castp.cn
经 销 者 各地新华书店
印 刷 者 北京建宏印刷有限公司
开　　本 787 mm×1 092 mm 1/16
印　　张 12
字　　数 262 千字
版　　次 2018 年 2 月第 1 版 2018 年 2 月第 1 次印刷
定　　价 48.00 元

版权所有・翻印必究

本研究得到国家自然科学基金支持与资助：

种植业保险中农户逆向选择及道德风险的检验（71363042）

政府补贴农业保险的效果和效率的实证研究：以内蒙古农作物保险为例（71503141）

奶牛保险的减损效果及对养殖户行为的影响——基于内蒙古奶牛养殖户的实证分析（71563037）

本书的出版得到内蒙古草原英才项目“牧区草原畜牧业产业组织体系研究和草原畜牧业理论与实践创新人才团队”的资助。

序

当2018年到来的时候，中国政府支持的农业保险（政策性农业保险）走进了第二个十年。如果把前十年的中国农业保险叫做1.0版本的话，我们的2.0版本的升级已经开始。1.0版本已经取得辉煌的成就，并且在全球都带来重要影响。当然，除了保障责任的不断扩大，保费规模数十倍的增长，保险机构及其队伍的日益扩张，在支持农业现代化，在加快适应现代农业的风险管理制度建设方面发挥了重要作用之外，农业保险经营中出现和积累的问题也不少，其中道德风险和逆向选择方面的问题也很突出。这些问题，对我们农业保险发展质量的提升和推进速度的加快有显著的负面影响，故对道德风险和逆向选择的研究也就具有非常重要的意义，而迄今为止在这方面我们见到的研究并不多，已有研究中大部分成果的研究质量也有待提升。

赵元凤与柴智慧的新作《道德风险与逆向选择研究：以内蒙古自治区农业保险为例》，在对内蒙古自治区十年政策性农业保险发展状况做深入细致考察的基础上，多角度多层面地研究农业保险中的道德风险和逆向选择问题。从这本书里我们高兴地看到，两位作者带领研究生们深入农业保险第一线，对种植业和养殖业保险中的道德风险和逆向选择问题，做了众多的田野调查，收集了大量的数据和实际资料；作者给我们介绍了调查到的多方面多层次的道德风险和逆向选择的表现形式和案例，并在此基础上进行理论和实证分析，披露出许多我们一般政府管理者和研究者所不完全了解的重要问题。

道德风险和逆向选择问题既是一个理论问题，也是一个实践问题，在任何人身保险或者财产保险业务中都存在，只是表现形式不同，它们都与保险中的信息不对称有关，但农业保险中的道德风险有自己的特点。本书的分析表明，在中国农业保险业务活动中，道德风险问题不仅仅在投保人即被保险人一方存在，而且在保险人一方和政府部门一方也都存在，这是由政策性农业保险的特点本身决定的。因为政府是政策性农业保险的重要参与方，不仅要为农业保险支付大部分保险费，而且要帮助保险人做宣传、组织投保，并参与和协调保险定损和理赔工作；可以说，政府在农业保险中发挥着独特的作用。政府部门与保险人之间的“微妙”关系，可能成为产生道德风险的外在原因。在一些情况下，这种道德风险对农业保险的效率和效果会产生多方面不良影响；对于这些方面，本书给出了详细的讨论，也提出了相应的解决办法。

逆向选择其实也有两个方面的问题，它不仅存在于投保人和被保险人一方，也存在于保险人一方。本书的作者就投保方逆向选择的“主要表现、产生机理、深层根源和相关危害给予系统梳理，而且立足于内蒙古现行‘低保障、广覆盖、低保费、低赔偿’的农业保险制度，通过对数百位农户进行入户调查以获得第一手资料，运用比较分析、非参数估计和计量经济模型等方法，从主观风险特质和客观风险水平两个方面对现行农业保险政策下农户的保险参与决策做出解释，据此检验农业保险市场中农户逆向选择行为的存在性”（参见本书相关部分）。但在内蒙古自治区的调查地区，逆向选择的影响并不明显，作者也分析了影响不明显的原因。我认为这种实证结果和对原因的解释，对当地目前的农业保险实践是有说服力和有意义的。

政策性农业保险中道德风险所涉及的问题不完全是“道德”问题，许多问题实际上已经是法律规范问题；逆向选择在很大程度上是保单设计的“技术”和保险“经营和管理”问题引发的后果。在商业性保险中，保险人对风险做出有利于自己的选择，有其经营和管理上的合理性与合法性，而由于政策性农业保险的特殊性，在政策性农业保险的条件下，保险公司的这种风险选择就不符合政府举办政策性农业保险的政策目标，所以就采取法律法规措施加以干预和纠正。不少农业保险比较发达的国家（例如，美国、加拿大、日本等）对于保险标的和保险风险都在其农业保险法或者实施细则里做了详细规定，这在任何商业保险法里面都是没有的。为了防止投保方的逆向选择所必须推行的风险分区和差异化费率制度，早已是那些农业保险发达国家的农业保险经营制度的一个重要组成部分，而在目前中国大部分省份要么是没有足够的认识，要么是存在一些具体的困难，所以还没有实行，本书已经给出了部分答案。随着中国农业保险的深入推进，特别是在农业保险的保险金额提高，新型农业经营主体增多和农林牧业经营规模扩大的环境下，这个问题将会突出起来。需要引起我们的关注，也希望能进一步研究，寻求可行的实施途径，共同为推进这项促使农业保险更加科学化和公平化的重要工作做出不懈努力。

赵元凤教授和柴智慧博士所做成功的和有创意的研究，为我们农业保险研究园地提供了新鲜的富有价值的成果。作为同仁和朋友，我对本书的出版表示祝贺，同时期待他们有更多的农业保险研究的创新成果问世。

首都经济贸易大学保险系教授，农村保险研究所所长

人力资源与社会保障部专家咨询委员会委员

中国保险学会常务理事

庹国柱

2018 年 1 月 7 日于北京

前　言

自2007年中央财政开始支持农业保险以来，中国农业保险发生了翻天覆地的变化。就市场规模而言，2007年至2016年，农业保险保费收入从51.84亿元增长到417.12亿元，增长7倍；各级政府财政累计提供保费补贴1 200多亿元，其中，中央财政累计拨付补贴约690亿元；参保农户从4 981万户次增加到2.04亿户次，增长3倍；提供风险保障从1 126亿元增加到2.16万亿元，增长18倍，年均增速38.83%；承保农作物从2.3亿亩增加到17.21亿亩，玉米、水稻、小麦三大口粮作物承保覆盖率超过70%；赔款支出从32.83亿元增至335.83亿元，共向2.65亿户次的受灾农户支付赔款约1 510亿元。中国农业保险十年的跨越式发展不仅成功解决了分散型农业生产方式下开展保险经营的世界性难题，而且为农业增效、农民增收和农村稳定起到巨大的保障作用。

内蒙古自治区作为保费补贴的首批试点地区之一，农业保险（不包括森林保险）规模持续快速增长。2007年至2016年，农业保险保费收入已由4.33亿元增加到24.75亿元，增长5倍，保费收入累计172.34亿元；各级政府累计提供152.30亿元的保费补贴，占保费收入的88.37%；参保农牧户从145万户次增加到290万户次，增长1倍；风险保障累计约为2 282亿元，政府财政资金放大效应将近15倍；赔款支出从3.35亿元增加到27.60亿元，共计向1 809万次农牧户提供120.71亿元的保险赔偿。然而，内蒙古乃至整个中国的农业保险在蓬勃快速发展的过程中都相继出现一系列不容忽视的问题与矛盾，发展的潜在风险在不断增大，如农业保险的信息不对称风险问题。在内蒙古现行“低保障、广覆盖、低保费、低赔偿”的农业保险制度下，该项政策实施中的三方参与主体（农户、政府、保险公司）是否存在由于信息不对称而引发的道德风险问题和逆向选择行为？如果存在，怎样解决？唯有上述问题的顺利解决才能使得中国在农业转型升级时期更好地利用农业保险提高农业风险管理水平。

基于上述背景，本书综合运用微观经济学、农业经济学、计量经济学等相关经济学理论和方法，以内蒙古十年的政策性农业保险实践为研究对象，在现行“低保障、广覆盖、低保费、低赔偿”的政策性农业保险制度体系下，对该项支农惠农政策实施中三方行为主体的道德风险问题和逆向选择行为进行理论分析与实证研究，以试图解答两个研究问题：

问题一：农业保险开展中三方参与主体是否存在道德风险问题？各自有何表现？其形成原因又是什么？如果存在，如何减少？

问题二：农业保险开展中受益主体即农户是否存在由信息不对称引起的逆向选择行为？有何表现？如何产生？如果存在，如何规避？

本书的主要内容和结论陈述如下。

内容一：农业保险中三方行为主体的道德风险问题研究。

研究发现：在内蒙古现行的农业保险制度下，农户、政府、保险公司三方行为主体均存在道德风险问题，其中，农户的道德风险问题可分为农户事前消极防损与事后怠于减损的不积极行为和农户事前骗保与事后骗赔的保险欺诈行为两类。保险公司的道德风险主要表现为选择性供给，隐形拒保；通过虚假承保、虚假退保、虚假理赔、虚挂保费和虚列费用等“五虚”方式套取财政补贴资金；农业保险运作不规范而造成理赔纠纷等。政府部门的道德风险主要表现为克扣、截留、挤占、挪用财政补贴资金或者农户农业保险赔偿款；骗保、骗赔；部分地方政府以财政补贴资金拨付为武器，人为拉长保费补贴资金划拨流程，故意拖延资金划拨时间，迫使保险公司“无灾也赔”“小灾多赔”等。

三方利益主体均存在道德风险问题，既有理论基础，也有现实原因；其中，现实原因是投保农户的认知偏差和侥幸心理，保险公司的利益驱使和机会主义，政府部门的认知误区与监管缺位；同时，道德风险不仅会使保险公司的业务拓展受挫，而且会造成各级政府的财政补贴资金流失。

然而，基于农户视角的实证检验却发现，无论是在种植业保险市场还是在养殖业保险市场，在内蒙古现行“低保障、广覆盖、低保费、低赔偿”的农业保险制度下，投保农户均不存在事前消极防损和事后怠于减损即事前与事后的不积极行为的道德风险问题，但存在事前骗保与事后骗赔等属于保险欺诈范畴的道德风险问题。

内容二：农业保险中农户逆向选择行为的理论与实证研究。

农业保险市场中农户逆向选择的产生机理是投保农户在农业生产中风险差异的客观存在和保险公司根据农户在农业生产中的平均损失概率厘定保险费率；深层根源则是农业保险标的的特殊性，保险公司经营管理方面的不足以及部分农户对农业保险的认知存在偏差。如果农户的逆向选择行为非常严重，则会导致农业保险市场的风险累积和供求失衡。

另外，基于主客观风险视角，立足于950户农户问卷调查数据，采用非参数分析方法和计量经济模型，识别农户在农业生产中的客观风险、主观风险偏好和风险认知如何影响其农业保险参与决策，研究发现：农业生产风险、风险认知均与农户参与农业保险之间具有显著正相关关系，农户风险偏好和其参与农业保险之间具有显著负相关关系，农户风险认知在农业生产风险和农业保险参与之间存在显著的正向调节作用；同时，农户面临的农业生产风险具有异质性特征，K-W检验和K-S检验均发现农户的农业保险参与决策和其农业生产风险之间并不是相互独立，说明农户在参加农业保险时存在逆向选择行为，但其并不严重，原因可能是目前内蒙古农业保险理赔中“协议”赔付或“平均”赔付的广泛存在和政府对农户的大规模保费补贴。

因此，为了最大限度地降低中国农业保险中的道德风险及逆向选择风险，本研究提出主要政策建议：在制度优化方面，要推行农业风险区划，尽快开展以旗县（市、区）为单位的农业灾害风险评估与农业保险费率厘定，改变现行的自治区统颁农业保险费率条款的政策，实行不同地域、不同险种、不同费率的差异化农业保险政策，从而实现农业保险费率水平和保险责任的对等。在产品创新方面，结合内蒙古自治区实际，要增品扩面，应试点地方特色农畜产品保险；要化解市场风险，应试点农产品价格保险；要助力适度规模经营，应试点农产品收入保险；针对分散经营和气候变化，应试点农业指数保险。在保险公司方面，要持续性增加业务投入力度，既要继续推进农村牧区镇、村两级保险服务网点建设，也要继续充实农业保险人才队伍，提高专业技术水平，以此提升运营农业保险的“精准化”的能力。

本书的出版旨在为内蒙古自治区农业保险的可持续发展提供决策支持。

由于作者的认知水平所限，此研究及成书难免有不足之处，恳请农业保险理论界和实务界的各位同仁和读者朋友多提宝贵意见，以使本研究更臻完善。

目　　录

1 导 论

1.1 选题背景与提出问题

农业作为基础产业，由于自身的弱质性和生产过程的特殊性，在整个全产业链和再生产循环过程中面临许多风险，如自然风险、市场风险、技术风险、政策风险和国际风险等。以自然风险为例，随着全球气候变化，中国农业灾害呈现多发频发重发态势，灾害发生频率高、受灾面积广、受损程度重一直困扰着中国农业的可持续发展；2001—2015 年，全国农作物平均受灾面积57 772万亩，其中成灾面积30 292万亩，占受灾面积的52.43%，占农作物平均播种面积的12.76%；绝收面积7 086万亩，占受灾面积的12.27%，占农作物平均播种面积的2.98%。以市场风险为例，伴随农业市场国际化发展，中国粮食生产呈现出生产量、库存量和进口量“三量齐增”的现象，农产品价格和流通的市场风险与竞争日益加大。运用现代金融工具服务实体经济，是优化配置资源、实现结构调整和促进产业转变发展方式的重要手段。当前中国农业进入高投入、高成本、高风险的发展阶段，同传统农业相比，现代农业投入大且集约化、市场化、国际化程度不断提高，使得农业风险的不确定性和复杂性进一步增强，同样风险对现代农业造成的损失远远大于传统农业。因此，越是发展现代农业，越需要加强农业风险防范和管控，故如何有效利用农业保险这一市场化的风险管理工具，防范农业灾害风险，转变农业发展方式，为农业生产各环节的风险提供保障选择，从而保护生产经营者利益，是当前中国农业现代化进程中迫切需要解决的问题之一。

农业保险是避免自然风险损失、保障农业生产、稳定农民收入的重要手段，越来越深地融入农业现代化建设各个环节，在农村金融体系建设、农业产业结构调整和转型升级中发挥着重要作用。自 2004 年启动新一轮农业保险试点，中共中央、国务院连续 15 个“一号文件”均提出要逐步建立和完善农业保险制度；2007 年，中央财政启动农业保险保费补贴试点；2012 年，国务院颁布《农业保险条例》；在一系列利好政策指引下，目前中国已成为亚洲第一、全球第二大农业保险市场。2007—2016 年，中国农业保险在开办区域上已覆盖全国所有省份，保险品种覆盖农林牧渔各个领域，承保的农作物品种已有211 个，其中，中央财政保费补贴险种已由试点初期的 5 个种植业品种扩大至种植、养殖、林业 3 大类 15 个品种①。农业保险业务规模仅次

① 种植、养殖、林业 3 大类 15 个品种，分别是水稻、小麦、玉米、棉花、马铃薯、油料作物、糖料作物、能繁母猪、育肥猪、奶牛、青稞、牦牛、藏系羊、天然橡胶、森林。

于美国，居全球第二，其中养殖业保险和森林保险业务规模居全球第一；保费收入从51.84亿元增长到417.12亿元，增长7倍；各级政府财政累计提供保费补贴1 200多亿元，其中，中央财政累计拨付补贴约690亿元；参保农户从4 981万户次增加到2.01亿户次，增长3.03倍；提供风险保障从1 126亿元增加到2.16万亿元，年均增速38.83%；承保农作物从2.3亿亩增加到17.21亿亩，玉米、水稻、小麦三大口粮作物承保覆盖率超过70%；共向2.65亿户次的受灾农户支付赔款约1 510亿元。显而易见，政策性农业保险在中国十年的跨越式发展不仅成功解决了分散型农业生产方式下开展保险经营的世界性难题，而且为农业增效、农民增收和农村稳定起到巨大的保障作用。

内蒙古于2007年开始试点农业保险保费补贴政策，截至2016年，农业保险保费收入已由4.33亿元增加到31.38亿元，增长6.24倍；各级政府累计提供176.45亿元的保费补贴；参保农牧户从145万户次增加到294万户次，增长1倍；风险保障累计约为10 829亿元，共计向1 809万户次的农牧户提供129.11亿元保险赔偿。然而，不仅内蒙古甚至整个中国的农业保险在蓬勃快速发展的过程中都相继出现一系列不容忽视的问题与矛盾，发展的潜在风险在不断增大，如农业保险的政策风险问题和道德风险问题等（周延礼，2012）。在内蒙古现行“低保障、广覆盖、低保费、低赔偿”的农业保险制度下，该项支农惠农政策是否存在由信息不对称引起的运营风险问题，如三方参与主体的道德风险问题和逆向选择行为？如果存在，怎样解决？唯有上述问题的顺利解决才能使得中国在农业转型升级时期更好地利用农业保险提高农业风险管理水平。

国外的理论分析和实证研究已表明：农业保险开展中存在由信息不对称引起的运营风险问题，一是农户道德风险问题（Horowitz 和 Lichtenberg，1993；Smith 和 Goodwin，1996；Nimon 和 Mishra，2001；Chen 和 Miranda，2007；Liang 和 Coble，2009；Smith 和 Watts，2010；Bekkerman、Smith 和 Watts，2012a 和 2012b；Chang 和 Mishra，2012；等等），二是农户逆向选择行为（Just 和 Calvin，1994；Richards 和 Mischen，1998；Just、Calvin 和 Quiggin，1999；Makki 和 Somwaru，2001；Shaik 和 Atwood，2002；Esuola 和 Hoy 等，2007；Gunnsteinsson，2012；等等）。然而，国外的农业生产方式和农业保险制度均与中国有着天壤之别，故研究中国的农业保险问题还需结合自身实际。虽然近几年中国农业保险覆盖率在不断增加，但有关该项支农惠农政策开展中由信息不对称引起的道德风险问题和逆向选择行为的研究多是停留在理论层面的探讨，缺乏进一步的实证分析；鉴于此，本研究试图以内蒙古十年的政策性农业保险实践为研究对象，在现行“低保障、广覆盖、低保费、低赔偿”的政策性农业保险制度体系下，对以下两个有关农业保险运营风险的问题做出回答，以期为内蒙古农业保险的可持续发展提供科学翔实的理论与实证依据。

第一，农业保险开展中三方参与主体（即农户、政府、保险公司）是否存在道德风险问题？各自有何表现？其形成原因又是什么？如果存在，如何减少？

第二，农业保险开展中受益主体即农户是否存在由信息不对称引起的逆向选择行为？有何表现？如何产生？如果存在，如何规避？

1.2 研究意义

1.2.1 理论意义

本书运用信息不对称理论、博弈理论等研究内蒙古农业保险的运营风险问题，有利于进一步充实和完善政策性农业保险理论；当前，在农业保险开展中，行为主体是否存在由信息不对称引起的道德风险问题和逆向选择行为？其形成机理是什么？有何危害？如何规避？目前，国内学者的研究主要是对上述问题的定性分析和理论探讨，还鲜有从实证角度进行系统性地研究，故本书的研究不仅可以弥补当前国内理论界对农业保险中行为主体道德风险问题和逆向选择行为在研究方法和研究成果上的不足，扩展农业保险的研究视角和研究内容，而且有利于进一步充实与完善政策性农业保险理论。

1.2.2 现实意义

农业保险在为农村种养业提供风险保障的同时，自身也面临许多经营和管理上的风险，例如，政策设计有待于完善的制度风险，自然灾害损失大且频率高的灾害风险，内松外散式经营的管理风险，农畜产品市场价格不稳定的市场风险，以及信息不对称风险，尤其是农户、政府、保险公司三方参与主体均存在的类型多样的道德风险问题和受益主体即农户的逆向选择行为，上述一系列风险的产生既有行业发展较快、制度设计滞后等方面的原因，也有各参与主体认知度参差不齐、行为不规范的影响，但这些风险如果得不到有效解决，不仅将直接影响各家农业保险经办公司的自身利益和可持续发展，而且会波及广大农户的经济利益。因此，在应用价值方面，通过研究内蒙古农业保险开展中的现实问题，找到切实可行的解决措施，可以为进一步优化中国农业保险运行机制和创新农业保险产品提供更具说服力的经验证据，对出台促进农业保险可持续发展的政策提供决策依据。

1.3 研究目标、内容与假说

1.3.1 研究目标

国外的理论与实证研究均已证明农业保险开展中行为主体会存在由信息不对称引起的道德风险问题和逆向选择行为；然而，国外的农业生产实际、农业保险制度、农险查勘定损方法和农险理赔模式等均与中国有着本质区别，在中国的农业保险实践中，该项支农惠农政策实施中行为主体是否存在道德风险问题和逆向选择行为，还需从理论与实证角度进一步验证。因此，本书研究的总目标为：在内蒙古现行“低保障、广覆盖、低保费、低赔偿”的农业保险制度下，检验其信息不对称风险，以期为内蒙古政策性农业保险的可持续发展提供决策支撑；具体目标有二。

目标一：从理论角度分析农业保险中三方行为主体的道德风险问题，并基于微观农户视角予以实证检验；

目标二：根据信息不对称理论，基于微观农户调查数据，识别农户主观风险、客观风险对其保险参与决策的影响，检测农业保险中农户是否存在逆向选择行为及其程度大小。

1.3.2 研究内容与研究假说

本研究旨在从理论和实证角度分析与解决现阶段内蒙古农业保险实践中面临的两个运营风险问题，研究内容主要包括两个方面：

内容一：农业保险中三方行为主体是否存在道德风险问题以及存在何种道德风险问题？

根据现有的研究成果，农业保险中的道德风险问题毫无疑问地会严重制约该项支农惠农政策的健康运营。针对农户道德风险问题，虽然已有部分国内学者从实证角度给予显著证据，但研究均是局限于特定的地区和特定的保险标的，其研究结果并不一定具有普适性。因此，在中国现行“低保障、广覆盖、低保费、低赔偿”的政策性农业保险市场中，政府补贴大量保费、农户缴纳少量保费、保险保障水平偏低但农业保险覆盖面较广以及“协议”理赔或者“平均”理赔普遍存在（尤其是在内蒙古自治区）的情况下，农户是否存在道德风险问题，以及农户究竟存在何种道德风险问题，还需要进一步从实证角度给予检验。

内容二：农业保险中农户是否存在逆向选择行为以及其程度有多大？

从理论上看，农户主观风险偏好、风险认知以及其在农业生产中面临的客观风险等个体因素均会作用于农业保险消费决策；因此，农业保险与其他保险市场一样，农户也会存在逆向选择行为，从而影响市场资源的有效合理配置。然而，目前国内学者对农业保险中农户逆向选择行为的研究主要是理论分析，还未能基于现行“低保障、广覆盖、低保费、低赔偿”的政策性农业保险制度从实证角度予以验证，本研究试图填补此项空白。

根据以上研究内容，本书提出以下两个研究假说：

假说一：在内蒙古现行“低保障、广覆盖、低保费、低赔偿”的农业保险制度下，农户、政府、保险公司三方行为主体均存在道德风险问题，其中，农户的道德风险问题可以分为农户事前消极防损与事后怠于减损的不积极行为和农户事前骗保与事后骗赔的保险欺诈行为两类；但农户在现行农业保险制度下并不存在事前与事后的不积极行为的道德风险问题，而是存在事前骗保与事后骗赔等属于保险欺诈范畴的道德风险问题。

假说二：在内蒙古农业保险开展中，受益主体农户的主观风险、客观风险均会显著影响其保险参与决策，同时，农户的确存在逆向选择行为，但并不严重。

1.4 逻辑结构与技术路线

本书共由九章组成，具体的框架结构如下。

1：导论。导论是全书的研究纲领。本部分一是基于中国农业转型升级实现现代化进程中利用农业保险这一市场化工具提高农业风险管理水平、保护生产经营者利益的背景，以及过往十年以来中国政策性农业保险的跨越式发展，提出研究中国或者内蒙古农业保险发展中面临的运营风险问题；二是介绍研究意义、研究目标、研究内容、相关假说、框架体系、研究方法、数据/资料来源以及创新点与不足之处。

2：文献综述。自20世纪80年代末90年代初以来，国内外保险学界、业界均对农业保险中行为主体道德风险和逆向选择等问题从理论和实证角度进行了广泛而深入的研究，取得的研究成果十分丰富，本部分对其给予系统性地回顾。通过梳理与评述当前国内外有关农业保险信息不对称风险的研究动态，阐述本书研究农业保险发展中现实问题的价值所在。

3：理论基础。理论基础是本书研究的逻辑起点。本部分主要是介绍信息不对称理论和博弈理论，从而为衡量农业保险实践中由信息不对称引起的运营风险提供理论依据。

4：内蒙古政策性农业保险十年发展回眸。内蒙古于2007年开始试点政策性农业保险，至今已有十余年；本部分系统全面地总结了内蒙古自治区政策性农业保险十年来的发展成就，分析了新时期农业保险发展面临的挑战。

5：农业保险中道德风险问题的理论研究。本部分主要是从理论角度讨论农业保险中三方行为主体的道德风险问题，具体而言，采用信息不对称理论、博弈理论分析农业保险市场中各个利益主体道德风险的主要表现、形成机理、现实原因以及其会给农业保险政策带来的危害，进而为下一章从实证角度检验农户道德风险问题的存在性奠定理论基础。

6：农业保险中道德风险问题的实证检验：基于农户视角。本章主要是在前一章的理论分析基础上，基于微观农户视角，根据农业保险中农户事前道德风险问题和其事后道德风险问题的不同表现，从农户事前消极防损与事后怠于减损的不积极行为和农户事前骗保与事后骗赔的保险欺诈行为两个角度，一方面，以内蒙古种植业保险为例，采用案例分析与比较分析等方法对投保农户的道德风险问题进行检验；另一方面，以内蒙古养殖业保险中的奶牛保险为例，采用计量经济模型和比较分析方法对现行养殖业保险政策下投保养殖户是否因有奶牛保险提供风险保障而存在改变饲养规范、降低努力程度或者存在保险欺诈行为等道德风险问题给予验证。

7：农业保险中农户逆向选择行为的理论研究。本部分主要是采用信息不对称理论分析农户逆向选择行为的主要表现、产生机理、深层根源以及其会给农业保险政策带来的危害，进而为下一章从实证角度检验农户是否存在逆向选择行为提供理论支撑。

8：农业保险中农户逆向选择行为的实证检验：基于主客观风险视角。国内外学者的研究表明农户主观风险特质和其客观风险水平均是影响个体风险管理决策的重要因素，其中，主观风险特质一般包括风险偏好和风险认知；本部分以内蒙古种植业保险为例，根据2012—2015年950户微观农户的调查数据，采用比较分析、非参数分析和计量经济模型等方法，从主观风险特质和客观风险水平两个方面对现行农业保险政策下农户的保险参与决策做出解释，据此验证“是否高风险的农户更倾向于参加种植业保险”的研究假设，即农户是否存在逆向选择行为。

9：研究结论与政策含义。本部分主要是对全书的研究结论做一个简明扼要的总结，并在此基础上提出进一步完善内蒙古农业保险制度的政策启示，同时对未来的研究方向进行展望。

本书研究的技术路线如图所示。

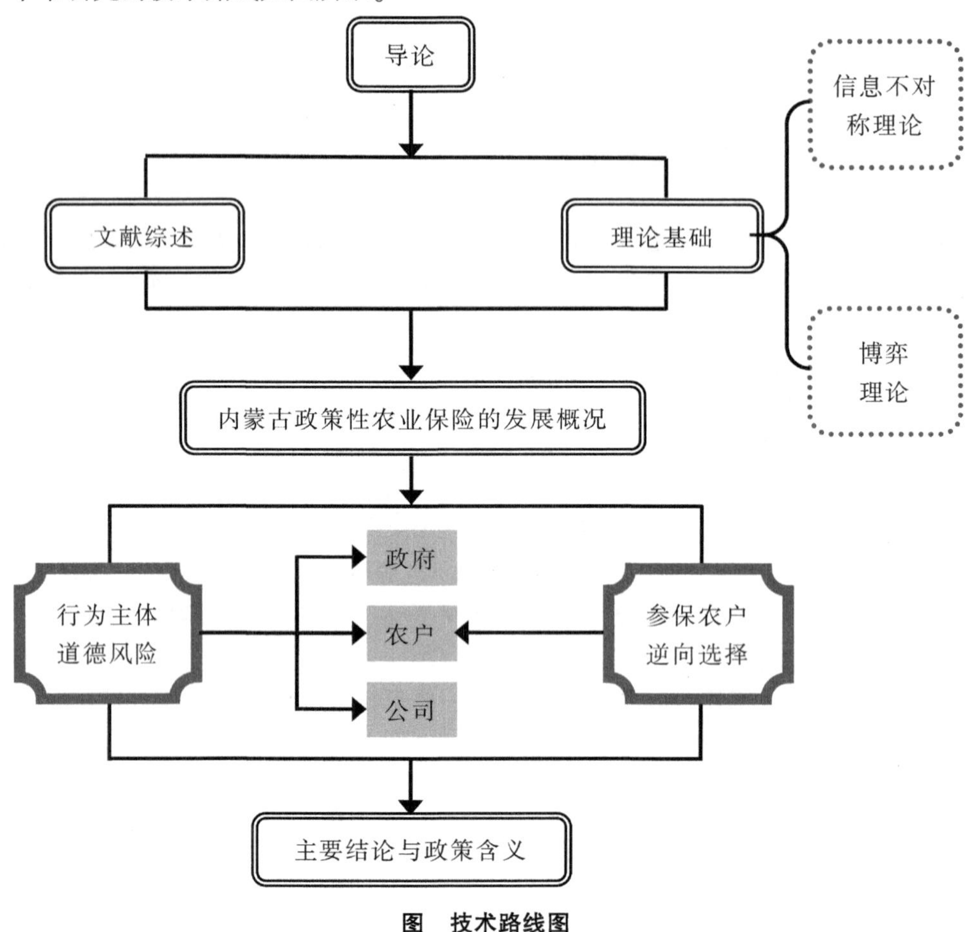

图　技术路线图

1.5　研究方法

科学严谨的研究方法是获取准确结论的基本保障。本书所采用的研究方法主要有以下几种：

（1）文献研究法；文献研究法主要是指搜集、鉴别、整理文献，并通过对文献的研究形成对事实的科学认识的方法。由于美欧等发达国家有着丰富的农业保险实践，故理论界和实务界关于政策开展中行为主体行为的研究文献非常多，本书在全面搜集有关农业保险市场的信息不对称风险尤其是参与主体的道德风险问题和逆向选择行为等文献资料的基础上，经过归纳整理、分析鉴别，对其予以系统、全面的叙述和评论。

（2）问卷调查法；问卷调查法是调查者运用统一设计的问卷向被选取的调查对象

了解情况或征询意见的调查方法。2012—2015 年，笔者带领课题组相继对内蒙古 7 个盟市、19 个旗县（区）、49 个乡镇（苏木）、96 个村（嘎查）的种植业保险或养殖业保险（主要是奶牛保险）进行入户问卷调查，获取到大量、翔实的一手农户/养殖户调查数据。

（3）实地访谈法；实地访谈法是访谈者和被调查者之间围绕某一论题进行时间较长的谈话，用以采集被调查者对某事物的看法，或做出某项决定的原因等。2012—2015 年，笔者带领课题组在基层调查过程中，不仅与中国人保财险内蒙古分公司、中华联合财险内蒙古分公司、安华农业保险内蒙古分公司、太平洋财险内蒙古分公司、大地财险内蒙古分公司、紫金财险内蒙古分公司、中国人寿财产保险内蒙古分公司以及各家公司在自治区部分盟市、旗县（市、区）的分支机构进行深入访谈，而且与当地农业保险政府相关部门（如财政局、农牧业局及其经管站、畜牧站、农技站等二级单位）也进行实地座谈，以了解各地区在落实农业保险这项支农惠农政策过程中的主要做法、实施效果、存在的问题以及改进的措施等。

（4）个案研究法；个案研究法是对某一特定个体、单位、现象或主题的研究，这类研究广泛收集有关资料，详细了解、整理和分析研究对象产生与发展的过程、内在与外在因素及其相互关系，以形成对有关问题深入全面的认识和结论。在本书中，笔者通过实地调查、深入访谈以及网络、媒体等获取相关案例对内蒙古农业保险开展中政府、农户、保险公司三方行为主体的道德风险问题进行阐释。

（5）比较分析法；比较分析法是根据一定的标准，对两个或两个以上有联系的事物进行考察，寻找其异同，探求普遍规律与特殊规律的研究方法。按时空的区别，比较分析法可分为横向比较和纵向比较。本书在多处采用比较分析的研究方法，尤其是在对内蒙古政策性农业保险过往十年跨越式发展中取得的成效和面临的挑战进行分析时，不仅从纵向角度详尽概述内蒙古农业保险在制度建设、财政支持、市场规模、产品创新等方面取得的成效，而且从横向角度对比分析内蒙古农业保险在全国的地位以及农业保险不同险种、不同主体的发展概况。

（6）理论分析和定量研究法；科学研究的对象是质和量的统一体，它们的质和量紧密联系，质变和量变更是互相制约。若要达到对内蒙古农业保险中道德风险和逆向选择真正的科学认识，不仅要研究其质的规定性，还必须重视对它们的量进行考察和分析，以便更准确地认识研究对象的本质特性。本书在对内蒙古农业保险市场中行为主体的道德风险和逆向选择进行检验时运用多种规范、严谨的计量经济学方法，意图在撇开研究对象的其他一切特性的情况下，用计量经济学工具对研究对象进行一系列量的处理，从而作出正确的说明和判断，进一步增强本书的理论和现实说服力。

1.6 数据/资料来源

本研究所用数据/资料的来源有两个层面：宏观层面与微观层面；其中，宏观层面的数据/资料主要包括以下三个部分。

第一，统计年鉴/统计数据：《2001—2017 年中国统计年鉴》《2008—2017 年全国农产品成本收益资料汇编》《2001—2017 年内蒙古统计年鉴》《2008—2016 年中国奶业年鉴》，等等。

第二，农业保险统计数据/资料：美国农业部风险管理局（RMA）、美国联邦农作物保险公司（FCIC）以及美国环境工作组（EWG）的农业保险统计数据；内蒙古自治区农牧业厅种植业管理处的农业保险数据库；内蒙古农业保险保费补贴领导小组关于财政补贴、政策颁布等农业保险数据资料；中国保险监督管理委员会内蒙古监管局的农业保险统计数据；中国人保财险内蒙古分公司农险事业部 2007—2016 年的农业保险统计数据；等等。

第三，文献资料：一是从内蒙古农业大学图书馆、内蒙古图书馆获取相关文献资料；二是从中国知网（CNKI）、世界银行（World Bank）、美国农业部（USDA）、IDEAS 经济研究机构等网站获取相关文献资料。

微观层面的数据主要来源于 2012—2015 年在内蒙古部分盟市、旗县（区）的入户调查和与农业保险基层政府相关部门、经办公司工作人员的实地访谈，具体如下。

（1）2012 年的入户调查涵盖内蒙古呼和浩特市、包头市、巴彦淖尔市、乌兰察布市和赤峰市 5 个盟市、8 个旗县（区）、18 个乡镇（苏木）、30 个村（嘎查）的 251 户农户；调查问卷的内容主要包括农户个人特征、家庭禀赋、农业生产概况、农业风险特征、对农业保险政策的认知与主观评价等。

（2）2013 年的入户调查包括两个方面：一是农户调查，即针对从事种植业农户的调查，范围涉及内蒙古巴彦淖尔市、包头市、呼伦贝尔市和兴安盟 4 个盟市、5 个旗县、12 个乡镇（苏木、农场）、17 个村（嘎查）的 234 户农户；二是奶牛养殖户/养殖场调查，即课题组于 2013 年 7—9 月针对从事奶牛饲养的农牧户/养殖场/牧场等进行的实地问卷调查，范围涉及内蒙古呼和浩特市、包头市、呼伦贝尔市和兴安盟 4 个盟市、8 个旗县（区）的 182 位（个）奶牛养殖户、牧场；调查问卷的内容主要包括养殖户个人特征、养殖情况、风险状况、参保经历、对奶牛保险政策的认知和主观评价，以及在奶牛饲养中的风险防控措施等。

（3）2014 年的入户调查主要是在内蒙古包头市达尔罕茂明安联合旗开展，涉及 11 个乡镇（苏木）、28 个村（嘎查）的 204 户农户。

（4）2015 年的入户调查涵盖内蒙古呼和浩特市、包头市、呼伦贝尔市和兴安盟 4 个盟市、7 个旗县、15 个乡镇（苏木）、24 个村（嘎查）的 283 户农户。

1.7 主要创新与不足

本研究是基于前人研究成果的进一步理论和实证研究，故其在以下几个方面有所创新。

（1）对农业保险中三方行为主体道德风险问题的理论与实证研究。农业保险市场存在道德风险问题，这早已是不争的事实，但目前国内学者的研究存在两个问题：第一，道德风险是否会发生在投保人身上？国内学者对此问题的研究还处于理论探讨与定性分析阶段，现有的实证由于所研究区域的受限而未必具有普适性①；第二，保险公司与基层政府是否也存在道德风险问题？目前国内学者还鲜有对此问题的系统分析（施红，2009）。因此，本研究将理论与实证相结合，基于内蒙古乃至全国统一的农业保险制度，运用调查数据、相关案例和比较分析，对农业保险市场中三方行为主体（农户、公司、政府）的道德风险问题进行系统分析，是一创新的视角。

（2）对农业保险中农户逆向选择行为的理论与实证研究。本研究不仅对农业保险市场中农户逆向选择行为的主要表现、产生机理、深层根源和相关危害给予系统梳理，而且立足于内蒙古现行“低保障、广覆盖、低保费、低赔偿”的农业保险制度，通过对数百位农户进行入户调查以获得第一手资料，运用比较分析、非参数估计和计量经济模型等方法，从主观风险特质和客观风险水平两个方面对现行农业保险政策下农户的保险参与决策做出解释，据此检验农业保险市场中农户逆向选择行为的存在性，研究结果无疑可以弥补当前国内关于此项研究的空白。

然而，受资料、经费、时间和本人研究能力的限制，本研究在以下几个方面尚存在明显不足。

第一，本书将农作物保险与养殖业保险结合在一起来分析农业保险中的信息不对称问题。虽然农作物保险与养殖业保险的基本制度均为“低保障、广覆盖、低保费、低赔偿”，但二者明显属于不同的保险类别，种植作物与饲养牲畜更是大不相同，故将农作物保险与养殖业保险单独进行研究更为切合实际，而本研究并未加以区分。

第二，农户逆向选择行为的延续性问题。本书仅采用横截面数据证实农户在农业保险开展中存在逆向选择行为，未能通过数据积累采用面板数据或者时间序列数据对农户逆向选择行为的延续性给予验证。

1.8 本章小结

基于中国农业转型升级时期如何提高风险管理水平、政策性农业保险过往十余年的跨越式发展和政策开展过程中存在的诸多潜在风险等现实背景，作为本书的开篇之章，本部分首先提出全书研究的两个基本问题，并从理论和实践两个层面指出对上述两个问题进行理论与实证研究的重要意义和现实价值所在；其次是概述本书的研究目标与研究内容，进而提出有待于验证的基本假说；再次，介绍全书的研究思路与框架结构，并对采用的研究方法和数据/资料的来源予以详细说明；最后，总结本书研究的主要创新和存在的不足。

① 目前，国内学者对农业保险中道德风险问题的研究主要集中在新疆玛纳斯河流域和浙江省，这两个地方的农业保险运作均与全国多数地方存在明显区别（钟甫宁等，2007；张跃华，2009和2013；林光华等，2013）。

2 文献综述

自20世纪80年代末90年代初以来，国内外农业保险理论界和实务界均对信息不对称风险尤其是参与主体的道德风险问题和逆向选择行为进行了广泛而深入的研究，取得的研究成果十分丰富，本书在此对其进行系统回顾与评述。

2.1 道德风险

关于道德风险，国外学者的研究最早可以追溯到Arrow（1963）、Pauly（1968）等人，指出由于保险人很难观察到投保人的风险防范程度，保险合同无法有效约束投保人因参保产生的冒险倾向，故而造成保险成本的上升和市场效率的降低。此后，Zeckhauser（1970）、Shavell（1979）等均从理论角度对保险市场中道德风险的形成机理、最优保险合约的设计等方面进行了阐述。Shavell（1979）认为投保人购买的保险保障水平越高，其越有可能疏于防范风险，在事故发生后就越有动机夸大损失程度，此即为道德风险。然而，相比保险市场中道德风险理论的成熟，直到20世纪80、90年代，诸多学者才逐渐采用保险市场数据实证检验道德风险的存在性，农业保险市场中道德风险理论与实证的发展也殊途同归。

2.1.1 国外学者的研究

国外学者对农业保险中道德风险的研究主要集中在四个方面：（1）道德风险是否存在；（2）道德风险的影响；（3）道德风险的成本或程度；（4）如何解决道德风险问题。

关于农业保险中是否存在道德风险，国外的理论与实证研究均证明在农业保险的开展中农户存在道德风险问题（Just与Calvin，1990；Coble和Knight等，1993；Richards和Mischen，1997；Chen和Miranda，2007；等等）。Just与Calvin（1990）采用均值方差效用模型检验农户是否存在道德风险，认为只要农户的实际产量低于其预期产量则其就存在道德风险（Coble和Knight等，1993）。Richards和Mischen（1997）通过采用条件价值评估法研究农户对蔬菜、水果等特殊农作物保险的支付意愿，发现农户的技术无效可以解释在农业保险中农户存在道德风险，即一个在农业生产中缺乏效率的农户将对保险有比较高的支付意愿，一方面，其依靠自身化解风险的成本较高；另一方面，缺乏效率的农户可能会有波动比较大的农业产出。Smith和Watts（2010）认为美国2008年的农场法案中所构建的特别灾害援助计划（SURE）会削弱联邦农作物保险的免赔额的有效性，进而诱导农户在联邦农作物保险中产生道德风险问题，尤其是在农作物产出的市场价格等于或者低于其保险价格时情况更为严重；在此基础上，Bekkerman、Smith和

Watts（2012a）的实证研究发现 SURE 确实可以显著提高农作物保险的参保率，而农户的道德风险问题则起了很大作用。同时，部分学者还对农业保险中道德风险问题的表现之一即保险欺诈问题进行了研究（Rejesus 和 Lovell 等，2003；Atwood 和 Robison-Cox 等，2006）。Rejesus 和 Lovell 等（2003）讨论了农户利用农作物保险合同中的休耕条款进行保险欺诈的问题，并找出影响农户保险欺诈的若干因素，即农户所在地区由于气候等原因，其所耕种的某块土地不能再种植农作物，且保险公司负责承担农户无法耕种农作物所造成的损失，此时农户就有可能利用该项条款进行保险欺诈。Atwood 和 Robison-Cox 等（2006）对拥有多块耕地的农户根据保单特点谎报不同地块耕地的农作物产量以欺诈保险保费的情况进行了研究；当农户投保耕地在两块以上时，其就有动机在农作物总产量一定的情况下，将各块耕地的产量按照可以获取最高限度的保险赔付进行申报；同时，作者还试图通过构造统计模型以避免这种保险欺诈的发生。

关于道德风险的影响，国外学者从道德风险存在对农户生产行为（主要是要素投入行为①）和其对农作物产量的影响两个视角进行了理论与实证研究。一方面，道德风险会对农户的要素投入行为产生显著影响，但国外学者并未取得一致的研究结论，原因在于农业保险中的道德风险对农户要素投入行为的改变受农业生产条件、农户决策行为、要素风险属性、农业保险条款等因素的综合影响，而这些因素则会因区域不同、农作物不同而发生变化。Ahsan，Ali 和 Kurian（1982），Chambers（1989）均认为在“理性经济人”假设下，参加农业保险的农户在期望收益最大化的驱动下会改变其原先在农业生产中的要素投入行为，增加风险增加型要素的投入，减少风险降低型要素的投入②。部分学者认为道德风险的存在会使得农户增加要素投入（Quiggin，1992；Horowitz 和 Lichtenberg，1993；Nimon 和 Mishra，2001；等等）。Quiggin（1992）认为道德风险会使农户增加对农业投入品的使用仅在理论上存在可能。Ramaswami（1993）考察了农业保险的供给反应效果，其将供给反应分为道德风险效应和风险降低效应，前者可能会鼓励农户改变要素投入，后者则可能鼓励农户寻找最优期望收益；其中，道德风险效应会使农户增加风险增加型要素（如化肥）的投入，进而提高保险的预期理赔。Horowitz 和 Lichtenberg（1993）发现美国中西部地区的玉米生产者在参加农业保险后会比未参保农户使用更多的化学要素，其中，参保农户对氮、农药、除草剂、杀虫剂的使用量每英亩分别增加 19%、21%、7%和 63%。Vercammen 和 van Kooten（1994）采用静态分析方法，基于农户风险中性和保险费用固定的假设，认为农户在参加农业保险后会陷入道德

① 关于道德风险如何影响农户在农业生产中的要素投入行为，其理论基础是农业生产风险如何影响农户风险态度进而影响农户在农业生产中的要素投入行为，主要集中于 Pope 和 Kramer（1979）、Leathers 和 Quiggin（1991）、Loehman 和 Nelson（1992）等人的理论研究（宁满秀，2006）。

② 关于要素风险特征的区分，根据 Quiggin（1992）的研究可知，对某一要素而言，其风险特征具有风险增加性与风险降低性之分，要素的风险特征与其所处的生产自然环境状态紧密相关。如果有利生产环境下的要素边际产出大于等于不利生产环境下的要素边际产出，则称该要素为“风险弱增加型”要素；如果不利生产环境下的要素边际产出小于等于 0，则称该要素为“风险强增加型”要素；如果有利生产环境下要素边际产出小于不利生产环境下的要素边际产出，则称该要素为“风险降低型”要素。例如，某个生产环境受到严重的病虫害威胁，那么农药、杀虫剂等就是“风险降低型”要素；若在干旱少雨的生产环境中，大量使用化肥而导致农作物因“烧苗”受损，那么化肥就被认为是“风险强增加型”要素。

风险循环，当农户处于道德风险循环中时，其会增加化学要素的使用以期获取高额赔偿。Nimon 和 Mishra（2001）认为收入保险中的道德风险效应会诱使小麦生产者增加对杀虫剂的投入，减少对化肥的投入。Chang 和 Mishra（2012）在研究农户参加农业保险和其从事非农工作对农户在农业生产中化学要素使用的影响时也发现农户参加农业保险会使其增加要素投入。

然而，也有相当一部分学者认为道德风险的存在会使得农户减少要素投入（Nelson 和 Loehman，1987；Babcock 和 Hennessy，1996；Smith 和 Goodwin，1996；Mishra 和 Nimon 等；Liang 和 Coble，2009；等等），但纵观这些研究成果，可以发现其研究大多局限于特定的地域范围和特定的农作物。Nelson 和 Loehman（1987）认为道德风险会导致投保农户减少农业投入品的使用（Shaik 与 Atwood，2000）。Babcock 和 Hennessy（1996）以美国爱荷华州的玉米生产为例，采用蒙特卡罗模拟方法评估农作物保险对农户在农业生产中氮肥使用量的影响，结果发现农户的氮肥使用会随着保险保障水平的提高而减少，如果保险保障水平提高到 90%，高风险规避型农户会减少约 10% 的氮肥使用量。Smith 和 Goodwin（1996）针对 Horowitz 和 Lichtenberg（1993）的研究结果提出质疑，认为尽管道德风险可能会使农户增加化学要素的使用，但农户这一行为的发生取决于其预期理赔的增加是否大于增加化学要素使用的机会成本（指农户放弃增加化学要素的投入而导致的收益的减少），Smith 和 Goodwin 以美国堪萨斯州的小麦生产者为例，通过设计单一方程模型、联立方程模型和 Bootsrapped 模型，结果均显示在道德风险存在的情况下，投保农户将比未投保农户使用较少的化学要素以最大化其预期理赔，具体来说，投保农户对化学要素的投入比未投保农户少 4.23 美元/英亩。Mishra、Nimon 等（2005）采用递归模型研究美国收入保险与农户要素投入之间的关系，结果发现农业保险中的道德风险问题会使农户减少化肥投入，而对农药的投入则无明显影响。Liang 和 Coble（2009）采用成本函数分析美国密西西比河流域棉花保险中的道德风险问题，发现在 1998—2006 年的个别年份道德风险会使农户增加或减少农业投入（如肥料、除草剂、杀虫剂），但并不是每个年份都会存在，因此，作者认为道德风险只是在特定条件下才存在，其通常与生产条件、市场环境有关；同时，实证结果显示化肥、除草剂、杀虫剂的价格每上涨 1%，参保农户对这三类要素的投入需求分别降低 0.222%、0.143%、0.121%。

另一方面，道德风险的存在会对农业产出产生影响。Roberts，Key 和 O'Donoghue（2006）运用 1989—2002 年由美国联邦农作物保险合同组成的数据集，对爱荷华州、德克萨斯州和北达科他州的玉米、大豆和小麦保险的道德风险程度进行估计，结果发现德克萨斯州的小麦保险和大豆保险的道德风险比较明显，但并没有发现道德风险会影响平均产量或产量方差。

关于道德风险的成本或程度，国外学者不仅从理论上提出可行的衡量方法（Just 与 Calvin，1993；Rejesus，2003；等等），而且运用具体的农业保险数据从实证角度给予估计（Roberts 和 O'Donoghue 等，2009）。Just 与 Calvin（1993）提出衡量农业保险中农户道德风险成本的两种途径：一是检测农户是否以及有多少农户在参保之后会减少要素投入，然后将减少的要素投入转化为产出，但这种方法在实践中很难实现；二是检测参保农户的产出减少额度；最后发现道德风险问题是美国联邦农作物保险公司（FCIC）的多风险农作物保险（MPCI）业务持续亏损的一个主要原因（Weaver 和 Kim，2002；Esuola 等，2007）。Coble、Knight 等（1997）运用美国德克萨斯州小麦生产者 5 年的生产与保险面板数据测度道德风险对 MPCI 赔款的影响，结果发现在小麦生长条件不好的年份，道德风险对 MPCI 赔款有显著影响，反之，在生长条件较好的年份，则无严重的道德风险发生。Islam、Turvey 和 Hoy（1999）的研究结果显示在不同的生产率和保险保障水平下，农作物保险道德风险的成本具有显著差异，在 40%（含）的保障水平下，低生产率的道德风险成本要高于高生产率，而在 50%及以上的保障水平下，高生产率的道德风险成本要高于低生产率。Rejesus（2003）针对事后道德风险的两种范式，即保险公司的有成本证实和农户的有成本掩盖，采用非参数估计方法对美国德克萨斯州的旱地棉花保险的理赔进行分析，结果发现实际理赔大多与农户的有成本掩盖相一致，且农户的大额索赔倾向于被过低赔付，而农户的小额索赔倾向于被过高赔付。Goodwin、Vandeveer 和 Deal（2004）认为由于投保农户和保险公司的道德风险问题，导致美国联邦农作物保险在实施过程中存在政府财政补贴耗散的情况；保险公司为了保持其与大农场之间的业务关系，通常会对投保农户提供“有利”的赔付；同时，保险公司很少监督定损人员的行为，对于一些有问题的索赔也会给予赔付。Roberts、O'Donoghue 和 Key（2009）采用固定效应回归模型和非参数密度估计方法衡量美国农作物保险中玉米、小麦、大豆、棉花、水稻五种农作物保险的道德风险问题及其理赔成本，发现在 1992—2001 年之间由于道德风险问题而产生的理赔金额约为5 370万美元，其约占同时期美国农作物保险总赔款支出的0. 9%。Bekkerman、Smith 和 Watts（2012b）认为在2008 年美国农场法案及其所包含的特别灾害援助计划（SURE）出台以后，农户的道德风险和逆向选择行为虽然推动联邦农作物保险参保率的上升，但是其也带来两方面的后果：一是其增加农户向 SURE 索赔的频率与规模，而这大大超出了国会预算办公室 2008 年的预期；二是其可能导致联邦农作物保险的赔付率上升。

关于如何解决道德风险问题，国外学者认为可行的方法主要有三种：一是产品创新，如合作保险（Chambers，1989；Vercammen 和 van Kooten，1994；Hyde 和 Vercammen，1997）、区域产量保险（Miranda 和 Glauber，1997；Ramaswami 与 Roe，2001；Chambers 与 Quiggin，2002；Harri 等，2011）、天气指数保险（Turvey，2001；Giné 和 Townsend 等，2008）等；二是优化合同①（Weaver 和 Kim，2002），例如，提供无赔款优待（Rejesus 和 Coble 等，2006）；三是加强监管，但其成本比较高（Just 与 Calvin，1993；Turvey 和 Hoy 等，2002）。

2.1.2 国内学者的研究

国内学者对农业保险中道德风险的研究多是将道德风险作为影响农业保险可持续发

① 在农业保险中，保险合同的不规范会诱使农户产生道德风险问题，例如，在免赔额的设定方面，如果保险公司设定的免赔额过高就会诱使参保农户在其保险标的受损程度未达到理赔标准时，人为扩大损失程度以获取保险公司的赔偿。

展的一个因素，检测其是否存在，分析其形成原因，进而提出可行的防范措施。

部分学者从定性角度认为中国农业保险开展中农户存在明显的道德风险问题，其会影响农业保险的可持续发展（庹国柱与王国军，2002；姜鲁宁，2008；曹艳秋，2011）。曹艳秋（2011）认为在中国的农业保险中政府财政部门、保险公司和农户之间会构成三层的委托代理关系，农户为了最大化自己的收入，保险公司为了最大化自己的利润，分别会采取相应的道德风险行为，从而降低财政补贴农业保险的效率和效果。周延礼（2012）指出中国农业保险发展中面临的新问题之一就是投保农户的道德风险。朱蕾、赵忠伟等（2013）认为农业保险中的道德风险问题主要是各行为主体的违规行为，其表现在市场资源人为分派、承保违规套取补贴、查勘违规有违公平、理赔违规制造假案等方面（庹国柱，2013）。

关于对农户是否存在道德风险问题的检验，国内学者中主要是钟甫宁、宁满秀、张跃华、林光华等人的相关研究，结果发现：在种植业保险市场，农户存在道德风险问题；在养殖业保险市场，结果并未达成共识，可能的原因是各位学者所研究的保险产品存在差异。在种植业保险中，钟甫宁和宁满秀等（2007）以新疆玛纳斯河流域的棉花保险为例，研究农业保险制度对农户农用化学要素施用行为的影响，结果显示：购买农业保险的农户倾向于施用更多的化肥与农膜，而倾向于施用更少的农药；张跃华（2009）基于浙江省乡（镇）级数据的经验分析，对农作物保险中农户的事后道德风险问题进行检验，并衡量其严重程度。

在养殖业保险中，张跃华等（2011）对中国生猪保险市场中的欺诈问题予以实证分析，其以浙江省德清县的生猪保险为例，基于444位生猪养殖户的横截面数据，采用Heckman三步法对生猪养殖户在参加保险时是否存在谎报行为以及谎报程度进行估计；结果发现生猪养殖户在参加保险时自己报告的生猪年出栏量比保险公司认定的数量低14%，说明养殖户存在谎报行为，但是其并不与养殖户的收入水平、风险态度，甚至保险公司对谎报的惩罚相关，而是与养殖户的饲养规模、养殖经验、参保时交纳的保费相关。养殖规模越大、饲养年限越短以及交纳的保费越少，养殖户越有可能谎报生猪年出栏数量；同时，作者指出，养殖户的欺诈行为并不是蓄意而为，养殖户对其年生猪出栏量的不准确报告是由养殖户欠缺精确计算的能力所导致的。张跃华等（2013）对生猪保险中的信息不对称和养猪户在“不足额投保”中的道德风险问题进行研究；结果发现农户在保险公司缺乏生猪出栏量信息的情况下，有动机谎报，但是并不严重；保险公司通过一定的制度设计，使得其与养猪户之间的信息不对称并不十分显著；在既定条件下，养猪户的最优行为是按照实际出栏量进行足额投保；因此，通过制度设计是可以约束政策性生猪保险在“不足额”投保问题上的道德风险效应的。张跃华、朱熹和Turvey（2016）以浙江省德清县为例，基于一项准自然实验，采用倍差法和倾向得分匹配方法，识别生猪保险和能繁母猪保险对养殖户牲畜死亡率、生产和疫苗使用的影响；实证结果显示：保险对牲畜死亡率和养殖户疫苗使用并无显著性影响，即养殖户并不存在道德风险问题，但是生猪保险对养殖户的生猪生产则具有显著性作用，而能繁母猪保险则无此效应，差别源自于生猪和能繁母猪的不同属性，前者对养殖户来说是一种商品，而后者对养殖户来说则是一种资本投资；因此，作者进一步指出道德风险并非是中国牲畜保险发展的主要障碍。林光华和汪斯洁（2013）利用浙江省家禽保险试点地区的农户调查数据，研究发现参加家禽保险对养殖户疫病防控要素投入具有显著的负向影响，参保养殖户平均每只鸡的疫病防控要素投入比未参保养殖户约低 1.21~1.34 元。

关于农业保险中农户道德风险的形成原因，国内学者主要是从信息经济学和博弈论的视角进行阐述（张芳洁，刘凯凯，柏士林，2013）。李勇杰（2008）认为农业保险中农户道德风险的存在是因为农业保险的保险标的的特殊性、农户文化素质和其诚信意识的偏低以及现阶段中国农业保险法律法规的欠缺。张芳洁、刘凯凯和柏士林（2013）利用博弈论与信息经济学的有关知识，通过不完全信息静态博弈分析和委托—代理理论对对政策性农业保险中投保农户道德风险的成因从事前道德风险和事后道德风险两个角度进行了理论剖析。

关于如何防范农户的道德风险问题。李勇杰（2008）认为可以从引入高科技手段提高信息的透明度、构建系统的道德风险监管体系以及加强农户的道德意识三个方面构筑中国农业保险中农户道德风险的防范机制。金大卫与潘勇辉（2009）对从政府、保险公司、农户三方互动视角构建政策性农业保险道德风险的调控机制进行了深入探讨。俞雅乖（2009）认为农业产业化通过提高农户的组织化程度和加强农户的合作机制可以降低农业保险中的道德风险。曹艳秋（2011）认为解决农户的道德风险问题必须设计相应的激励机制并采取相关的配套措施，如农业保险经办公司应严格审查投保农户的信息、加强对保险标的的管控以及加大对农户道德风险的惩罚力度等。姚海明（2012）和巴曙松（2012）认为推行合作制或者相互制农业保险也是降低道德风险的一个有效措施。因此，国内学者认为防范农业保险中的农户道德风险问题，可行的措施有：一是完善农业保险经营的微观制度，特别是要完善保险条款的设计，以及加强对承保、核保、查勘、定损、理赔环节的管理（曹艳秋，2011；田淑华，2011；张跃华等，2013）；二是设计防范农户道德风险的激励机制，如无赔款优待、对信用好的农户在购买保险时给予保费折扣等（庹国柱和朱俊生，2007）；三是加大监管力度（金大卫与潘勇辉，2009；张兰，2011）；四是加快农业保险立法（庹国柱，2012；张芳洁、刘凯凯和柏士林，2013）；五是提高农业生产的产业化水平（俞雅乖，2009）；六是推行合作制农业保险或者相互制农业保险（姚海明，2012；巴曙松，2012）。

2.1.3 简要述评

综上所述，国内外学者均对农业保险中农户的道德风险问题给予高度重视，绝大多数学者均认为在农业保险开展中存在道德风险问题，而且该问题会严重影响政策的可持续性，同时均提出一系列防范措施。然而，国外的研究成果翔实丰富，所用方法较为具体，研究内容更是富有针对性；而国内学者的研究与之相比则明显不足，对农业保险中道德风险问题的研究还处在较低水平，主要表现如下。

第一，在研究视角上，国外学者的研究多是微观层面，而国内学者的研究则更多是宏观层面。国外学者针对农业保险中投保农户的道德风险问题，不仅基于微观农户调查数据检测了其是否存在，而且还分析了该问题所产生的影响及其程度，并提出了切实可行的防范措施。目前，国内学者对中国农业保险中农户道德风险问题的研究则多是集中于理论方面的探讨，研究视角较为宏观，认为农户道德风险会影响农业保险的可持续开展，同时运用信息经济学理论或博弈理论对其形成原因进行了剖析，并针对性地提出一系列防范措施。

第二，在研究方法上，国外学者的研究多是采用实证方法，而国内学者的研究则更多采用的是定性分析与规范研究，实证分析的偏少，尤其是从农户视角采用实证方法检验农户在农业保险中是否存在道德风险问题的研究还较为少见（钟甫宁、宁满秀等，2007；张跃华等，2013；林光华和汪斯洁，2013），主要原因在于中国农业保险的发展相对落后于美国、加拿大、日本等国家，还未有较完善的农户数据积累可供使用。

2.2 逆向选择

针对逆向选择问题的理论研究始于 Akerlof（1970）、Rothschild 与 Stiglitz（1976）等人。Akerlof（1970）在对旧车市场模型的研究中首次提出低质量产品将高质量产品驱逐出市场的逆向选择概念，由此开创逆向选择理论的先河。Rothschild 与 Stiglitz（1976）认为保险市场中逆向选择的产生是由于保险公司无法识别投保人的风险水平，建立在平均概率基础上的保险费率会使得所有风险发生概率低于平均概率的投保人逐渐退出保险市场，进而导致保险市场的运营风险不断上升，形成一个典型的“柠檬市场”；同时，二人通过研究高风险和低风险两类投保人在信息不对称条件下的竞争性保险市场的均衡问题，发现在存在逆向选择的竞争性保险市场中，如果存在均衡，一定不是混同均衡（即高风险投保人和低风险投保人均以保险公司精算的公平平均费率购买相同的保险合同），而是分离均衡，即高风险投保人和低风险投保人分别购买保险公司通过公平精算保费而为其提供的保险合同，此时，高风险投保人通过支付较高的保险费用而获得完全保险，低风险投保人通过支付较低的保险费用而获得部分保险，而且高风险投保人不关心两种保单的差异，这种选择结果是竞争性保险市场的纳什均衡。然而，采用保险市场数据实证研究信息不对称所导致的投保人逆向选择行为，则兴起于 20 世纪 80 年代末 90 年代初，农业保险市场也不例外（Skees 与 Reed，1986；Just 与 Calvin，1990；Smith 和 Goodwin，1996；Makki 和 Somwaru，2001；Esuola 和 Hoy 等，2007；等等）。相对于国外学者的研究，国内学者对农业保险中农户逆向选择问题的关注相对较少，现有研究也多偏向于理论分析，实证研究还比较稀缺。

2.2.1 国外学者的研究

针对农业保险中的农户逆向选择问题，国外学者的研究主要有四个方面：检测其是否存在，分析其形成原因，衡量其影响以及如何减少农户逆向选择行为。

关于农户是否存在逆向选择行为，国外学者多是基于农场数据通过研究农户的参保收益或参保成本对其参保决策的影响来测度逆向选择是否存在，但研究结果并不一致。在 20 世纪 90 年代初期，部分学者认为农业保险中不存在逆向选择。Just 与 Calvin（1990）使用横截面数据比较参保农户与未参保农户的农作物产量，结果发现农户无逆向选择行为（Coble、Knight 等，1993）。然而，主流观点是农业保险中存在逆向选择；

检测方法有两种。

一是保费对参保决策具有负向影响，或者说高风险农户比低风险农户对农业保险的需求弹性小，则证明农户存在逆向选择。Miranda（1991）认为如果农户的预期赔偿超过保费成本，则其可能购买农作物保险；反之，预期成本超过赔偿的农户将不太可能购买保险。Goodwin（1993，1996）基于美国爱荷华州县域层面数据的实证研究，认为农业保险市场中逆向选择的真实表现是不同风险水平的农户对农业保险的需求弹性也不同，在风险高的县域，农业保险的需求弹性非常小，这说明高风险农户愿意为保险支付更多的保费。Luo，Skees 和 Merchant（1994）认为如果潜在的被保险人运用其对丰收前气象信息的掌握来进行参保决策，只有当影响产量的气候不确定时，被保险人才会选择购买农业保险，于是就有可能出现逆向选择。Smith 和 Goodwin（1996）认为耕地地理位置和农户管理能力的差异会导致农户之间的风险不同，当承保人不能准确评估这些风险时，农户就会发生逆向选择。Somwaru 和 Makki 等（1998）通过研究 1997 年美国爱荷华州和内布拉斯加州具有不同风险特征的玉米和大豆生产者选择购买不同农业保险产品的行为，主要是多风险农作物保险（MPCI）和农作物收益保险（CRC），但 CRC 的保障水平高于 MPCI；结果显示：高风险农户更倾向于选择参加 CRC，即农业保险中农户存在逆向选择。Islam，Turvey 和 Hoy（1999）指出如果农业保险费率未能精确反映参保农户的受损可能性，则其就会扭曲农险收益并且导致逆向选择发生。Goodwin（2001）在对堪萨斯州小麦生产的保险需求方程进行估计时，发现风险较高的农场主对农业保险的费率变化缺乏弹性，进而证实了农户在农业保险中存在逆向选择问题。Makki 和 Somwaru（2001，2002，2007）分别以美国爱荷华州的玉米生产者和德克萨斯州的棉花生产者为例，通过检测农户选择保险产品或保障水平是否与其遭受损失风险的大小相互独立来验证农户是否存在逆向选择，结果显示二者并不是相互独立的，即存在逆向选择，高风险农户在投保时更倾向于选择收入保险产品和高保障水平。Shaik、Coble 和 Knight（2005）在研究农场主对农作物收入保险的需求时，发现对农作物产量风险、价格风险预期较高的农户更有可能选择参加收入保险。Gunnsteinsson（2012）通过研究菲律宾水稻保险市场的信息不对称问题，发现农户存在明显的逆向选择行为，认为农户在选择参保耕地时可以充分利用其所掌握的私人信息（主要是关于农户耕地受自然灾害的影响）。

二是若收益对参保决策具有正向影响，则证明农户存在逆向选择。Quiggin、Karagiannis 和 Stanton（1993）利用 Cobb-Douglas 生产函数对美国 535 个农场的收入影响因素进行研究，发现大农场的每英亩耕地将会比小农场有更高的产出，这导致小农场主选择农作物保险来分散风险，而大农场主则进行自保，即发生逆向选择。Quiggin（1994）提出美国农业保险中逆向选择的三种实例：①如果在农作物产量分布中存在不对称情形，投保人则可能大多是那些具有较高赔款预期的农户；②如果保险合同每年都重新签订，而且投保的截止日期规定的比较迟，农场主就会对其农业生产是否会遭受灾害进行预测，若预测会遭受灾害，农场主就选择参保，否则就不参保；③潜在投保人可能会利用其熟悉土地肥力的优越性，投保那些产量风险较高的土地。Just 和 Calvin（1994）通过调查与比较参保农户和未参保农户的农场产量分布，发现美国农业保险中存在明显的逆向选择，原因是农场风险及其平均产量存在异质性，同时也由于 FCIC 的保险产量是按照个人农场的历史产量（APH）作为厘定依据，而某些农场可能没有充分的历史产量数据。

此外，Richards 和 Mischen（1998）拓展了检验农业保险中农户逆向选择的方法，作者在采用条件价值评估法研究农户对特殊农作物（主要是土豆、苹果、葡萄、洋葱、西瓜）保险的需求时，通过检验农户的技术无效性与其对保险的支付意愿之间的关系证实农户存在逆向选择；实证结果发现农户生产的无效性程度越高，其对保险的支付意愿也越大，即发生逆向选择，原因有二：第一，在其他条件不变的情况下，农户的农业生产的无效性程度越高会导致产出方差的增大；第二，农业生产无效性程度越高的农户会发现依靠自身行为减少风险的成本是比较高的。

关于逆向选择的形成原因，国外学者多认为农户逆向选择的产生与保险人对被保险人的风险分类或农业保险产品费率厘定有关（Skees 和 Reed，1986；Just、Calvin 和 Quiggin，1999；Miller 和 Kahl 等，2000；Makki 和 Somwaru，2002）。Skees 和 Reed（1986）认为逆向选择是由保险人对其产品的费率厘定的不公平所导致，当低风险农户与高风险农户购买农业保险产品时的价格相同，则农户就会发生逆向选择。Just、Calvin 和 Quiggin（1999），Makki 和 Somwaru（2002）等认为由于农业保险产品的费率厘定是基于农作物的历史平均数据，故其费率水平并不能精确反映个体农户的未来真实的农业生产损失程度，由此导致农户出现逆向选择现象。Miller 和 Kahl 等（2000）在对美国农业保险费率结构①进行估计时发现：因为现行的农业保险费率政策对预期产量较低的农户收费过低（尤其是在低保障水平下），而对预期产量较高的农户收费过高（尤其是在高保障水平下），故该费率政策会鼓励农户发生逆向选择。

关于逆向选择的影响。Gardner 和 Kramer（1986）通过将参保农户和未参保农户进行全国层面的统计比较，发现逆向选择是 FCIC 的 MPCI 产品持续亏损的一大原因。美国国会审计署②（1989）根据其对农业保险计划的精算财务结果，指责在 20 世纪 80 年代早期美国的农业保险计划向难以获得精算信息的县域和农作物扩张，导致了不利的选择风险集合。Just、Calvin 和 Quiggin（1999）认为相对于未投保农户，逆向选择会导致投保农户获取额外收益，范围大概在每英亩 1.42～3.34 美元之间，故逆向选择不仅影响私营保险公司供给 MPCI，而且其导致美国农业保险遭受福利损失，由此使得低风险农户被挤出保险市场（Esuola，Hoy 等，2007）。Shaik 和 Atwood（2002）测算出 1997—2000 年美国棉花保险的逆向选择带来的成本变动范围是在 3 200万至 3.59 亿美元之间。

关于逆向选择行为的减少，可行的措施有：实施费率区划（Skees，Reed，1986）；实行强制性保险（Appel、Lord 和 Harrington，1999），但由于其可能降低低风险农户的福利，故强制性保险可能在政治上并不受欢迎（Glauber，Collins，2001）；推行指数保险，如区

① 美国的农业保险费率主要是由农业部农业风险管理局（RMA）负责厘定，近年来，私人保险公司也开始参与其中；美国农业保险的费率结构并不复杂，主要取决于保险责任、农作物种类和地域范围（通常是以县为单位）；在保险责任相同的条件下，同一种农作物在同一县域范围内的费率相同。

② U. S. General Accountability Office（GAO）。

域产量保险（Miranda，1991；Mahul，1999）和天气指数保险（Turvey，2001）；调整保险期限（Just 等，1999）。美国 FCIC 在 1964 年曾推出为期三年的小麦保险和棉花保险，三年保险期限的农作物保险单不仅可以减少农户在第二年和第三年的逆选择问题，而且可以降低承保人销售保单的费用。

2.2.2 国内学者的研究

相对于国外学者，国内学者对农业保险中农户逆向选择的研究更为偏少，现有研究多是基于信息不对称视角，将其与道德风险结合在一起作为影响农业保险可持续发展的问题与难点进行分析（程静，2010；张祖荣，2012），或者是将农户逆向选择作为影响农户参与农业保险的因素之一进行研究（王志刚、黄圣男和钱成济，2013），鲜有单独研究逆向选择问题的文献（欧阳越秀，李贞玉，2010；侯玲玲、Hoag 和穆月英，2011；丁少群与赵晨，2012）。欧阳越秀和李贞玉（2010）采用效用决策理论构建农业保险的市场均衡模型，进而分析了逆向选择的影响。侯玲玲、Hoag 和穆月英（2011）基于北京市密云县约 100 户农户的调查数据，发现农户在参加农业保险时并不存在逆向选择行为。丁少群与赵晨（2012）通过对农业保险中逆向选择的表现形式与生成机理的研究，认为市场信息不对称、保险公司针对农业保险的经营管理水平低下与机会主义倾向是其形成根源；指出逆向选择的存在会导致农业保险市场的价格扭曲、供求萎缩与效率损失；同时提出了若干规避逆向选择的策略，如推进风险区划、增加财政补贴、推行区域产量保险、实行强制性投保、利用保险合同的多样性以及调整保险期限等措施。王志刚、黄圣男和钱成济（2013）的研究显示：相对于风险偏好类型农户，风险规避类型农户对农作物保险的保费支付意愿较低，证实农户在农业保险中存在逆向选择问题。

2.2.3 简要评述

综上所述，国外学者多是采用实证方法，检测逆向选择是否存在，分析其所产生的影响，并提出切实可行的防范措施；而国内学者更多是采用定性分析与规范研究的方法探讨逆向选择对农业保险的制约和其成因，还鲜有从实证角度检验逆向选择是否存在。国外农业保险农户逆向选择的研究成果虽然值得借鉴与参考，但需要我们注意的有：一是发达国家的农业生产与中国以小农经济为主、分散经营的农业生产有着本质区别；二是发达国家的农业保险运作与中国农业保险的运作虽然同属于较为普遍的公私合作模式，但二者却有着实质差别，具体是指发达国家的农业保险产品所保障的是农场产量和农户收入，而中国现行的“低保障、广覆盖、低保费、低赔偿”的农业保险政策所保障的是农户在农业生产过程中所发生的直接物化成本，故在中国现行的“保成本”的农业保险运作模式下，农户是否存在逆向选择问题，还有待于实证检验。因此，本研究试图以内蒙古为例，基于现行的农业保险运作模式，立足于微观农户调查数据，从实证角度识别农户主观风险偏好和风险认知以及其在农业生产中的客观风险究竟是如何影响其农业保险参与决策，并据此检测农户在农业保险开展中是否存在逆向选择问题，以弥补国内研究的不足。

2.3 本章小结

自20世纪80年代末90年代初以来，国内外农业保险学界、业界均对行为主体尤其是农户的道德风险问题和逆向选择行为给予广泛而深入的研究，取得的研究成果十分丰富，本书在此对其给予系统性地回顾。通过梳理与评述当前国内外有关农业保险信息不对称风险的研究动态，指出现阶段国内学者研究存在的不足，进而阐述本书研究在现行“低保障、广覆盖、低保费、低赔偿”的农业保险制度体系下“三方参与主体（即农户、政府、保险公司）是否存在道德风险问题?”“受益主体即农户是否存在逆向选择行为?”以及“信息不对称风险有何表现? 如何产生? 怎样减少?”等现实问题的价值所在。

3 基础理论

农业是国民经济的基础。无论发达国家，还是发展中国家，其经济和社会的发展都需要以农业的平稳发展为基础，而农业生产经营的过程需要农业保险这一市场化工具的保驾护航；可以说，中国的农业保险制度承担着化解农业生产经营风险、保障“三农”持续发展和稳定农户收入水平等保障任务。然而，目前内蒙古现行的农业保险政策是否和其他保险市场一样存在由信息不对称引起的一系列运营风险问题（如道德风险和逆向选择），如何将其影响降到最低？本部分主要是构建回答上述问题的理论框架。

3.1 信息不对称理论

信息在市场经济中是影响资源有效合理配置的一个重要因素。在古典经济学研究中，信息是一种共享资源，通常假定市场信息是完全的，任何主体都具备信息完全的先决条件，市场参与者之间不存在信息不对称问题；在完全信息市场中，参与者在任何时间、任何地点都可以获得其想要获取的任何信息，信息就如同空气，是不需要支付任何成本就可以拥有的。然而，实践早已证明信息并不是一种完全免费的共享资源，而是一种需要市场主体付出时间代价方能获取的稀缺性资源，Stigler（1961）将这种时间代价称之为信息的“搜寻成本”，即信息价格；在现实市场中，任何一个经济主体通常都不可能在既定的客观条件下穷尽其所需要的全部信息，市场参与者总是处于信息“不完全”或“不对称”状态之中。

3.1.1 理论简介

信息不对称（Information Asymmetry）是指市场交易双方所掌握的信息在数量和质量上存在差异，即一方掌握的信息数量较多、质量较高，而另一方则恰好相反。根据非对称性发生的时间，可以将信息不对称划分为事前信息不对称和事后信息不对称，前者发生在市场交易双方签订契约之前，后者发生在市场交易双方签订契约之后，由此引发两种机会主义行为或者说产生信息不对称的两个典型表现：道德风险（Moral Hazard）和逆向选择（Adverse Selection）；同时，从非对称信息的内容看，非对称信息可能是指某些参与人的行动，也可能是指某些参与人的知识，故信息不对称从这个角度可以划分为“暗中行动问题”和“暗中知识问题”，由此可知，道德风险既有可能是“暗中行动问题”也有可能是“暗中知识问题”，而逆向选择则属于“暗中知识问题”（张维迎，2004）。

纵观信息经济学的相关文献，可以发现这一领域的所有经典文献几乎均是以保险市场为例来研究信息不对称问题，究其原因是保险市场属于一个典型的信息不对称市场

(Arrow，1963；Mossin，1968a 和 1968b；Akerlof，1970；Rothschild 与 Stiglitz，1976；Myerson，1991；等等)。Arrow（1963）认为保险人（或承保人）与被保险人（或投保人）之间的信息不对称会导致保险市场的效率降低，甚至市场失灵。Rothschild 与 Stiglitz（1976）通过研究高风险和低风险两类投保人在信息不对称条件下的竞争性保险市场的均衡问题，发现在存在逆向选择的竞争性保险市场中，如果存在均衡，一定不是混同均衡（即高风险投保人和低风险投保人均以保险公司精算的公平平均费率购买相同的保险合同)，而是分离均衡，即高风险投保人和低风险投保人分别购买保险公司通过公平精算保费而为其提供的保险合同。Myerson（1991）主张把保险市场中的信息不对称区别为"由参与人选择错误行动引起的问题"即道德风险和"由参与人报告错误信息引起的问题"即逆向选择两类。

3.1.2 农业保险中的信息不对称

在农业保险市场，信息不对称主要是指农业生产中的一些特点是由农户所掌握的私人信息，以及农户购买保险以后的行为特征等情况不能为风险承担者所共享（张跃华等，2013)。农业保险市场中的信息不对称主要表现在以下三个方面。

(1) 保险公司与农户之间。一方面，保险公司比投保农户拥有更多关于农业保险知识的信息。作为农业保险政策的实施主体，保险公司拥有大量具有专业知识和实践经验的人才，因而其在保险交易中对保险知识拥有绝对的优势；相对于保险公司而言，投保农户在保险知识方面处于明显劣势，多数投保农户缺乏必要的保险知识；农业保险合同复杂且专业性、技术性较强，投保农户很难全面、准确地理解保险合同条款所传递的所有信息，从条款设计、费率厘定到签单承保、查勘定损、赔款计算等环节，无不包含着复杂的技术和专业性，没有深厚的理论基础和丰富的实践经验，是不可能深刻理解的。另一方面，投保农户通常比保险公司掌握更多关于其农业生产的风险信息，如气候条件、土壤特征、当地的耕作制度、保险标的生长状况、风险事故的发生状况等；一般而言，参保农户耕种几块地，每块地种什么品种，地块的名称、位置、边界四至，每块地的品质特征及风险程度等信息只有农户自己知道；因此，在农业生产的风险信息方面，投保人多是信息优势方，而保险公司则是信息劣势方，其若想完全掌握这些信息可能需要付出高昂的信息搜寻成本。

(2) 政府与保险公司之间。农业保险的准公共物品属性使得该项支农惠农政策的开展需要政府为其提供财政支持，目前主要是保费补贴，然而，针对保费补贴资金的管理，政府与保险公司之间存在明显的信息不对称。一方面，政府将保费补贴资金拨付给保险公司后，保险公司如何对这笔庞大的财政补贴资金进行管理？其是否与其他保险产品单独立账核算？其经营农业保险的运营成本究竟有多高？购买再保险的费用有多少等？如果农业保险经办公司对这些信息不予披露，政府通常是很难知晓的。另一方面，保险公司划拨给基层政府的农业保险代办费用，政府部门是如何列支的？是否按照政策要求将代办费用确实向旗县（市、区）特别是苏木乡镇从业人员和专家倾斜使用？这些信息保险公司则是难以获知的；同时，对于政府而言，其通常也难以知晓保险公司经营农业保险业务的努力程度，或者说政府需要付出很大的成本才可以获悉保险公司的运营状况。

(3) 农户与政府之间。一方面，政府是最大的公共信息资源的控制者，其处于优势地位，而农户作为信息的被动接受者，明显处于弱势地位。在当前内蒙古农业保险市场，政策制定往往由当地农业保险保费补贴领导小组负责，在具体的政策落实过程中则是依靠各村协保员的积极宣传，故各级政府相关部分和各村协保员往往比农户掌握有更多的农业保险政策信息，其通常可以深刻了解政策的最新变化。另一方面，在农业保险保费补贴政策中，虽然具体的补贴标准是由政府决定，但补贴量则是依据农户的参保面积，更确切地说是农户的农作物种植面积，故相对于政府而言，农户更为清楚其自身的农作物实际种植面积，此时，农户则处于信息优势地位。

农业保险市场中信息不对称的存在通常会导致三方主体的道德风险问题和投保农户的逆向选择行为，进而造成农业保险效率低下甚至政策失效。以保险公司和农户之间的信息不对称为例，由于农户通常比保险公司掌握更多关于保险标的的风险信息，故可能导致农户产生道德风险问题和逆向选择行为。道德风险来自保险公司不能观察到投保人在投保后的防范措施，从而投保人的防范措施偏离没有保险或者没有事后信息不对称时的防范措施（张维迎，2004）；所谓逆向选择，是一种事前隐藏信息的行为，是指由交易双方信息不对称产生的“次品”驱逐“良品”，进而出现保险市场上充斥着“高危险的投保人”的现象（张洪涛，2006）；在农业保险市场，逆向选择是指由于投保农户的信息隐藏导致保险公司无法分离高低风险农户，在采用统一费率的情况下，使得低风险农户不愿投保而高风险农户则乐于投保。

然而，保险公司和农户之间关于保险标的的信息不对称为何会引发农户的道德风险问题与逆向选择行为？假定农户的道德风险和逆向选择均为其机会主义行为倾向①，用概率 P 表示，且 $0 \leqslant P \leqslant 1$，则影响农户机会主义行为倾向的因素有二：一是保险公司和农户之间掌握有关保险标的风险信息的对称度，用 E 表示，且 $0 \leqslant E \leqslant 1$，故 $E=0$ 说明保险公司和投保农户之间存在完全的信息不对称，$E=1$ 说明二者之间实现信息均衡或信息共享。二是农户实施机会主义行为可能得到的收益，用 R 表示；新制度经济学认为人们在追求自身效用最大化时，常常会走到机会主义上去，人会借助各种不正当手段谋取自身利益，不惜损人利己。

在一般情况下，保险公司和农户之间的信息对称度与农户的机会主义行为倾向存在如图中（a）子图的关系，即二者具有反向变动关系，说明保险公司和农户之间掌握的信息越为均衡，则农户的机会主义行为就越有可能得到抑制，反之亦然。农户实施机会主义行为可能得到的收益与其机会主义行为倾向存在如图中（b）子图的关系，即二者具有正向变动关系，说明在不考虑其他因素的条件下，风险收益越高，农户就越有可能实施机会主义行为，而若没有额外获利的机会，农户也就不会去侥幸冒险。假定影响保险公司和农户之间信息对称度的主要因素是保险公司的信息搜寻成本，用 C 表示，则

① 新制度经济学关于人的行为的第三个假定就是人的机会主义行为倾向，其是人们对自我利益的考虑和追求，意思是说人具有随机应变、投机取巧、为自己谋取更大利益的行为倾向；用经济学术语来定义，所谓人的机会主义行为倾向是指在非均衡市场上，人们追求收益内在、成本外化的逃避经济责任的行为（卢现祥等，2007）。

保险公司和农户之间的信息对称度与保险公司的信息搜寻成本存在如图中（c）子图的关系，即二者具有正向变动关系，说明保险公司付出的信息搜寻成本越高，相应可得到的信息平衡度就越高，就越有利于减少农户的机会主义行为。综上可知：在保险公司和农户之间的信息不对称中，引发农户机会主义行为（包括道德风险和逆向选择）的直接因素是保险公司和农户之间的信息对称度以及农户机会主义行为可得到的风险收益，而间接因素则是保险公司关于保险标的风险信息的搜寻成本（谢家智等，2009）。

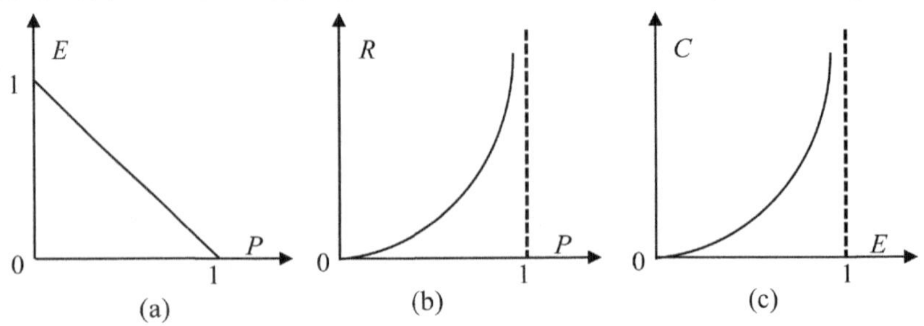

图　农户机会主义行为的产生机理

3.2　博弈理论

在农业保险市场中，投保农户的道德风险问题可以根据风险事故发生的时间，划分为事前道德风险问题和事后道德风险问题。其中，事前道德风险，是指在风险事故发生之前，市场交易中掌握私人信息的一方参与人利用自己的信息优势和对方的高监督成本劣势在最大化增进自身利益的同时作出不利于他人的行为；主要表现在因投保人不诚实或者故意欺诈以及投保人事前防损行为不积极而引起保险事故的发生。事后道德风险，是指在风险事故发生之后，市场交易中的一方参与人利用对方难以掌握的私人信息作出最大化自己利益的行为；主要表现在投保农户在受灾以后谎报灾情、虚报损失、串换标的以骗取农业保险赔款和投保农户在受灾以后怠于采取减损措施以获取保险公司的超额农业保险赔款。由上文的分析可知：农业保险市场中道德风险问题存在的根源是信息不对称；在市场交易双方中一旦存在信息不对称问题，总会产生博弈行为。因此，本书采用博弈理论分别对农户道德风险问题和保险公司道德风险问题的形成机理予以探讨，其中，对农户道德风险问题形成机理的分析是基于投保农户事前骗保与事后骗赔的保险欺诈视角。

博弈理论，英文为 Game Theory，是研究决策主体的行为发生直接相互作用时候的决策以及这种决策的均衡问题的，也就是说，当一个主体，好比说是一个人或一个企业的选择受到其他人、其他企业选择的影响，而且反过来影响到其他人、其他企业选择时的决策问题和均衡问题（张维迎，2004）。传统微观经济学谈到个人的决策，就是在给定一个价格参数和收入的条件下，最大化他的效用；个人效用函数只依赖于他自己的选择，而不依赖于其他人的选择；个人的最优选择只是价格和收入的函数而不是其他人选择的函数。这里，经济作为一个整体，人与人之间的选择是相互作用的，但是对单个人来讲，所有其他人的行为都被总结在一个价格参数里；一个人作出决策时他面临的似乎是一个非人格化的东西，而不是面临着另外一个人、另外一个决策主体。与此明显不同的是，在博弈理论中，个人效用函数不仅仅依赖于他自己的选择，而且依赖于其他人的选择；个人的最优选择是其他人选择的函数；从这个意义上讲，博弈论研究的是在存在相互外部经济条件下的个人选择问题（张维迎，2004）。

第一，博弈要素。一个博弈中必不可少的要素有参与人、行动、信息、战略、支付函数、结果、均衡等。参与人是指博弈中选择行动以最大化自己效用的决策主体，可以是个人，也可以是团体（如国家、企业）；行动是指参与人的决策变量；战略是指参与人选择行动的规则，其通常是告诉参与人在什么时候选择什么行动（如“人不犯我，我不犯人；人若犯我，我必犯人”是一种战略，这里，“犯”与“不犯”是两种不同的行动，战略规定了何时选择“犯”，何时选择“不犯”）；信息指的是参与人在博弈中的知识，特别是有关其他参与人的特征和行动的知识；支付函数是指参与人可从博弈中获得的效用水平，其是所有参与人战略或行动的函数，是每一个参与人真正关心的东西；结果是指博弈分析者感兴趣的要素的集合；均衡是指所有参与人的最优战略或行动的组合。在上述要素中，参与人、行动、结果统称为博弈规则，博弈分析的目的是使用博弈规则决定均衡。

第二，博弈分类。博弈论可以划分为合作博弈与非合作博弈；二者之间的区别主要在于人们的行为相互作用时，当事人能否达成一个具有约束力的协议，如果有，就是合作博弈；反之，则是非合作博弈。合作博弈强调是团体理性，强调的是效率、公平与公正；非合作博弈强调的是个人理性、个人最优决策，其结果可能是有效率的，也可能是无效率的。本书所研究的博弈则为非合作博弈。非合作博弈可以从两个角度予以分类。第一个角度是参与人行动的先后顺序；从这个角度，非合作博弈可以划分为静态博弈和动态博弈，前者是指博弈中的参与人同时选择行动或者虽非同时但后行动者并不知道前行动者采取了什么具体行动，后者是指博弈中参与人的行动有先后顺序且后行动者能够观察到前行动者所选择的行动。划分非合作博弈的第二个角度是参与人对有关其他参与人的特征、战略空间以及支付函数的知识；从这个角度，非合作博弈可以划分为完全信息博弈和不完全信息博弈，完全信息是指每一个参与人对所有其他参与人的特征、战略空间以及支付函数有准确的知识，否则就是不完全信息。将非合作博弈的两个分类标准相结合，可以得到四种不同类型的博弈，即完全信息静态博弈、完全信息动态博弈、不完全信息静态博弈、不完全信息动态博弈。

因此，本书在分析投保农户的保险欺诈行为这一道德风险问题和保险公司的道德风险问题时均采用了完全信息动态博弈模型。在分析投保农户的保险欺诈行为这一道德风险问题过程中，本研究分别构建投保农户与保险公司之间的两阶段博弈模型和三阶段博弈模型，同时采用扩展式来描述博弈①。其中，两阶段博弈是指投保农户与保险公司之

① 扩展式表述可以对博弈进行非常丰富的描述，它能告诉我们，谁在什么时候行动，他们能做什么，轮到他们行动时，他们知道些什么，以及与博弈参与人所采取的行动的任何组合相联系的结果是什么（马斯-科莱尔等，2001）。

间的博弈分为两个阶段，第一阶段是投保农户选择是否进行欺诈，第二阶段是保险公司选择是否进行核查；三阶段博弈是指投保农户与保险公司之间的博弈分为三个阶段，第一阶段是投保农户选择是否进行欺诈，第二阶段是保险公司选择是否进行核查，第三阶段是由“自然”来发现投保农户是否存在欺诈行为。在分析保险公司的道德风险问题过程中，本研究分别从纯策略均衡与混合策略均衡两个角度予以探讨。

3.3 本章小结

农业是“万业之母”，但在其整个全产业链和再生产循环过程中时刻面临风险；近年来，农业保险作为一种 WTO 允许的各国政府支持农业发展的非价格农业保护工具，日益得到世界各国政府的重视。中国的农业保险制度更是承担着化解农业生产经营风险、保障“三农”持续发展和稳定农户收入水平等保障任务。然而，目前内蒙古现行的农业保险政策是否和其他保险市场一样存在由信息不对称引起的参与主体道德风险问题和农户逆向选择行为？如何将运营风险的影响降到最低？本部分主要是建立理论分析和实证检验农业保险中三方行为主体的道德风险问题和投保农户的逆向选择行为的理论基础，主要是信息不对称理论和博弈理论。

4 内蒙古政策性农业保险十年发展回眸（2007—2016年）

2007年至今，内蒙古农业保险坚持公私合作的运营模式，在各级政府的组织保障和财政补贴推动下，一直走在全国市场的前列，在全国市场中约有10%的份额；虽然取得的成效比较显著，但在发展过程中其也面临一些亟待解决的挑战。

4.1 取得的成效

受益于各级政府多方面的大力支持、各家经办公司的积极参与和广大农牧民对惠民政策认知度的逐渐提高，内蒙古政策性农业保险在过往十年实现了跨越式发展，取得了较大的成就。

4.1.1 制度体系日趋完善

2007—2017年，内蒙古农业保险保费补贴领导小组结合自治区农牧业生产实际，根据自治区农业保险发展状况，在实践中经过不断探索，开拓创新，相继出台和修订一系列规范农业保险业务的文件，现已初步形成一套比较完整的制度体系，为自治区农业保险的持续、健康、稳定开展奠定坚实的制度保障。

在运营制度方面，内蒙古农业保险的运作属于典型的“公私合作（PPP）”模式，即“政府支持下的商业化运作”模式，其中，“公”体现在内蒙古自治区农业保险保费补贴领导小组对全区各家农险经办公司的业务进行支持（主要是各级财政的保费补贴）、指导与监督；“私”体现在内蒙古农业保险的商业化运作，具体是指由商业性保险公司负责经营农业保险，具体的运营模式如图4-1所示。内蒙古自治区农业保险保费补贴领导小组通过引入竞争机制，根据保险公司的服务水平、企业规模等，按照优胜劣汰的原则评选确定承办农业保险的私营保险公司；同时，在农业保险的开展过程中，相关政府部门如财政、农牧业、林业、保监、气象等协助农业保险承办公司开展工作。

在经营主体方面，保险公司参与农业保险的积极性不断提高。2007年试点之初，只有中国人保财险内蒙古分公司、中华联合财险内蒙古分公司、安华农业保险内蒙古分公司三家保险公司经营政策性农业保险业务；到2016年，内蒙古又有4家商业性保险公司经营政策性农业保险业务，即太平洋财险内蒙古分公司、大地财险内蒙古分公司、紫金财险内蒙古分公司和中国人寿财产保险内蒙古分公司；其中，太平洋财险内蒙古分公司是从2014年开始经营政策性农业保险业务，大地财险内蒙古分公司和紫金财险内蒙古分公司是从2015年开始经营政策性农业保险业务，中国人寿财产保险内蒙古分公司是从2016年开始经营政策性农业保险业务。由此可知：现阶段，内蒙古农业保险市

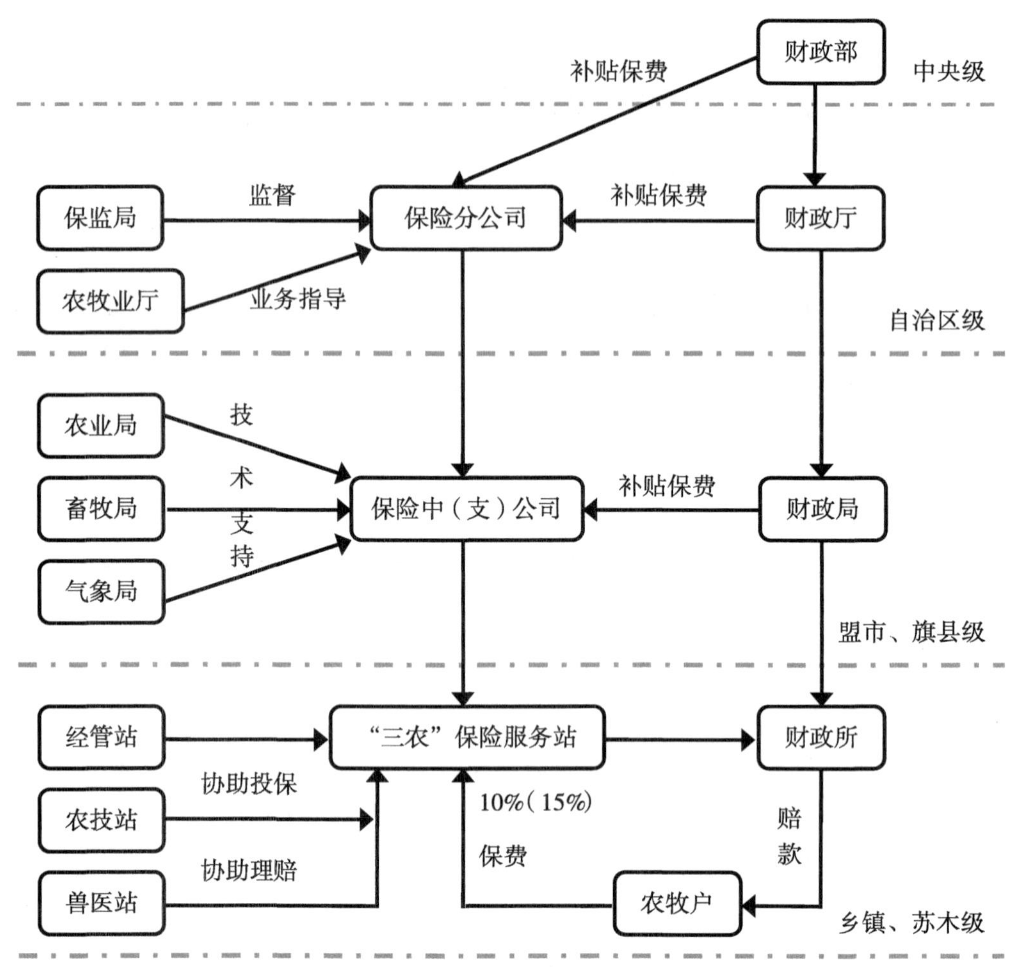

图 4-1　内蒙古政策性农业保险的运营模式

场的适度竞争格局已初步形成。

如表 4-1 所示，2007—2017 年，为使自治区农业保险工作在开办原则、区域划分、保单签订、保费补贴、保险责任、保障水平、赔偿处理等多个方面实现有据可依、有章可循，由自治区财政厅、农牧业厅、保监局等部门联合制定下发各年度《内蒙古自治区农业保险保费补贴实施方案》和《内蒙古自治区农业保险种养两业各保费补贴品种保险条款》等一系列规范性文件。2008 年，领导小组制定《内蒙古自治区农业保险保费补贴资金管理办法》，明确保费补贴资金的使用范围和补贴标准、资金管理和拨付程序、资金监督与检查等内容。2009 年，领导小组制定《内蒙古自治区财政补贴种植业

表 4-1　2007—2017 年内蒙古农业保险保费补贴领导小组出台的一系列规章制度

年份	规章制度	目的
2007—2017 年	农业保险保费补贴实施方案	为使农险在开办原则、区域划分、保费补贴、保障水平、保障措施等多个方面有据可依

（续表）

年份	规章制度	目的
2007—2017 年	种养两业各保费补贴品种的保险条款	为使农业保险在保险责任、保险费率、查勘定损、赔偿处理等方面有章可循
2008 年	农业保险保费补贴资金管理办法	为规范农险保费补贴资金的管理，提高财政支农资金的使用效益，加强补贴资金预算安排的计划性与前瞻性
2009 年	财政补贴种植业保险查勘定损理赔工作规定	为保证种植业保险查勘、定损、理赔工作的科学、准确、合理
2010 年	农业保险保费补贴工作考评管理办法	既为进一步完善运行机制，严格规范签单投保程序、勘灾定损理赔程序和公示程序，也为加强对各农业保险经办机构的管理，引导各级保险机构进一步提高农业保险服务能力和管理水平
2011 年	农业保险工作费用管理暂行办法	为完善农业保险监管制度，防范农业保险工作费用列支风险
2012 年	种植业保险保费补贴工作绩效考评管理办法	为加强财政补贴种植业保险基层承办机构的监督与管理
2014 年	农业保险大灾风险准备金管理办法	为规范农业保险大灾风险准备金的筹集、使用和管理
	农业保险保费补贴工作绩效考评管理办法	为从顶层制度设计层面建立适度竞争的农业保险市场准入退出机制
	农业保险防灾减损资金管理暂行办法	为鼓励各保险经办机构积极参与防灾减损工作，建立健全防灾减损体系，加大防灾减损投入，提高防灾减损能力，实现种养户减灾增收、保险企业减灾增效
2015 年	农业保险承保理赔管理实施细则	为规范农业保险承保理赔业务管理，提高农业保险精细化管理水平，切实维护参保农牧户利益
2017 年	关于财政资金支持深化自治区政策性农业保险改革的通知	引入竞争机制，鼓励实施牛、羊保险产品，改革大灾风险金和防灾减损费的使用

资料来源：内蒙古自治区农业保险保费补贴领导小组。

保险查勘定损理赔工作规定》，以保证种植业保险查勘、定损、理赔工作制度化、规范化运行，科学、准确、合理地核定灾害损失，提高查勘、定损、理赔工作的质量和效率；同时，领导小组出台《内蒙古自治区农业保险保费补贴工作考评管理办法》，并在 2010 年、2011 年、2012 年和 2014 年重新修订与完善为《内蒙古自治区农业保险保费补贴工作绩效考评管理办法》，具体考评对象为经办内蒙古财政补贴型种植业保险、养殖业保险和森林保险业务的各级保险机构，包括省级分公司、盟市中心支公司（分公司）、旗县区支公司（营销服务部），分险种设计考评标准，实施全险种考核，突出对省级和盟市公司管理能力、旗县公司服务能力的考核，提高对省、市公司专业部门设置和人力投入的考核权重，增加协议赔付、虚假理赔、虚列费用、费用分摊不合理等 6 个方面的市场退出情形，从顶层制度设计层面建立适度竞争的农险市场准入退出机制，从而引导各级保险机构进一步提高农业保险服务能力和管理水平。2011 年，领导小组制定《内蒙古自治区农业保险工作费用管理暂行办法》，在不改变资金来源和用途的前提下，针对工作费用的分配与使用，制定比较切合实际的管理办法，不仅理顺各农险经办部门的工作关系，也有效提升基层协保员工作的主动性和积极性，进而积极稳妥地推进农业保险工作的开展。2014 年，领导小组根据《农业保险条例》（国务院令第 629 号）制定《内蒙古自治区农业保险大灾风险准备金管理办法》，并在 2017 年予以重新修订，以加强农牧业抗风险能力，规范农业保险大灾风险准备金的筹集、使用和管理；同时，出台《内蒙古自治区农业保险防灾减损资金管理暂行办法》，以鼓励各保险经办机构积极参与防灾减损工作，建立健全防灾减损体系，加大防灾减损投入，提高防灾减损能力，实现种养户减灾增收、保险企业减灾增效。2015 年，为进一步贯彻落实《农业保险条例》（国务院令第 629 号）和中国保监会《农业保险承保理赔管理暂行办法》（保监发〔2015〕31 号），规范自治区农业保险承保理赔业务管理，提高农业保险精细化管理水平，切实维护参保农牧户利益，针对享受财政补贴的种植业保险和养殖业保险业务，领导小组制定《内蒙古自治区农业保险承保理赔管理实施细则》。2017 年，为适应内蒙古农牧业现代化事业健康稳定发展的需要，贯彻《中央财政农业保险保险费补贴管理办法》（财金〔2016〕123 号）精神，提高用于政策性农业保险财政资金的公共性、绩效性，更好发挥财政资金作用，提升政策性农业保险的服务水平，按照中央完善农业保险制度的政策要求，结合自治区实际，领导小组印发《关于财政资金支持深化自治区政策性农业保险改革的通知》（内财农〔2017〕299 号），深化政策性农业保险综合治理措施等相关改革，一是引入竞争机制，促进经营主体优化服务；二是推进农业保险结构调整，加大牧区肉羊、肉牛养殖业保险工作力度；三是改革内蒙古农业保险大灾风险金管理制度；四是改革农业保险防灾减损费的使用和管理；五是抓关键补漏洞，夯实农业保险规范经营基础；六是加强组织领导，确保改革落地，政策见效。

在资金管理方面，自 2007 年以来，内蒙古农业保险保费补贴资金的管理在不断调整、创新与优化，尤其是对保费补贴资金的拨付流程和代办工作费用的管理在不断完善。2008 年，内蒙古农业保险保费补贴领导小组根据财政部《中央财政种植业保险保费补贴管理办法》（财金〔2008〕26 号）、《中央财政养殖业保险保费补贴管理办法》（财金〔2008〕27 号）和《内蒙古自治区人民政府办公厅关于印发自治区 2008 年农业保险保费补贴实施方案的通知》（内政办发〔2008〕44 号）精神，结合自治区实际，出台《内蒙古自治区农业保险保费补贴资金管理办法》，2009 年又出台《内蒙古自治区财政厅关于〈内蒙古自治区农业保险保费补贴管理办法〉的补充通知》（内财金〔2009〕600 号）规定，以加强对保费补贴资金的管理。在资金拨付方面，农业保险保费补贴资金实行国库集中支付；在农险保费补贴实践中，自治区既采取过专项资金补贴的形式，也采取过专项资金和转移支付相结合的形式，保费补贴资金拨付制度的逐年调整使得资金的划拨效率得到明显提高，具体如表 4-2 所示。在代办工作费用方面，内蒙古农业保险保费补贴领导小组也在根据农险经营环境的改变而适时调整管理方式，具体如表 4-3 所示，已由最初在农业保险保费收入中提取一定比例作为代办工作费用转变为由保险经办机构单独设立会计科目，据实列支和支付。

在巨灾风险分散方面，内蒙古自治区农业保险保费补贴领导小组自2008年始着手建立巨灾风险准备金；具体做法为：对于种植业保险，经办机构应按补贴险种当年保费收入25%的比例计提巨灾风险准备金，逐年滚存，逐步建立应对巨灾风险的长效机制；风险准备金由自治区财政专户管理、滚存积累、专项使用。在巨灾风险准备金未完全建立时，如发生巨灾，将实行保费封顶赔付，即当发生重大自然灾害时，某一农业保险经办机构的赔款金额超过其在全区种植业保险的保费收入时，该保险经办机构要继续赔付，直至达到其保费收入的200%时封顶。然而，令人遗憾的是，虽然农业保险的巨灾风险准备金自2008年始就已着手准备，但截至2012年，内蒙古农业保险的巨灾风险准备金制度仍然没有建立；多年来，三家农业保险经办公司（即人保财险、中华联合和安华农险）将巨灾风险准备金放在各自的总公司账户上，有些公司将本应该积累的资金形成利润发放股东，自治区农业保险保费补贴领导小组难以控制；当巨灾在内蒙古发生时，很难动用这部分资金。为贯彻落实2007—2013年中央一号文件有关“农业巨灾风险转移分散机制”的规定，2013年12月，财政部印发《农业保险大灾风险准备金管理办法》（财金〔2013〕129号），要求各家农业保险经办机构根据规定，分别按照农业保险保费收入和超额承保利润的一定比例，计提大灾准备金。就内蒙古而言，根据《内蒙古自治区农业保险大灾风险准备金管理办法》（内财金〔2014〕2026号）规定，农业保险大灾风险准备金的资金来源有两个：一是以各保险机构省级分公司为核算单位，按各公司当年农业保险总保费收入的5%计提，逐年滚存；二是自治区各级财政预算安排的专项资金。同时，2017年，内蒙古实施省级农业保险大灾风险准备金管理制度改革，中央财政农业保险保费补贴品种的保费准备金提取比例统一规定为：种植业保险6%、养殖业保险2%、森林保险10%；由过去向自治区大灾风险准备金专户上缴改为省级分公司设立专户自行提存，启动大灾风险准备金的触发条件也由以往地市机构简单赔付率指标调整为农业保险大类险种综合赔付率指标。

表4-2　2007—2017年内蒙古农业保险保费补贴资金拨付流程

年份	拨付流程
2007年	自治区财政厅直接向保险公司划拨中央和自治区保费补贴资金。
2008年	中央及自治区本级财政承担的保费补贴资金，由自治区财政厅根据承保进度及时向盟市、旗县财政及相关经办机构拨付；盟市、旗县财政承担的本年度保费补贴资金应于每年4月底前全部落实，并根据经办机构的承保进度及签单情况，及时向经办机构拨付。拨付补贴资金结余时，农业保险经办机构须将结余的保费补贴资金全部上缴自治区财政部门。
2009年	与2008年相同；同时，自治区对盟市采取提前预拨保费补贴资金的办法。
2010年	中央及自治区本级财政承担的保费补贴资金，采用专项资金的方式，按照各地年度具体承保规模、规定比例和承担金额划拨到各盟市、旗县财政，再由盟市、旗县财政划拨给保险经办机构。

（续表）

年份	拨付流程
2011 年	自治区将中央、自治区本级财政补贴资金拨付至盟市财政，盟市财政将其中 20%下拨至旗县，旗县财政部门要将盟市下拨资金及本旗县配套资金，于本年度 9 月底前划拨至保险经办机构；其余补贴资金全部由盟市财政直接拨付至盟市级保险经办机构；同时，建立农业保险考核结果与保费补贴资金划拨联系制度，自治区统一预留 5%的自治区本级保费补贴资金，结合年末考评结果，按照奖优罚劣的原则兑付这部分补贴资金；盟市、旗县（市、区）不得再层层预留。
2012—2017 年	自治区将中央、自治区本级财政补贴资金拨付至盟市财政，盟市财政原则上将其中的 20%下拨至旗县，其余补贴资金全部由盟市财政直接拨付至盟市级保险经办机构。种植业保费补贴资金划拨过程中旗县财政部门必须于每年 8 月底前将盟市下拨资金及本旗县配套资金划拨至保险经办机构。

资料来源：内蒙古自治区农业保险保费补贴领导小组。

表 4-3　2008—2017 年内蒙古农业保险代办工作费用管理

年份	拨付流程
2008 年	在经营费用中安排 3%~5%的资金。
2009 年	代办费用原则上由农业保险经办机构支付，具体标准由旗县农业保险保费补贴领导小组和农业保险经办机构协商确定，但盟市、旗县农业保险保费补贴领导小组及其有关部门不得直接向保险公司收取农业保险工作费用，所发生的工作费用只能在农业保险经办机构报账和列支。
2010 年	各级农业保险经办机构支付的代办费用总额按照总保费收入的 5%安排，盟市级使用的代办费不得超过总保费收入的 0.5%，重点向苏木乡镇、嘎查村组倾斜。
2011 年	锡林郭勒盟、乌海市、阿拉善盟农业保险经办机构支付的代办工作费用总额不得超过本盟市总保费收入的 5%，其他盟市不得超过本盟市总保费收入的 4%，并由保险经办机构统一划拨到盟市农业保险保费补贴领导小组办公室账户，实行专户管理；盟市农业保险保费补贴领导小组应根据承保规模、工作难易程度和基本工作需要等因素，统筹将代办工作费用分配下拨至所属旗县农业保险保费补贴领导小组指定的账户；农业保险代办工作费用的使用要向旗县特别是苏木乡镇人员和专家倾斜，盟市级使用的部分不得超过代办工作费用总额的 10%。
2012 年	基层有关部门协助农业保险经办机构开展承保业务、查勘定损、防灾减灾、赔款发放等所需要的经费，属于农业保险日常经营费用，由农业保险经办机构支付，各盟市农业保险经办机构支付的代办工作费用总额不得超过该盟市总保费收入的 4%；农业保险代办工作费用的使用要向旗县特别是苏木乡镇从业人员和专家倾斜。
2013—2017 年	取消代办工作费用提取比例；基层有关部门协助农业保险经办机构开展承保业务、查勘定损、防灾减灾、赔款发放等所需要的工作经费，属于农业保险日常经营费用，由农业保险经办机构据实支付。

资料来源：内蒙古自治区农业保险保费补贴领导小组。

另外，为激励各家农业保险经办机构积极参与防灾减损工作，建立健全防灾减损体系，加大防灾减损投入，提高防灾减损能力，自 2014 年起，内蒙古农业保险保费补贴领导小组要求各保险经办机构依据《内蒙古自治区农业保险防灾减损资金管理暂行办法》（内财金〔2014〕890号）规定，计提防灾减损资金，以各保险机构省级分公司为核算单位，当年农业保险保费收入金额在10亿元（含）以上的，按2.5%计提；当年农业保险保费收入金额在10亿元以下的，按3%计提；并编制防灾减损规划和年度实施计划，自治区财政从大灾风险准备金中按不超过各承保机构防灾减损计划金额的50%予以奖补。2017年，内蒙古则进一步改革农业保险防灾减损资金管理制度，一是将各保险公司防灾减损费的列支比例统一确定为保费收入的3%，且自治区不再给予防灾减损费奖补；二是防灾减损费使用方向的确定权下放至各旗县，可用于大型农田植保设备采购、无害化处理设施采购和运营费用支持、农田水利基础设施以及防雹增雨设备设施改造等方面。

在经营主体绩效考评方面，一方面，绩效考评制度在不断完善；自2009年以来，内蒙古自治区农业保险保费补贴领导小组在不断制定、修订和完善《农业保险保费补贴工作绩效考评管理办法》。另一方面，绩效考评力度在不断加大；内蒙古自治区农业保险保费补贴领导小组办公室在每一年度均会组织农牧、财政、保监、纪检、监察、审计等有关部门对部分地区农业保险的承保理赔操作、工作经费使用、补贴资金划拨和赔款打卡到户、防灾减损事宜等情况进行全面跟踪检查，对违法违规的，将依据相关法律对相关单位和人员实施严厉处罚，对涉嫌犯罪的，将移送司法机关进行处理；对于违法违规的保险经办机构还将追究直接责任人、盟市机构高管、省级分公司高管和部门人员的管理责任，对严重违规的，实行一票否决，责令该保险机构退出被查地区农业保险经营。通过加大考核评价工作力度，自治区农业保险保费补贴领导小组建立奖优罚劣的市场准入退出机制，使得内控水平高、服务能力强的保险公司的业务区域不断扩大，使得内控能力弱、服务满意度低的保险公司的业务区域逐步缩小。

4.1.2 财政支持力度不减

有关各级政府财政对农业保险的支持可通过补贴险种、补贴金额、补贴结构、补贴比例等指标予以概述。

4.1.2.1 补贴险种

在中央财政及自治区财政保费补贴品种方面，如表4-4所示，2007年，内蒙古只有玉米、小麦、大豆、能繁母猪4个品种，在2016年则扩展到农林牧3大类14个品种，具体包括玉米、小麦、大豆、油菜、葵花、马铃薯、甜菜、水稻、棉花、温室大棚、露地蔬菜、奶牛、能繁母猪、育肥猪和森林；同时，一些具有地方特色的品种也相应出现，例如，在乌海市，露地蔬菜、葡萄被纳入地方农业保险保费补贴范围；阿拉善盟开办具有鲜明地方特色的西瓜、蜜瓜、葡萄保险；巴彦淖尔市于2014年开始在磴口县试点番茄保险保费补贴政策；锡林郭勒盟部分旗县于2015年试点由人保财险内蒙古分公司研发的草原牧区牛羊天气指数保险。

表 4-4　2007—2016 年内蒙古农业保险保费补贴品种

险种/年份		2007 年	2008 年	2009 年	2010 年	2011 年	2012 年	2013 年	2014 年	2015 年	2016 年
种植业	玉米	√	√	√	√	√	√	√	√	√	√
	小麦	√	√	√	√	√	√	√	√	√	√
	大豆	√	√	√	√	√	√	√	√	√	√
	油菜		√	√	√	√	√	√	√	√	√
	葵花		√	√	√	√	√	√	√	√	√
	马铃薯			■	√	√	√	√	√	√	√
	甜菜						√	√	√	√	√
	水稻							√	√	√	√
	棉花							√	√	√	√
	温室大棚					■	■	■	■	√	√
	露地蔬菜										■
养殖业	奶牛		√	√	√	√	√	√	√	√	√
	能繁母猪	√	√	√	√	√	√	√	√	√	√
	育肥猪						√	√	√	√	√
森林	林木						■	√	√	√	√

注：(1)"√"表示在全区所有盟市开办此保险产品，"■"表示在部分盟市试点该保险产品；(2) 2011 年，内蒙古的温室大棚保险试点不含棚内附加作物保险保费补贴试点，但自 2012 年开始涵盖棚内附加作物保险保费补贴试点；(3) 自 2016 年起，内蒙古开始在乌兰察布市商都县开展露地蔬菜保险保费补贴试点。

数据来源：内蒙古自治区农业保险保费补贴领导小组。

4.1.2.2　补贴金额

毋庸置疑，各级政府财政的保费补贴是 2007 年以来中国农业保险试点的最大特点与亮点[①]。从保费补贴总量来看，如图 4-2 所示，2007—2016 年，内蒙古农业保险累计获得各级财政保费补贴近 152.30 亿元，占自治区政策性农业保险保费收入的 88.37%；2016 年与 2007 年相比，内蒙古农业保险保费补贴由 3.54 亿元上升至 20.94 亿元，增加 17.40 亿元，增长 4.91 倍，在政策性农业保险保费收入中的占比由 81.74%上升至 84.60%，增加 2.86 个百分点。在全国农业保险保费补贴总量中，内蒙古的占比在 2008 年是 12.41%，但在 2016 年则降低至 7.22，原因是近年来整个中国农业保险政策在覆盖地域、保险险种、财政补贴等多个方面的快速推进。

就种植业保险而言，如图 4-3 所示，2007—2016 年，内蒙古种植业保险累计获得

① 本书以下政策性农业保险均指种植业保险和养殖业保险，不包括森林保险。

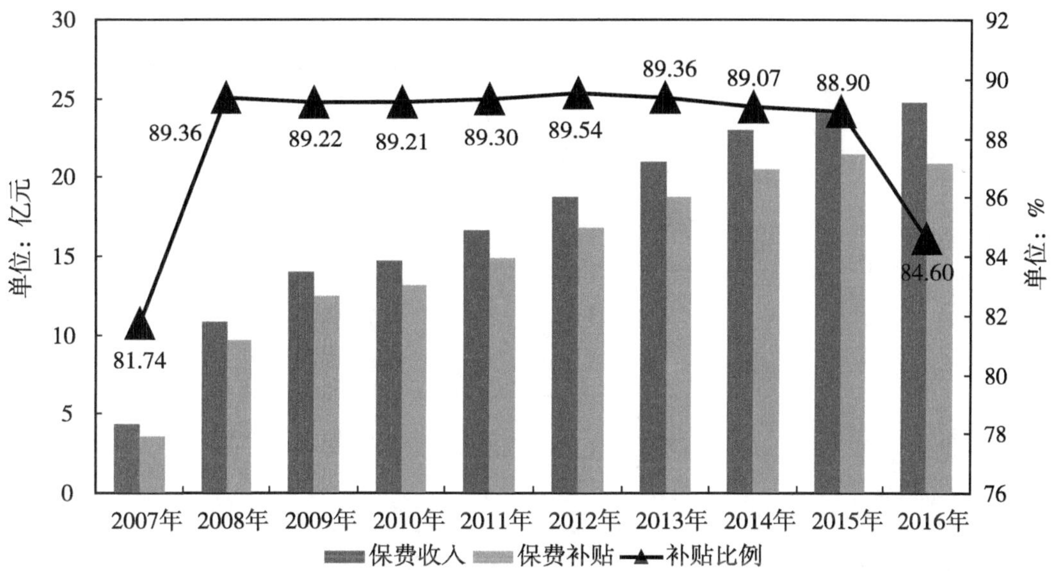

图 4-2　2007—2016 年内蒙古农业保险保费补贴概况

数据来源：中国保险监督管理委员会内蒙古监管局。

各级财政保费补贴近 139.04 亿元，占自治区政策性种植业保险保费收入的 88.72%；2016 年与 2007 年相比，内蒙古种植业保险保费补贴由 3.28 亿元增加至 17.74 亿元，增加 14.46 亿元，增长 4.4 倍，在政策性种植业保险保费收入中的占比由 81.21%上升至 84.50%。就养殖业保险而言，2007—2016 年，内蒙古养殖业保险累计获得各级财政保费补贴近 13.25 亿元，占自治区政策性养殖业保险保费收入的 84.85%；2016 年与 2007 年相比，内蒙古养殖业保险保费补贴由 0.26 亿元增加至 3.20 元，增加 2.94 亿元，增长 11.38 倍，在政策性养殖业保险保费收入中的占比由 89.10%降低至 85.11%。

4.1.2.3　补贴结构

从保费补贴结构看，如表 4-5 所示，2007—2016 年，中央财政累计为内蒙古农业保险提供保费补贴 69.10 亿元，占财政补贴总额的 45.37%，年均补贴保费 6.91 亿元；2016 年与 2007 年相比，中央财政保费补贴由 1.15 亿元上升至 11.04 亿元，增加 9.89 亿元，增长 8.57 倍。自治区财政累计为内蒙古农业保险提供保费补贴 65.41 亿元，占财政补贴总额的 42.95%，年均补贴保费 6.54 亿元；2016 年与 2007 年相比，自治区财政保费补贴由 2.08 亿元上升至 8.84 亿元，增加 6.76 亿元，增长 3.25 倍。盟市旗县财政累计为内蒙古农业保险提供保费补贴 17.79 亿元，占财政补贴总额的 11.68%，年均补贴保费 1.78 亿元；2016 年与 2007 年相比，盟市旗县财政保费补贴由 0.31 亿元上升至 10.55 亿元，增加 0.75 亿元，增长 2.42 倍。

由上可知：历经十余年发展，内蒙古政策性农业保险保费补贴结构已呈现“中央财政补贴在明显增加、自治区财政补贴在逐步递减、盟市旗县财政补贴在显著降低”的特点。

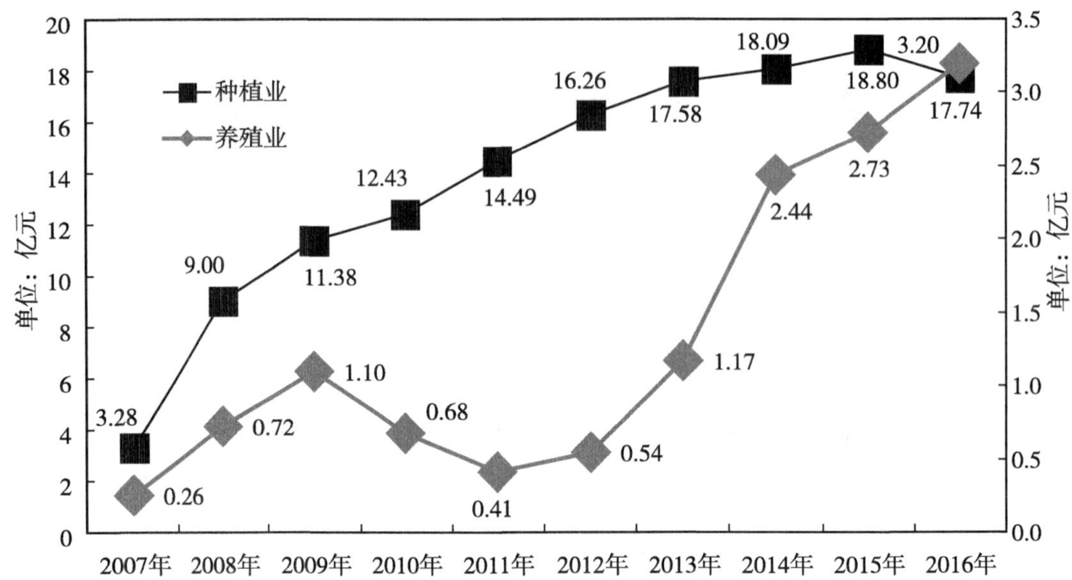

图 4-3　2007—2016 年内蒙古种植业保险和养殖业保险保费补贴

数据来源：中国保险监督管理委员会内蒙古监管局。

表 4-5　2007—2016 年内蒙古农业保险保费补贴结构　　单位：万元，%

项目	中央财政		自治区财政		盟市旗县财政		合计
	金额	占比	金额	占比	金额	占比	
2007 年	11 546	32. 59	20 793	58. 69	3 087	8. 71	35 426
2008 年	38 107	39. 20	41 986	43. 19	17 128	17. 62	97 221
2009 年	52 057	41. 72	31 073	24. 91	41 635	33. 37	124 765
2010 年	58 176	44. 36	60 387	46. 04	12 590	9. 60	131 153
2011 年	66 185	44. 43	68 542	46. 02	14 223	9. 55	148 950
2012 年	75 658	45. 04	75 704	45. 07	16 621	9. 89	167 983
2013 年	84 963	45. 32	83 652	44. 62	18 869	10. 06	187 485
2014 年	94 576	46. 07	89 575	43. 63	21 144	10. 30	205 296
2015 年	99 257	46. 10	93 962	43. 64	22 090	10. 26	215 309
2016 年	110 448	52. 75	88 376	42. 21	10 552	5. 04	209 376
年均	69 097	43. 76	65 405	43. 80	17 794	12. 44	152 296
合计	690 974	45. 37	654 051	42. 95	177 939	11. 68	1 522 964

数据来源：中国保险监督管理委员会内蒙古监管局。

4. 1. 2. 4　补贴比例

从保费补贴比例看，以种植业保险为例，如表 4-6 所示，具有如下特点：（1）财

表4-6 2007—2016年内蒙古种植业保险各级财政的保费补贴比例

年份	中央财政	自治区财政	盟市财政	旗县财政	农户自缴
2007年	25%	50%	—	—	25%
2008年	35%	55%（其中：30%为一般性转移支付）	—	—	10%
2009年	40%	50%（其中：30%为一般性转移支付）	—	—	10%
	—	兴安盟、赤峰市、锡林郭勒盟、乌兰察布市 马铃薯：60%	兴安盟、赤峰市、锡林郭勒盟、乌兰察布市 马铃薯：30%	10%	
2010年	40%	呼和浩特市、包头市、鄂尔多斯市：35%	呼和浩特市、包头市、鄂尔多斯市：15%		10%
		呼伦贝尔市、通辽市、巴彦淖尔市、锡林郭勒盟、乌海市、阿拉善盟：40%	呼伦贝尔市、通辽市、巴彦淖尔市、锡林郭勒盟、乌海市、阿拉善盟：10%		10%
		兴安盟、乌兰察布市、赤峰市：45%	兴安盟、乌兰察布市、赤峰市：5%		10%
	—	马铃薯：60%	马铃薯：30%		10%
2011年	40%	与2010年相同	与2010年相同		10%
	—	包头市、通辽市、赤峰市温室大棚：40%	包头市、通辽市、赤峰市温室大棚：30%		30%
2012年	40%	与2010年相同	与2010年相同		10%
	—	包头市、通辽市、赤峰市温室大棚：40%	包头市、通辽市、赤峰市温室大棚：30%		30%
2013年	40%	与2010年相同	与2010年相同		10%
	—	包头市、通辽市、赤峰市、呼和浩特市、乌海市、兴安盟 温室大棚：40%	包头市、通辽市、赤峰市、呼和浩特市、乌海市、兴安盟 温室大棚：30%		30%

（续表）

年份	中央财政	自治区财政	盟市财政	旗县财政	农户自缴
2014 年	40%	与 2010 年相同	与 2010 年相同		10%
	—	与 2013 年相同	与 2013 年相同		30%
2015 年	40%	与 2010 年相同	与 2010 年相同		10%
	—	全区温室大棚：40%	全区温室大棚：30%		30%
2016 年	37 个产粮大县： 口粮：47.5% 非口粮：40%	37 个产粮大县： 口粮：37.5% 非口粮：45%	—		15%
	非产粮大县：40%	非产粮大县： 呼和浩特市、包头市、鄂尔多斯市：30% 呼伦贝尔市、通辽市、巴彦淖尔市、锡林郭勒盟、乌海市、 阿拉善盟：35% 兴安盟、乌兰察布、赤峰市：40%	非产粮大县： 呼和浩特市、包头市、鄂尔多斯市：15% 呼伦贝尔市、通辽市、巴彦淖尔市、锡林郭勒盟、乌海市、 阿拉善盟：10% 兴安盟、乌兰察布、赤峰市：5%		15%
	—	全区温室大棚：40%	全区温室大棚：30%		30%

注：（1）2007 年，由农户负担 25%的保费中，有 15%是由保险公司承担，即农户只需缴纳 10%的保费；（2）“温室大棚保险”具体是指温室、大棚保险及附加内部作物种植保险；（3）2016 年，口粮作物是指玉米、小麦和水稻。

资料来源：内蒙古自治区农业保险保费补贴领导小组。

政补贴比例虽略有调减，但仍处高位；除温室大棚保险外，中央、自治区、盟市、旗县四级财政的保费补贴比例已由 2007 年至 2015 年的 90%降低至 2016 年的 85%和 2017 年的 80%。(2) 执行动态化、差异化的保费补贴政策，各级财政对种植业保险的保费补贴不仅充分兼顾各地农业生产尤其是粮食生产实际，而且统筹考虑各基层政府财政实力。例如，自 2016 年起，内蒙古取消 37 个产粮大县种植业保险的盟市及旗县保费配套资金，原本由盟市及旗县财政承担的 10%保费补贴分别由自治区财政承担 5%，由农民、农业生产经营组织承担 5%；在 37 个产粮大县，三大口粮作物保险中央财政补贴 47.5%，自治区财政补贴 37.5%，其余种植业品种中央财政补贴 40%，自治区财政补贴 45%。

4.1.3 市场规模稳步扩大

有关农业保险的市场规模可通过覆盖范围、保费收入、风险保障、赔款支出等指标予以衡量。

4.1.3.1 *覆盖范围*

在覆盖区域方面，内蒙古农业保险呈逐年扩大的趋势。以种植业保险为例，2007 年，内蒙古种植业保险覆盖全区 12 个盟市和海拉尔、大兴安岭 2 个农场管理局，涉及 81 个旗县（市、区），434 个乡（镇、苏木、办事处），6 069个村，99 个农牧场，11 个龙头企业，参保户数达 122.77 万户，占自治区农牧户总数的 34.38%；2015 年，种植业保险则涉及全区 12 个盟市，95 个旗县（市、区），694 个乡（镇、苏木、办事处），9 986个村，335 个农牧场，参保户数达 296.23 万户，占自治区农牧户总数的 71.73%。

在参保面积或参保头数方面，如表 4-7 所示，在种植业保险市场，2007—2016 年，内蒙古种植业保险累计参保面积为 70 358万亩，年均参保面积 7 036万亩，占农作物平均播种面积的 65.24%；其中，2007 年，参保面积为 1 912万亩，占农作物播种面积的 18.85%；2016 年，参保面积为 9 320万亩，占农作物播种面积的 78.18%，与 2007 年相比，参保面积增加 7 408万亩，增长 3.87 倍。在养殖业保险市场，2007—2016 年，内蒙古养殖业保险累计参保头数为 924.28 万头，年均参保头数 92.43 万头，占牲畜头数的 10.18%；其中，2007 年，参保头数为 47.87 万头，占牲畜头数的 5.19%；2016 年，参保头数为 241.23 万头，占牲畜头数的 27.17%，与 2007 年相比，参保头数增加 193.36 万头，增长 4.04 倍。

就内蒙古种植业保险中的粮食作物保险而言，2007—2016 年，参保面积年均 5 756万亩，占自治区种植业保险的 81.81%；2016 年与 2007 年相比，粮食作物参保面积由 1 912万亩上升至 7 431万亩，增加 5 519万亩，增长 2.89 倍，参保率由 24.98%上升至 85.15%，增加 60.17 个百分点。在粮食作物保险中，参保面积最大的依次是玉米、大豆、小麦、马铃薯和水稻，其中，玉米保险年均参保 3 675万亩，占粮食作物保险参保面积的 63.85%；大豆保险年均参保 910 万亩，占粮食作物保险参保面积的 15.82%；小麦保险年均参保 750 万亩，占粮食作物保险参保面积的 13.04%；马铃薯保险年均参保 485 万亩，占粮食作物保险参保面积的 8.42%；水稻保险年均参保 80 万亩，占粮食作物保险参保面积的 1. 40%。粮食作物保险各险种的参保率如图 4-4 所示，可知：在三大主粮作物中，玉米保险参保率由 2007 年的 40. 79%增加至 2016 年的 100%，小麦保险参保率由 2007 年的 32. 39%增加至 2016 年的应保尽保，稻谷保险参保率由 2013 年的 57. 36%增加至 2016 年的 70. 55%。

表 4-7　2007—2016 年内蒙古农业保险参保情况　　单位：万亩，万头，%

项目	种植业			养殖业		
	参保面积（①）	播种面积（②）	占比（③=①/②）	参保头数（④）	牲畜头数（⑤）	占比（⑥=④/⑤）
2007 年	1 912	10 142	18. 85	47. 87	922	5. 19
2008 年	4 515	10 291	43. 87	56. 50	962	5. 87
2009 年	6 041	10 392	58. 13	71. 39	970	7. 36
2010 年	6 466	10 505	61. 55	30. 93	964	3. 21
2011 年	7 416	10 665	69. 54	13. 18	963	1. 37
2012 年	8 001	10 730	74. 57	16. 40	957	1. 71
2013 年	8 604	10 817	79. 54	73. 91	914	8. 09
2014 年	9 005	11 034	81. 61	171. 25	901	19. 01
2015 年	9 078	11 352	79. 97	201. 62	882	22. 85
2016 年	9 320	11 921	78. 18	241. 23	888	27. 17
年均	7 036	10 785	64. 58	92. 43	932	10. 18
合计	70 358	107 849	65. 24	924. 28	9324	9. 91

注：（1）种植业保险中播种面积是指内蒙古历年农作物总播种面积；（2）养殖业保险中参保头数和牲畜头数仅针对奶牛和猪（包括能繁母猪和育肥猪）。

数据来源：中国保险监督管理委员会内蒙古监管局，《2008—2017 年内蒙古统计年鉴》，《2008—2016 年中国奶业年鉴》。

4. 1. 3. 2　保费收入

从保费收入来看，如表 4-8 所示，2007—2016 年，内蒙古农业保险累计保费收入 172. 34 亿元，年均保费收入 17. 23 亿元，年均增长 26. 62%；2016 年与 2007 年相比，内蒙古农业保险保费收入由 4. 33 亿元增加至 24. 75 亿元，增加 20. 42 亿元，增长 4. 71 倍。

就种植业保险而言，2007—2016 年，累计保费收入 156. 72 亿元，年均增长

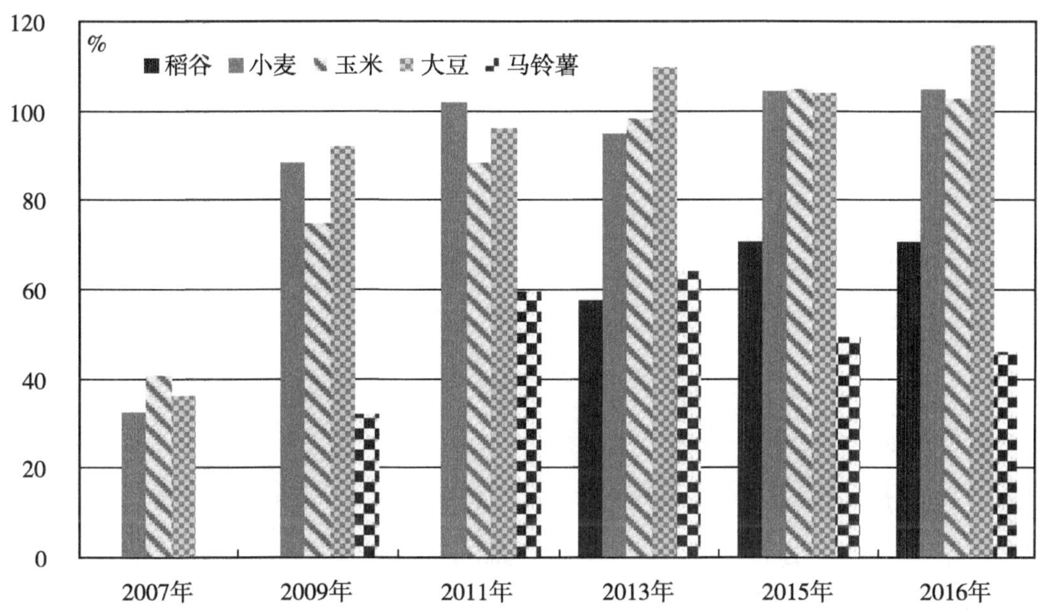

图 4-4　2007—2016 年内蒙古粮食作物保险各险种的参保率

注：参保率=参保面积/种植面积×100%，下同。

数据来源：中国保险监督管理委员会内蒙古监管局，《2008—2017 年内蒙古统计年鉴》。

25. 24%，占全区农业保险保费收入的 90. 94%，占全国种植业保险保费收入的 9. 89%；2016 年与 2007 年相比，内蒙古种植业保险保费收入由 4. 04 亿元增加至 20. 99 亿元，增加 16. 95 亿元，增长 4. 19 倍。就养殖业保险而言，2007—2016 年，保费收入在年际之间呈现明显波动特征，累计保费收入 15. 62 亿元，占全区农业保险保费收入的 9. 06%，占全国养殖业保险保费收入的 3. 12%；2016 年与 2007 年相比，内蒙古养殖业保险保费收入由 0. 29 亿元增加至 3. 76 亿元，增加 3. 47 亿元，增长 11. 97 倍。

表 4-8　2007—2016 年内蒙古农业保险保费收入　　单位：亿元，%

项目	内蒙古			中国			占比		
	种植业	养殖业	合计	种植业	养殖业	合计	种植业	养殖业	合计
2007 年	4. 04	0. 29	4. 33	32. 15	19. 69	51. 84	12. 58	1. 47	8. 36
2008 年	10. 00	0. 88	10. 88	70. 69	36. 58	107. 27	14. 15	2. 41	10. 14
2009 年	12. 64	1. 34	13. 98	95. 70	33. 37	129. 07	13. 21	4. 02	10. 83
2010 年	13. 90	0. 80	14. 70	105. 63	23. 83	129. 46	13. 16	3. 36	11. 36
2011 年	16. 20	0. 48	16. 68	132. 97	30. 10	163. 07	12. 18	1. 59	10. 23

（续表）

项目	内蒙古			中国			占比		
	种植业	养殖业	合计	种植业	养殖业	合计	种植业	养殖业	合计
2012年	18.12	0.64	18.76	183.72	40.57	224.29	9.86	1.58	8.36
2013年	19.61	1.37	20.98	218.59	57.36	275.95	8.97	2.39	7.60
2014年	20.20	2.85	23.05	218.08	71.35	289.43	9.26	3.99	7.96
2015年	21.01	3.21	24.22	249.65	85.76	335.41	8.42	3.74	7.22
2016年	20.99	3.76	24.75	276.66	101.30	377.96	7.59	3.71	6.55
年均	15.67	1.56	17.23	158.38	49.99	208.38	10.94	2.83	8.86
合计	156.72	15.62	172.34	1583.84	499.91	2083.75	9.89	3.12	8.27

注：占比，是指内蒙古农业保险保费收入占全国农业保险保费收入的比例。

数据来源：中国保险监督管理委员会内蒙古监管局。

在全国市场中，如表4-9所示，可知：（1）就种植业保险而言，2012—2015年，内蒙古种植业保险保费收入约占全国的10%，市场份额稳居全国前三甲，其中，2012年位居第三位，仅次于黑龙江和新疆；2013年、2014年和2015年均位居第二位，分别排在黑龙江和新疆之后。（2）就养殖业保险而言，2014—2015年，内蒙古养殖业保险保费收入约占全国的4%，市场份额从位居全国第六位下滑至第八位，这也说明内蒙古养殖业保险发展滞后，与其畜牧大区的地位极不相称。（3）总体而言，2014年和2015年，内蒙古农业保险均位居全国第二位，仅次于新疆。

4.1.3.3 风险保障

从风险保障来看，自2007年农业保险保费补贴政策实施以来，中央财政补贴一部分，地方财政配套一部分，如图4-5所示，一方面，可以有效缓解农户参加农业保险的保费负担压力，极大地提高农户的参保热情；内蒙古农业保险的参保农户已从2007年的145万户增加到2016年的290万户，增加1倍，年均参保267万户；另一方面，可以加大政府财政支农资金的总量，切实体现财政补贴“四两拨千斤”的杠杆作用；2007—2016年，各级政府累计为内蒙古农业保险提供152.30亿元的保费补贴，提供的风险保障共计2 282亿元，资金放大效应将近15倍。2016年与2007年相比，内蒙古农业保险提供的风险保障已从48亿元增加至396亿元，增加348亿元，增长7.25倍。从直观上看，农业保险显然已成为内蒙古巩固其粮食主产区和畜牧大区的“保护伞”。

表 4-9　2012—2015 年各保监局所辖省市区农业保险保费收入

单位：万元

序号	省市	2012年		2013年		2014年						2015年					
		种植险保费收入	全国位次	种植险保费收入	全国位次	种植险保费收入	全国位次	养殖险保费收入	全国位次	农险保费收入	全国位次	种植险保费收入	全国位次	养殖险保费收入	全国位次	农险保费收入	全国位次
1	安徽	16.23	4	17.09	5	17.22	4	1.53	14	18.75	6	17.93	4	1.59	17	19.52	7
2	北京	1.88	19	1.56	25	1.49	27	3.03	7	4.51	22	2.03	26	3.71	7	5.74	20
3	重庆	0.13	33	0.94	29	0.93	29	1.37	17	2.29	28	1.39	29	1.66	16	3.05	28
4	大连	0.24	31	0.45	32	0.64	32	0.82	23	1.46	31	1.05	30	1.11	26	2.17	30
5	福建	1.62	23	3.27	19	3.53	21	0.61	28	4.14	25	3.34	23	1.07	27	4.41	25
6	甘肃	1.79	21	2.97	20	3.84	20	2.92	8	6.76	16	4.81	18	2.89	10	7.71	16
7	广东	3.04	17	5.48	15	7.68	14	0.79	26	8.46	14	8.02	14	1.04	28	9.07	14
8	广西	0.31	30	1.82	24	3.22	23	1.79	13	5.01	21	3.99	21	2.33	12	6.33	19
9	贵州	0.22	32	1.21	27	4.06	19	0.32	33	4.38	24	4.84	17	0.32	34	5.16	23
10	海南	1.27	24	2.57	23	2.82	25	0.40	32	3.22	26	3.18	25	0.38	33	3.56	26
11	河北	9.92	9	12.16	9	12.24	7	5.67	3	17.90	7	16.24	5	5.78	3	22.02	6
12	河南	11.06	6	14.30	6	8.78	10	2.62	10	11.40	9	12.40	9	4.98	4	17.38	8
13	黑龙江	20.91	1	27.08	1	24.76	3	1.30	19	26.06	4	27.50	3	1.45	23	28.95	4

（续表）

序号	省市	2012年		2013年		2014年						2015年					
		种植险保费收入	全国位次	种植险保费收入	全国位次	种植险保费收入	全国位次	养殖险保费收入	全国位次	农险保费收入	全国位次	种植险保费收入	全国位次	养殖险保费收入	全国位次	农险保费收入	全国位次
14	湖北	4.67	13	4.82	16	4.75	17	1.91	12	6.66	17	4.56	19	1.92	15	6.47	18
15	湖南	10.81	7	12.81	7	13.87	6	6.29	2	20.16	5	15.88	6	7.80	2	23.68	5
16	吉林	8.47	10	8.75	12	7.85	13	1.36	18	9.21	12	8.76	13	2.31	13	11.08	13
17	江苏	10.39	8	12.35	8	11.96	8	4.17	4	16.13	8	11.63	11	4.81	6	16.44	10
18	江西	3.45	16	5.54	14	6.30	15	1.08	22	7.38	15	6.16	15	1.57	18	7.73	15
19	辽宁	6.23	12	9.62	10	8.81	9	1.17	21	9.98	11	11.70	10	2.38	11	14.08	11
20	内蒙古	18.15	3	26.06	2	26.74	2	3.29	6	30.03	2	27.66	2	3.69	8	31.35	2
21	宁波	0.39	27	0.66	31	0.89	30	0.61	29	1.50	30	0.85	32	0.57	30	1.42	33
32	宁夏	0.93	25	1.50	26	1.69	26	1.40	16	3.09	27	1.73	27	1.56	19	3.29	27
23	青岛	0.35	29	0.43	33	0.43	33	0.41	31	0.84	34	0.76	33	0.45	31	1.21	34
24	青海	0.36	28	0.75	30	0.84	31	0.00	35	0.84	33	0.95	31	1.13	25	2.08	31
25	山东	7.84	11	8.96	11	7.98	12	0.81	25	8.79	13	15.06	7	1.47	21	16.53	9
26	山西	3.52	15	4.14	18	5.26	16	0.47	30	5.74	19	5.26	16	0.41	32	5.67	21

（续表）

序号	省市	2012 年		2013 年		2014 年						2015 年					
		种植险保费收入	全国位次	种植险保费收入	全国位次	种植险保费收入	全国位次	养殖险保费收入	全国位次	农险保费收入	全国位次	种植险保费收入	全国位次	养殖险保费收入	全国位次	农险保费收入	全国位次
27	陕西	1.87	20	4.31	17	4.41	18	1.26	20	5.68	20	4.11	20	1.29	24	5.40	22
28	上海	2.10	18	2.61	22	3.09	24	1.40	15	4.49	23	3.33	24	1.45	22	4.78	24
29	深圳	0.00	36	0.05	35	0.17	34	0.00	36	0.17	35	0.04	35	0.00	36	0.04	35
30	四川	13.32	5	17.30	4	14.58	5	13.12	1	27.70	3	14.72	8	14.77	1	29.49	3
31	天津	0.75	26	1.16	28	1.23	28	0.74	27	1.97	29	1.56	28	1.00	29	2.57	29
32	西藏	0.10	34	0.11	34	0.11	35	0.82	24	0.92	32	0.26	34	1.48	20	1.73	32
33	厦门	0.01	35	0.01	36	0.01	36	0.01	34	0.03	36	0.02	36	0.01	35	0.03	36
34	新疆	18.21	2	24.12	3	27.85	1	3.98	5	31.82	1	30.14	1	4.94	5	35.08	1
35	云南	3.58	14	7.52	13	8.22	11	2.58	11	10.80	10	9.39	12	2.25	14	11.63	12
36	浙江	1.71	22	2.81	21	3.49	22	2.64	9	6.13	18	3.88	22	3.19	9	7.07	17
37	全国	185.84	—	247.28	-	251.71	—	72.69	—	324.39	—	285.12	—	88.78	—	373.89	—

注：本表所指农业保险包括林木保险。

数据来源：（1）庹国柱．中国农业保险研究 2014 [M]. 北京：中国农业出版社，2015：2-8.

（2）庹国柱．中国农业保险研究 2015 [M]. 北京：中国农业出版社，2016：6-8.

（3）项俊波．中国农业保险发展报告 2015 [R]. 天津：南开大学出版社，2016：113-119.

（4）陈文辉．中国农业保险市场年报 2016 [R]. 天津：南开大学出版社，2016：43-51.

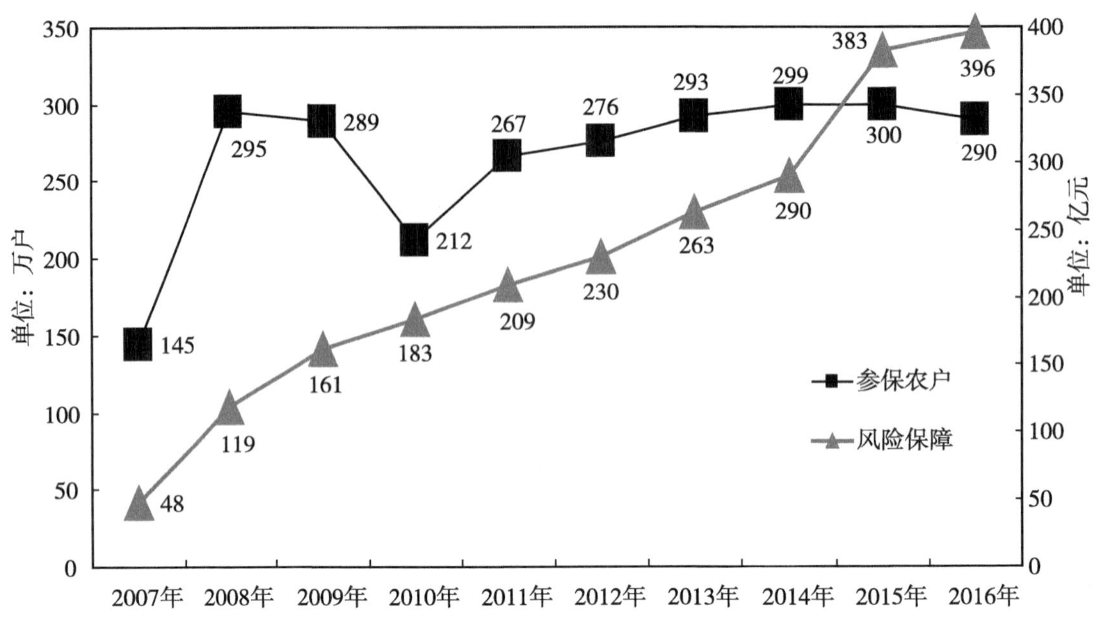

图 4-5　2007—2016 年内蒙古农业保险参保农户和风险保障

数据来源：中国保险监督管理委员会内蒙古监管局。

4.1.3.4　赔款支出

如图 4-6 所示，2007—2016 年，内蒙古农业保险赔款支出共计 120.71 亿元，年均 12.07 亿元，在全国农险市场中，内蒙古赔款支出占 8.29%。2016 年与 2007 年相比，内蒙古农业保险赔款支出由 3.35 亿元上升至 27.60 亿元，增加 24.25 亿元，增长 7.24 倍。在简单赔付率方面，2007—2016 年，内蒙古农业保险平均赔付率为 68.53%，其中，最高赔付率在 2016 年，为 111.52%，原因是东部地区农牧业生产面临严重旱灾；最低赔付率在 2008 年，仅为 50.92%；多数年份的简单赔付率在 55%~70%，低于保险行业 70%的赔付警戒线，由此可知：内蒙古农业保险的赔付率普遍偏低。

就种植业保险而言，2007—2016 年，赔款支出共计 112.43 亿元，占自治区农业保险赔款支出的 93.14%；在全国种植业保险市场，内蒙古赔款支出占 10.41%；2016 年与 2007 年相比，内蒙古种植业保险赔款支出由 3.23 亿元上升至 24.93 亿元，增加 21.70 亿元，增长 6.72 倍；在简单赔付率方面，2007—2016 年，内蒙古种植业保险平均赔付率为 70.37%。就养殖业保险而言，2007—2016 年，赔款支出共计 8.28 亿元，占自治区农业保险赔款支出的 6.86%；在全国养殖业保险市场，内蒙古赔款支出占 2.41%；2016 年与 2007 年相比，内蒙古养殖业保险赔款支出由 0.12 亿元上升至 2.67 亿元，增加 2.55 亿元，增长 21.25 倍；在简单赔付率方面，2007—2016 年，内蒙古养殖业保险平均赔付率仅为 53.99%。

从受益农户来看，如表 4-10 所示，2007—2016 年，内蒙古农业保险累计受益农户 1 809万户次，年均 181 万户次，年户均赔款 645 元，占农牧民人均可支配收入的

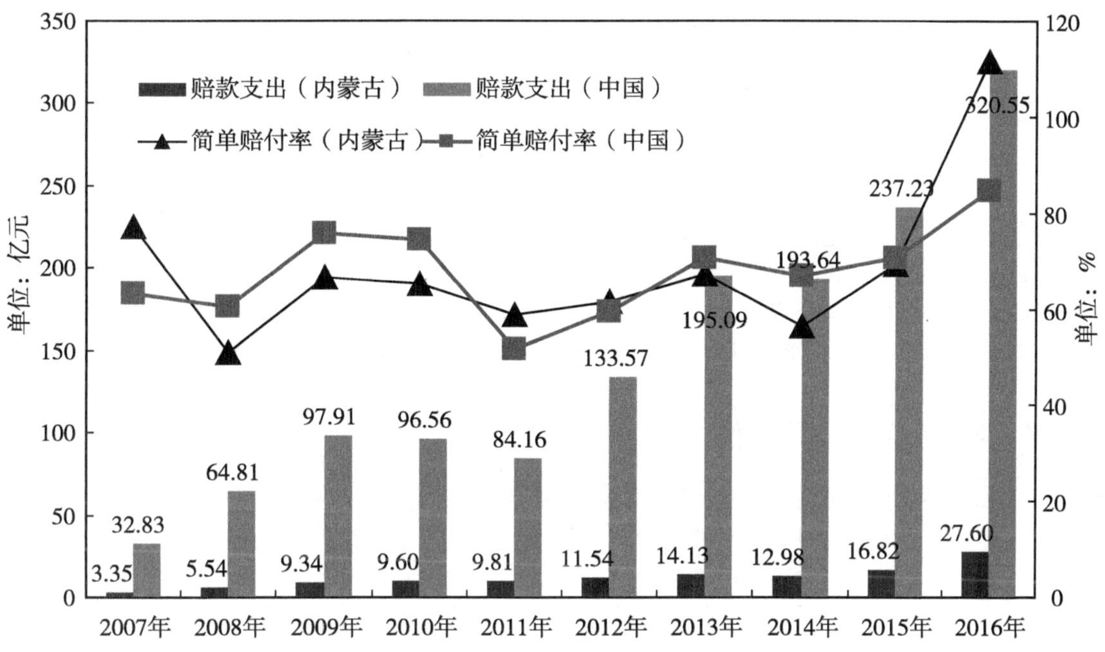

图 4-6　2007—2016 年内蒙古和中国农业保险赔付情况

数据来源：中国保险监督管理委员会内蒙古监管局。

9.49%。2016 年与 2007 年相比，内蒙古农业保险受益农户由 83 万户次上升至 284 万户，增加 201 万户次，增长 2.42 倍；户均赔款由 404 元上升至 973 元，增加 569 元，增长 1.41 倍；因此，从直观上看，农业保险已成为内蒙古政府的“减压阀”和农牧民收入的“稳定器”。

表 4-10　2007—2016 年内蒙古农业保险受益农户和户均赔款

单位：万户次，元/户，元，%

年份/指标	受益农户	户均赔款	农牧民人均可支配收入	占比
2007 年	83	404	3 953	10.21
2008 年	79	703	4 656	15.09
2009 年	121	774	4 938	15.68
2010 年	157	611	5 530	11.06
2011 年	185	530	6 642	7.98
2012 年	207	559	7 611	7.34
2013 年	229	618	8 985	6.87
2014 年	218	594	9 976	5.96
2015 年	247	682	10 776	6.33

（续表）

年份/指标	受益农户	户均赔款	农牧民人均可支配收入	占比
2016 年	284	973	11 609	8. 38
年均	181	645	7 468	9. 49
合计	1 809	—	—	—

注：（1）占比，是指内蒙古农业保险户均赔款占农牧民人均可支配收入的比例；（2）“农牧民人均可支配收入”指标在 2013 年之前不予统计，故用“农牧民人均纯收入”指标代替。

数据来源：中国保险监督管理委员会内蒙古监管局，《2008—2017 年内蒙古统计年鉴》。

4.1.4 农户认知不断提高

在政策性农业保险实践的十余年，内蒙古各级农牧业部门和承办保险公司持续性地采取多种渠道对此项惠民政策进行宣传，从而增强广大农民群众的保险意识。政府部门、经营机构等不仅充分利用网络、媒体、电台等新闻媒体广泛宣传农业保险的重要意义和政策内容，而且发挥各地农牧业信息网、农牧业微信等平台作用，引导农民积极主动参加政策性农业保险；不仅在村嘎查的公开栏、公告栏或者在比较醒目的地方张贴宣传画，利用村委会、村民大会面对面向农户讲解农业保险业务流程，而且通过科技人员下乡，基层农技推广、农民技能培训、田间学校、农业保险公示等日常工作，走进田间地头和农业生产一线进行宣传；通过多方宣传，政策性农业保险在广大农村牧区已是家喻户晓。内蒙古农业大学经济管理学院农业保险研究中心在 2011—2016 年均对自治区多个盟市旗县的农业保险政策进行入户问卷调查，结果显示：随着惠民政策的进村入户，广大农户对农业保险政策的知晓率和知晓度均在逐年提高，其中，农户对农业保险保费补贴、保险作物、保险责任、保障水平等政策条款的了解在逐步加强，对政策实施中宣传展业、签单承保、查勘定损和理赔流程的认识在日渐深入，由此说明：广大农户、农业生产经营组织已充分认识到农业保险政策功效，而这也可从农户参保率得到验证。2007 年，全区农业保险农户参保率为 45. 73%，2010 年增加至 66. 41%，2016 年进一步上升至 77. 49%，年均增加约 11%。

另外，农业保险政策的实施有效提高农户的风险意识和防灾减灾意识，这为培育和开发广阔的农村保险市场起到重要的推动作用，一个以政策险带动农村商业险发展的“大农险”之路正逐步在内蒙古形成。在政策带动下，近年来自治区各家农险承办公司的农村、农民保险业务均得到大幅度增长，依托开展政策性农险业务搭建的政府资源平台，在苏木乡镇设置“三农三牧”保险服务站，在乡村嘎查聘任协保员，基本上实现“乡镇有网点、村村有人员”，为其开展各类农业、农村、农民保险业务和提供服务带来极大便利。

4.1.5 现有产品日渐合理

有关内蒙古农业保险现行产品可从费率水平、保障水平、责任范围三个方面予以概述。

第一，农业保险各险种的费率逐步降低。如表 4-11 所示，在种植业保险中，水地玉米保险和水地小麦保险的费率由 2007 年 8%降低至 2017 年 6%；旱地玉米保险和旱地小麦保险的费率由 2007 年 10%降低至 2017 年 8%；大豆保险的费率由 2009 年 8%降低至 2017 年 7.5%；葵花保险的费率由 2009 年 8%降低至 2015 年 6%；油菜保险的费率由 2008 年 10%降低至 2015 年 6%；马铃薯保险的费率在 2009 年至 2014 年均为 6%，自 2015 年始区分旱地和水地，前者的费率降低至 3%，后者的费率则升高至 8%；甜菜保险的费率由 2012 年 7.5%降低至 2017 年 6%；水稻和棉花保险的费率由 2013 年 5%降低至 2017 年 4%。在养殖业保险中，奶牛保险的费率由 2008 年 8%降低至 2017 年 5%；育肥猪保险的费率由 2012 年 6%降低至 2017 年 5%。

表 4-11　2007—2017 年内蒙古农业保险各险种的基准费率

	项目	2007 年	2008 年	2009 年	2010—2011 年	2012 年	2013—2014 年	2015—2017 年
种植业保险	玉米（水地）	8%	8%	10%	9%	9%	9%	6%
	玉米（旱地）	10%	10%	10%	9%	9%	9%	8%
	小麦（水地）	8%	8%	8%	7%	7%	7%	6%
	小麦（旱地）	10%	10%	8%	7%	7%	7%	8%
	大豆（水地）	8%	8%	8%	7.5%	7.5%	7.5%	7.5%
	大豆（旱地）	10%	10%					
	葵花（水地）	—	8%	8%	7.5%	7.5%	7%	6%
	葵花（旱地）	—	10%					
	油菜	—	10%	8%	7.5%	7.5%	7%	6%
	马铃薯（水地）	—	—	6%	6%	6%	6%	3%
	马铃薯（旱地）							8%
	甜菜	—	—	—	—	7.5%	7.5%	6%
	水稻	—	—	—	—	—	5%	4%
	棉花	—	—	—	—	—	5%	4%
养殖业保险	奶牛	—	8%	8%	8%	8%	8%	5%
	能繁母猪	6%	6%	6%	6%	6%	6%	6%
	育肥猪	—	—	—	—	6%	6%	5%

数据来源：内蒙古自治区农业保险保费补贴领导小组。

第二，农业保险的保障水平有所提高。2014 年与 2015 年中央 1 号文件和 2013 年《农业保险条例》以及相关管理规范的出台，促进农业保险保障水平的提高。如表 4-12 所示，2007—2017 年，内蒙古农业保险各个险种的保障水平均有不同程度的提高。在种植业保险中，水地玉米保险的保障水平 2017 年为 500 元/亩，与 2009 年相比增加 150 元/亩；旱地玉米保险的保障水平 2017 年为 300 元/亩，与 2009 年相比增加 100 元/亩；水地小麦保险的保障水平 2017 年为 500 元/亩，与 2009 年相比增加 150 元/亩；大豆保险的保障水平 2017 年为 200 元/亩，与 2009 年相比增加 20 元/亩；葵花保险的保障水平 2017 年为 300 元/亩，与 2009 年相比增加 110 元/亩；油菜保险的保障水平 2017 年为 200 元/亩，与 2009 年相比增加 50 元/亩；水地马铃薯保险的保障水平 2017 年为 800 元/亩，与 2009 年相比增加 400 元/亩；甜菜、水稻、棉花保险的保障水平 2017 年均为 500 元/亩，与试点初期相比增加 100 元/亩。

表 4-12　2007—2017 年内蒙古农业保险的保障水平　　单位：元/亩

项目		2007 年	2008 年	2009 年	2010—2011 年	2012 年	2013—2014 年	2015—2017 年
种植业保险	玉米（水地）	280~430	280~430	350	400	400	400	500
	玉米（旱地）	100~200	100~200	200	220	220	220	300
	小麦（水地）	290~430	290~430	350	400	400	400	500
	小麦（旱地）	90~270	90~270	210	220	220	220	200
	大豆（水地）	220	220	180	200	200	200	200
	大豆（旱地）	90~170	90~170					
	葵花（水地）	—	200~300	190	250	250	250	300
	葵花（旱地）	—	200~270					
	油菜	—	70~280	150	170	170	170	200
	马铃薯（水地）	—	—	400	400	400	400	800
	马铃薯（旱地）							300
	甜菜	—	—	—	—	400	400	500
	水稻	—	—	—	—	—	400	500
	棉花	—	—	—	—	—	400	500
养殖业保险	奶牛	—	5 000 元	4 000 元、5 000 元和 6 000 元三档				6 000 元、8 000 元和 10 000 元三档
	能繁母猪	1 000 元						
	育肥猪	—	—	—	—	500 元	500 元	600 元

数据来源：内蒙古自治区农业保险保费补贴领导小组。

第三，农业保险的责任范围日趋合理。伴随农业保险市场规模的稳步扩大，其涵盖的保险责任范围也渐趋合理。以种植业保险为例，如表 4-13 所示，2008—2017 年，内蒙古种植业保险的保险责任范围基本为暴雨、洪涝（政府行蓄洪除外）、风灾、雹灾、冻灾、旱灾、病虫鼠害等，损失程度达到 20%，但部分保险责任的起赔点确有明显改变，例如，2008 年冰（霜）冻和旱灾的起赔点为 50%，2009 年为 40%，2010—2017 年冻灾和旱灾与病虫鼠害的起赔点为 30%；同时，2008—2014 年内蒙古种植业保险的绝对免赔率为 10%，但自 2015 年起，根据中国保监会《关于进一步完善中央财政保费补贴型农业保险产品条款拟订工作的通知》（保监发〔2015〕25 号）的规定，取消绝对免赔率。另外，自 2013 年起，内蒙古种植业保险中参保农作物的保险期间从出苗起至成熟止调整为从出苗起至开始收获止，不同生长期的最低赔偿比例由 40%提高到 60%。

表 4-13　2008—2017 年内蒙古种植业保险的保险责任范围

年份	保险责任范围
2008 年	人力无法抗拒的自然灾害，包括暴雨、洪水（政府行蓄洪除外）、内涝、风灾、雹灾、冰（霜）冻、旱灾等；损失程度达到 20%、冰（霜）冻和旱灾损失达到 50%以上时，保险人按照保险合同的约定，区分水、旱地在保额内负责赔偿；绝对免赔率为 10%。
2009 年	人力无法抗拒的自然灾害，包括暴雨、洪水（政府行蓄洪除外）、内涝、风灾、雹灾、冰（霜）冻、旱灾等；损失程度达到 20%、冰（霜）冻和旱灾损失达到 40%以上时，保险人按照保险合同的约定，区分水、旱地在保额内负责赔偿；绝对免赔率为 10%。
2010 年	人力无法抗拒的自然灾害，包括暴雨、洪水（政府行蓄洪除外）、内涝、风灾、雹灾、冰（霜）冻、旱灾、病虫鼠害等；损失程度达到 20%、冰（霜）冻和旱灾与病虫鼠害损失达到 30%以上时，保险人按照保险合同的约定，区分水、旱地在保额内负责赔偿；绝对免赔率为 10%。
2011—2014 年	人力无法抗拒的自然灾害，包括暴雨、洪涝（政府行蓄洪除外）、风灾、雹灾、冻灾、旱灾、病虫鼠害等；损失程度达到 20%、冻灾和旱灾与病虫鼠害损失达到 30%以上时，保险人按照保险合同的约定，区分水、旱地在保额内负责赔偿；绝对免赔率为 10%。
2015—2017 年	人力无法抗拒的自然灾害，包括暴雨、洪水（政府行蓄洪除外）、内涝、风灾、雹灾、冻灾、旱灾、地震等自然灾害，泥石流、山体滑坡等意外事故以及病虫草鼠；损失程度达到 20%、冻灾和旱灾与病虫鼠害损失达到 30%以上时，保险人按照保险合同的约定，区分水、旱地在保额内负责赔偿；取消绝对免赔率。

资料来源：内蒙古自治区农业保险保费补贴领导小组。

4.1.6　新型产品逐步试点

2014 年 8 月 10 日，国务院发布《关于加快发展现代保险服务业的若干意见》（国发〔2014〕29 号），提出“按照中央支持保大宗、保成本，地方支持保特色、保产量，有条件的保价格、保收入的原则，鼓励农民和各类新型农业经营主体自愿参保，扩大农业保险覆盖面，提高农业保险保障程度”。以安华农业保险内蒙古分公司为例，具体如

表 4-14 所示，其新型特色政策性农业保险产品涉及种养三类：在种植业保险方面，一是 2014 年起在巴彦淖尔市磴口县试办的政策性番茄种植保险；二是 2015 年起在乌兰察布市商都县试办的政策性露地蔬菜种植成本保险，涉及西芹、圆葱、白菜等品种；三是 2016 年 9 月底中标阿拉善盟的谷子种植保险，但业务尚未开展。在养殖业保险方面，一是 2016 年 9 月底中标阿拉善盟的阿拉善盟双峰驼、阿拉善白绒山羊、“满达·阿杜”肉羊养殖保险，但业务尚未开展；二是 2016 年 10 月在巴彦淖尔市磴口县开办的渔业养殖保险，涉及精养池塘和大水面两类。

表 4-14　安华农业保险内蒙古分公司新型特色政策性农业保险产品

类型		保险金额	费率	保险费用	保费补贴
种植业保险	番茄	300 元/亩	8%	24 元/亩	县财政和番茄生产企业各承担 10 元/亩，农民承担 4 元/亩
	西芹	1 200 元/亩	6%	72 元/亩	自治区财政补贴 40%，市县财政补贴 30%，农户承担 30%
	圆葱	500 元/亩	6%	30 元/亩	
	白菜				
	其他				
养殖业保险	骆驼	两档：6 000 元/峰 8 000 元/峰	2. 8%	168 元/峰 224 元/峰	尚未确定
	池塘鱼	精养池塘：1 400 元/亩	5%	70 元/亩	养殖户承担 20 元/亩，县财政补贴 50 元/亩
		大水面：100 元/亩	2%	2 元/亩	养殖户承担 0. 5 元/亩，县财政补贴 1. 5 元/亩

注：（1）在种植业保险中，其他险种包括甘蓝、红胡萝卜、菠菜、辣椒、莴笋、大葱、青豆等蔬菜品种；（2）在养殖业保险中，骆驼保险存在费率调整系数，具体而言，若投保数量大于等于 100 峰，费率调整系数为 0. 9；若上年管理水平较高且未发生赔付，则续保时费率调整系数为 0. 8。

资料来源：安华农业保险内蒙古分公司农险事业部。

以中国人保财险内蒙古分公司为例，其目前的农业保险产品体系如表 4-15 所示，包括新型特色种植业保险和新型特色养殖业保险，具体而言：

第一，新型特色种植业保险具体包括六个类别：一是地方政策性保险，如阿拉善盟西瓜（蜜瓜）、葡萄、谷子种植成本保险，巴彦淖尔市乌拉特中旗荞麦（莜麦）种植成本保险，乌兰察布市马铃薯目标价格保险①。2017 年，人保财险内蒙古分公司在阿拉善盟承保西瓜（蜜瓜）6. 3 万亩，保费收入 220. 4 万元，已决赔款 110. 47 万元，简单赔付率 50. 12%；承保葡萄 1 万亩，实现保费收入 100 万元，已决赔款 63. 02 万元，简单赔付率 63. 02%；承保谷子 0. 5 万亩，实现保费收入 14. 99 万元，未决赔款

① 实际上，自 2015 年起，中华联合财险公司和大地财产保险公司也分别在乌兰察布市察哈尔右翼中旗、察哈尔右翼后旗 300 亩以上种植大户、合作社、企业等试点实施政策性马铃薯目标价格保险。

8.69 万元，简单赔付率 57.97%。二是商业性农作物产值类保险，如葵花、马铃薯、青贮玉米产值保险，玉米综合保险，农作物产值保险（农业科技创新项目适用）；2017 年，人保财险内蒙古分公司商业性种植险实现保费收入 527.24 万元，已决赔款 769.36 万元，未决赔款 496.01 万元，简单赔付率 239.99%。三是“保险+信贷”模式，具体是指人保公司和农业银行（2015 年）、包商银行（2016 年）分别签订“惠农宝-玉米产值综合保险与信贷支持”合作协议。四是“保险+期货”模式，主要涉及玉米期货价格保险和大豆期货收入保险；2017 年，人保财险内蒙古分公司在呼伦贝尔市及通辽地区共承保玉米 2.77 万亩，大豆 3.67 万亩，累计提供风险保障 5545 万元。五是商业性农作物种植成本保险，如马铃薯、玉米、小麦、水稻、大豆、葵花、油料作物、糖料作物、谷子、中药材、苜蓿种植成本保险、草场旱灾指数保险及收获期火灾保险。六是商业性农作物目标价格保险，如马铃薯、玉米、小麦、水稻、大豆、油料作物、糖料作物等。

表 4-15　中国人保财险内蒙古分公司农业保险产品体系

<table>
<tr><th colspan="3">类型</th><th>险种</th></tr>
<tr><td rowspan="9">种植业保险</td><td rowspan="2">传统</td><td>中央政策性</td><td>小麦、玉米、大豆、水稻、棉花、油料作物、糖料作物、马铃薯</td></tr>
<tr><td>地方政策性</td><td>温室大棚及棚内作物保险</td></tr>
<tr><td rowspan="7">新型特色</td><td rowspan="3">地方政策性</td><td>乌兰察布市马铃薯目标价格保险</td></tr>
<tr><td>阿拉善盟西瓜（蜜瓜）、葡萄、谷子种植成本保险</td></tr>
<tr><td>巴彦淖尔市乌拉特中旗荞麦（莜麦）种植成本保险</td></tr>
<tr><td>农作物产值类保险（商业性）</td><td>葵花、马铃薯、青贮玉米产值保险
玉米综合保险
农作物产值保险（农业科技创新项目适用）</td></tr>
<tr><td>“保险+信贷”模式</td><td>人保公司与农业银行（2015 年）、包商银行（2016 年）分别签订“惠农宝-玉米产值综合保险与信贷支持”合作协议，由银行向所有从事玉米作物种植且在人保公司购买“玉米产值综合保险”产品的涉农企业或专业合作组织发放季节性、临时性且贷款利率更为优惠的流动资金贷款。</td></tr>
<tr><td>“保险+期货”模式</td><td>玉米期货价格保险、大豆期货收入保险</td></tr>
<tr><td>农作物种植成本保险（商业性）</td><td>马铃薯、玉米、小麦、水稻、大豆、油料作物、糖料作物等马铃薯、玉米、小麦、水稻、大豆、葵花、油料作物、糖料作物谷子、中药材、苜蓿种植成本保险、草场旱灾指数保险及收获期火灾保险</td></tr>
<tr><td></td><td></td><td>农作物目标价格保险（商业性）</td><td>马铃薯、玉米、小麦、水稻、大豆、油料作物、糖料作物等</td></tr>
</table>

（续表）

类型			险种
养殖业保险	传统	中央政策性	奶牛、能繁母猪、育肥猪保险
	新型特色	地方政策性	草原牧区牛羊天气指数保险，草原牧区牛羊旱灾指数保险，双峰驼、白绒山羊、满达阿杜肉羊养殖保险
		商业性	抗灾物资应急储备饲草保险
			羊养殖保险、商业羊养殖保险（云联乐牧专用）、草原散养羊（溯源体系）养殖保险
			肉牛及种用肉牛、奶牛、犊牛、驴、马匹、骆驼、鸡、参赛牲畜、免疫副反应、繁殖保障、都市型观赏犬等养殖保险
林业保险	传统	中央政策性	林木保险

资料来源：中国人保财险内蒙古分公司农险事业部。

第二，新型特色养殖业保险主要包括两个类型：一是地方政策性保险，如草原牧区牛羊天气指数保险，草原牧区牛羊旱灾指数保险（蒙西地区），双峰驼、白绒山羊、满达阿杜肉羊养殖保险。就草原牧区牛羊天气指数保险而言，2015—2017 年，人保财险内蒙古分公司已在锡林郭勒盟阿巴嘎旗、东乌旗、苏尼特右旗和呼伦贝尔市新巴尔虎左旗试点开办，共为 3 043户农牧民的 80. 44 万头（只）牛羊提供 11 146. 03万元风险保障；2017 年，承保肉羊 37. 54 万头（只），实现保费收入 470. 07 万元，已决赔款 967. 83 万元，简单赔付率 205. 89%。二是商业性牲畜养殖保险，如羊养殖保险、商业羊养殖保险（云联乐牧专用）、草原散养羊（溯源体系）养殖保险、肉牛及种用肉牛、奶牛、犊牛、驴、马匹、骆驼、鸡、参赛牲畜、免疫副反应、繁殖保障、都市型观赏犬等养殖保险；截至 2017 年 12 月末，人保财险内蒙古分公司商业性养殖险实现保费收入 6 064. 77万元，已决赔款 4 118. 71万元，未决赔款 175. 29 万元，简单赔付率 70. 8%；另外，还有商业性饲草保险，如抗灾物资应急储备饲草保险。

另外，自 2011 年以来，内蒙古农业保险保费补贴领导小组根据农业生产风险与保险费率相匹配的原则，在巴彦淖尔市开展种植业保险费率区划试点，具体做法是将巴彦淖尔市的种植业保险费率划分成两类：Ⅰ类地区是种植业自然灾害风险相对较低的旗县，包括杭锦后旗、乌拉特后旗、临河区、磴口县、五原县、巴彦淖尔农垦等地区，其种植业保险费率是在自治区基准费率的基础上下调 0. 5 个百分点（2011 年和 2012 年）或 1 个百分点（2013 年和 2014 年）；Ⅱ类地区是种植业自然灾害风险相对较高的旗县，包括乌拉特中旗和乌拉特前旗，执行自治区基准费率。2015—2017 年的具体做法是遵循风险区划和费率分区原则，以基准费率为基础，将巴彦淖尔市除旱地玉米、旱地小麦、旱地马铃薯之外其他品种的费率均下调 0. 5 个百分点，将乌兰察布市、赤峰市、包头市、巴彦淖尔市旱地玉米、旱地小麦、旱地马铃薯 3 个品种的费率均上调 0. 5 个百分点。

由上可知：现阶段，创新、研发、升级产品已经成为内蒙古农业保险新常态化发展的必要条件，自治区农业保险已逐步呈现“创新驱动发展”的行业特点，具体而言：一是产品种类日渐丰富，在中央政策性补贴类产品的基础上，重点开发地方传统类特色农业保险；二是保险保障正由传统的“保成本”向“保价格”、“保收益”转变，保障程度越来越高，保险责任也在农业产业链前后有新的延伸，从过去生产领域的自然灾害等风险逐步向流通领域的市场风险拓展；三是针对性强，积极发展富有地方特色和优势的农产品保险，精细化、小区域创新产品越来越多，特别是一些有特殊针对性的，如特定旗县区、特定企业、新型农业经营主体、合作社以及特定作物或牲畜、特定风险的“量身定做”型产品应运而生；四是发挥保险的增信作用，探索化解“三农”融资难题，如通过保险公司与银行合作，为农户和涉农企业提供增信服务，帮助其获得外部融资；五是探索保险与现代金融衍生工具的融合，丰富农户农业风险管理手段，如“保险+期货”合作模式。

4.2 面临的挑战

作为全国首批政策性农业保险试点地区之一，经过十余年的探索与实践，农业保险这一支农惠农政策已成为内蒙古自治区农户化解农业生产风险的重要工具；然而，随着自治区农牧业现代化水平的不断提高，政策性农业保险的发展面临着日益变化的内外环境的挑战，因此内蒙古自治区政策性农业保险制度的进一步完善需厘清形势，面对挑战，为选择可持续的、优化的农业保险发展战略提供决策依据。

4.2.1 政策认知需要进一步提升

就政策的推动者而言，部分区域存在认识上的误区，突出表现为对政策性业务和市场化运作机制不能正确对待。农业保险是国家惠农政策的重要内容，是一项政策性、福利性很强的工作，其基本原则是“政府引导、市场运作、自主自愿、协同推进”。然而，在实际操作中，一是政策把握有偏差；例如，部分盟市、旗县政府把“政府引导、市场运作”变成“政府主导，乡镇（苏木）主办”，本来应属于保险公司做的事情，最后变成由政府部门去做；部分盟市、旗县政府把“自主自愿，协同推进”变成“目标考核，层层摊派”，在投保环节，将农业保险的参保率作为基层政府的绩效考核目标，通过行政命令将任务层层分解到各乡镇苏木、嘎查村，用行政任务代替农户自主自愿投保，强制性色彩农厚，市场机制没有得到充分发挥。二是政策宣传有盲区；例如，部分地方的农牧户对农业保险的了解较为粗浅，绝大多数农户只知道每年年初需要交纳2~5元/亩的保险费用，却不清楚国家各级财政补贴剩余85%~90%的保险费用；部分农牧户不知道投保后的权利和义务，对保险条款内容知之甚少，又没有相关部门和人员对其予以专业性指导，导致一方面可能农牧户的合法权益得不到有效保障，另一方面农户可能过度理解农业保险的责任，而对保险赔付提出不合理要求。三是行为边界不清晰；在完全竞争的农业保险市场中，保险公司将农业保险作为产品进行经营，有选择险种、地区、费率、理赔等权力，农牧民作为投保者，有选择险种、范围、费率、理赔等权力，二者的利益均是由市场规则来规范，但在实际运行中，农业保险的险种设置、费率标准、覆盖范围等都是由政府决定，两个市场主体均缺少话语权，只有执行权，产生机制上的矛盾，直接导致承保人和投保人都过度依赖政府，混淆了政府行为和企业经营行为的界限。例如，在农业保险年度实施方案制定方面，往往是由地方政府主导制定年度保险方案，确定保险品种、保险责任、保险费率、承保公司的选择及经营区域的划分等。

就政策的执行者而言，农业保险点多、面广、线长以及专业性强的特点，使各级主管部门难以对各家经办公司的具体业务形成有效监管，导致保险经办机构经营行为存在不规范问题。例如，保险凭证发放不规范，有的未能发放到户，导致投保农户不知情；保费收取不规范，有的委托乡村干部收取，对于没有交纳保费的农民，由村委会垫付，有的甚至由乡镇政府垫付，可能容易形成保险公司与乡镇政府或村委会之间的的内部交易；由于保险公司查勘定损力量不足，定损程序、制度、标准不严，存在查勘定损、理赔时间过长，理赔金额不足现象；理赔资金发放不规范，部分保险公司将赔付资金发放到村组，由村组去平衡，有的甚至发放到乡镇，未能及时直接发放到受灾农户手中；查勘理赔透明度不高，部分保险公司没有将查勘定损、理赔情况以村为单位张榜公示；等等。

从政策的受益者来说，农户作为“理性经济人”，其行为产生的基本动因是效用最大化，故农户参加农业保险的直接动力是参保可以使其获得一定利益。目前内蒙古部分农户对农业生产中客观存在的风险缺乏管理意识，而且对农业保险存在各种各样的认知偏差，主要表现有：一是部分农户认为参加农业保险无用。例如，在内蒙古部分农业生产条件较好的乡镇苏木，耕地都是水浇地，农业生产风险相对较低，基本上是旱涝保收，使得这些地区的农户认为参加农业保险根本没用，存在“天灾少有，能省一毛算一毛”的侥幸心理；由于目前内蒙古农业保险实行自治区统颁条款的政策，导致部分农户觉得自己年年交保费，但受灾程度总是在免赔额之内，故只交保费不受益且农业生产很少受灾的现实令一些农户形成“保费交了也白交”的观念；有些农户即使会选择参加农业保险，也仅是将其容易受灾的耕地或者农作物进行投保，还不能理解农业保险是根据农户在农业生产中的风险高低来交纳保险费用的经营原则。二是部分农户认为农业保险可以作为一种短期的投资或者投机方式。例如，在内蒙古部分农业生产条件较差的乡镇，尤其是在那些农业生产是“种在地下、收在天上”且是“十年九不收”的地区，农户多将农业保险作为一种“投小钱，找大钱”的逐利方式，由于自然灾害频发，故这些地区的农户只要每年年初参加农业保险，其在年底总能获得赔偿；即使在某些年份没有遭灾，少数农户甚至会要求保险公司以赔款的形式退还其已交纳的保费，加之目前内蒙古农业保险在理赔过程中还很难做到真正的“据实”赔付，无疑也进一步加重农户对农业保险这一支农惠农政策认知的扭曲程度。

4.2.2 制度体系需要进一步优化

在农业保险的条款方面，内蒙古仍需要在如何提高保险保障水平、拓宽保险责任范围等方面聚焦聚力。

第一，多数保险险种的保额偏低，保障作用不明显。农业保险能否充分发挥其保障农户收入稳定的政策效应的前提是其保险保障水平的高低。2007—2017 年，内蒙古农作物保险是以“低保障、广覆盖”的原则来确定保障水平，主要是由各地根据当地农业生产物化成本的一定比例来确定，原则上为保险标的生长期内所发生的直接物化成本，分旱地和水浇地，包括种子、化肥、农药、灌溉、机耕和地膜成本。就内蒙古来说，无论是在自治区宏观层面，还是在乡村（嘎查）微观层面，农业保险保障水平的偏低和其与农业生产实际成本差距的逐步扩大使得该项支农惠农政策并不能完全解决受灾农户恢复农业再生产的问题。如表 4-16 所示，根据 2010—2016 年内蒙古自治区农业保险保障水平和农作物生产成本的比较可知：一方面，内蒙古逐步提高的农作物保险保障水平仍然难以补偿其直接物化成本；2010 年仅有旱地玉米保险和旱地小麦保险的保障水平不足以弥补其直接物化成本，2012 年增加至旱地玉米、水地小麦、旱地小麦、甜菜四个品种，2014 年又增加马铃薯（包括水地和旱地），2016 年则是旱地玉米、旱地小麦、旱地马铃薯以及甜菜等农作物保险的保障水平不足以弥补其直接物化成本。另一方面，内蒙古农作物保险保障水平与其实际生产成本存在较大差距，且差距在逐渐扩大；以水地玉米保险为例，2010—2016 年，内蒙古水地玉米的亩均生产成本由 461 元上升到 637 元，其中，亩均物质与服务费用由 282 元上升到 392 元，但与此同时，水地玉米保险的亩均保障水平在 2015 年之前一直维持在 400 元；同时，2016 年，内蒙古水地玉米保险的保障水平仅占其生产成本的 78. 49%，比 2010 年降低近 8 个百分点。因此，内蒙古现行农作物保险政策存在保障水平偏低的问题。

表 4-16　2010—2016 年内蒙古农业保险保障水平与农作物生产成本　　单位：元/亩

年份	类别	玉米		小麦		马铃薯		大豆	油菜	甜菜
		水地	旱地	水地	旱地	水地	旱地			
2010 年	保障水平	400	220	400	220	400	400	200	170	—
	直接物化成本	255	225	387	331	266	266	150	98	418
	物质与服务费用	282	252	390	335	284	284	165	109	512
	生产成本	461	431	630	575	479	479	280	321	919
2012 年	保障水平	400	220	400	220	400	400	200	170	400
	直接物化成本	327	295	476	388	334	329	188	46	491
	物质与服务费用	351	320	482	395	356	351	205	90	582
	生产成本	640	609	828	740	739	734	382	240	1 182
2014 年	保障水平	400	220	400	220	400	400	200	170	400
	直接物化成本	349	311	449	361	483	457	184	100	492
	物质与服务费用	369	331	464	376	527	501	203	131	564
	生产成本	670	632	875	787	962	935	420	527	1 558

（续表）

年份	类别	玉米		小麦		马铃薯		大豆	油菜	甜菜
		水地	旱地	水地	旱地	水地	旱地			
2016 年	保障水平	500	300	500	200	800	300	200	200	500
	直接物化成本	366	329	440	357	475	451	182	112	524
	物质与服务费用	392	355	458	375	514	490	201	153	642
	生产成本	637	600	883	800	894	870	419	454	1 672

注：（1）“-”代表该年份内蒙古自治区尚未开展此农作物保险；（2）马铃薯在 2010 年的生产成本是以内蒙古呼和浩特市为统计标准，而非内蒙古自治区；（3）保障水平是指其在农业生产中所发生的直接物化成本，包括种子、化肥、农药、机耕、灌溉和地膜六项；（4）直接物化成本是指物质与服务费用中的部分直接费用，包括种子费、化肥费、农药费、机械作业费、排灌费和农膜费六项；（5）物质与服务费用是指在直接生产过程中消耗的各种农业生产资料的费用，购买各项服务的支出以及与生产相关的其他实物或现金支出；（6）生产成本是指直接生产过程中为生产该产品而投入的各项资金（包括实物和现金）和劳动力的成本，反映了为生产该产品而发生的除土地外各种资源的耗费；每亩生产成本=每亩物质与服务费用+每亩人工成本。

数据来源：（1）各个品种的保障水平来源于内蒙古自治区农业保险保费补贴领导小组所颁布的 2010—2016 年《内蒙古自治区农业保险保费补贴实施方案》；（2）各个品种的直接物化成本、物质与服务费用、生产成本均来源于国家发展和改革委员会价格司编著的《2011—2017 全国农产品成本收益资料汇编》。

另外，根据内蒙古乡村（嘎查）的调查数据①可知：如表 4-17 所示，除乌兰察布市以外，内蒙古玉米保险②的亩均直接物化成本占其亩均毛收入的比重均比较低，一般介于 20%~35%。例如，在西部区的巴彦淖尔市，2010 年水地玉米的亩均直接物化成本约占其亩均毛收入的 23%，2011 年约为 27%，2012 年则上升至 30%左右；在东部区的兴安盟和呼伦贝尔市，2012 年旱地玉米的亩均直接物化成本约占其亩均毛收入的比例多数低于 25%；在内蒙古中部区的乌兰察布市，2011 年旱地玉米的亩均直接物化成本占其亩均毛收入的比例则比 2010 年提高约 3 个百分点，但仍低于 50%。因此，基于乡村（嘎查）微观层面的数据分析也可得出目前内蒙古农业保险的保障水平偏低，其并不足以完全解决受灾农户的恢复再生产问题，这与《中国农业保险市场需求调查报告》的研究结论相吻合，大多受访农户认为农险不足以弥补损失的五成，进而导致其对现阶段农业保险保障额度不满意的占比高达 61.97%（中国保险监督管理委员会，2015）。

① 乡村（嘎查）的农作物成本收益资料来源于课题组 2011 年、20112 年和 2013 年对受访地区村干部、种植大户的实地问卷调查。

② 玉米是内蒙古的主要粮食作物，2016 年，玉米产量占内蒙古粮食作物产量的 76.96%。

表 4-17　2010—2012 年内蒙古部分地区玉米生产的成本收益比较

单位：元/亩，%

年份	土地类型	地区	地区			保障水平	收入①	直接物化成本②	比重②/①
2010 年	水地	巴彦淖尔	五原县	新公中镇	永联村	400	1 470	340	23.13
			乌拉特前旗	西小召镇	乃马岱村		1 260	290	23.02
		通辽	科尔沁区	钱家店镇	前西村	400	1 445	400	27.68
			科左中旗	保康镇	白吉来村		850	230	27.06
	旱地	乌兰察布	卓资县	卓资山镇	坝底村	220	475	200	42.11
				梨花镇	土城子村		456	202	44.30
2011 年	水地	巴彦淖尔	五原县	新公中镇	永联村	400	1 275	345	27.06
			乌拉特前旗	西小召镇	乃马岱村		1 233	325	26.36
		赤峰	松山区	当铺地满族乡	新井村	400	1 530	370	24.18
			翁牛特旗	乌丹镇	杨家营村		1 445	385	26.64
	旱地	乌兰察布	卓资县	卓资山镇	坝底村	220	405	185	45.68
				梨花镇	土城子村		450	215	47.78
2012 年	水地	巴彦淖尔	临河区	干召庙镇	棋盘村	400	1 800	550	30.56
			磴口县	沙金苏木	巴音毛道		1 750	530	30.29
	旱地	呼伦贝尔	扎兰屯市	成吉思汗镇	东德胜村	220	800	165	20.63
				雅尔根楚镇	四道沟村		630	150	23.81
				卧牛河镇	大坝村		729	155	21.26
				中和镇	光荣村		780	180	23.08
		兴安盟	科右前旗	科尔沁镇	远征村	220	640	150	23.44
				居力很镇	万宝村		675	182	26.96

数据来源：2011 年、2012 年和 2013 年的村调查数据。

第二，部分保险险种的责任范围比较偏窄。在种植业保险方面，保险期间一般是根据保险农作物的生长期（从出苗起到开始收获止）确定，即保险公司是在农户种植的农作物“苗齐”后才进行承保，但如果农户的种子在播到地里以后未能出苗而是发生霉变、腐烂等情况，保险公司则不予理赔；然而，从农户将种子播到地里开始，其已经发生物化成本投入，加之农业保险保障的就是农作物在生长期间所发生的直接物化成本，故保险公司其实应当承担赔偿责任。另外，当前内蒙古政策性农作物保险的保险责任主要是人力无法抗拒的自然灾害对投保农作物种植成本造成的损失，包括暴雨、洪水（政府行蓄洪除外）、内涝、风灾、雹灾、冻灾、旱灾、地震等自然灾害，泥石流、山体滑坡等意外事故以及病虫草鼠，并未将持续高温纳入责任范围。在养殖业保险方面，例如，现阶段内蒙古政策性奶牛保险的保险责任范围是由于重大病害、自然灾害和意外事故造成的奶牛死亡①和因高传染性疫病由政府实施的强制扑杀；然而，通过对奶牛养殖户的实地调查可知，奶牛在养殖过程中的死亡概率很低，一般介于3%~4%，即使大规模养殖企业、家庭牧场或小区、散户等出现奶牛死亡现象，也大多不是由于现行奶牛保险条款中所列举的死亡原因，常见的奶牛死亡原因是难产、中毒、乳房炎、破伤风、产后疾病、疫苗注射反应、意外伤残（如吃铁钉、被电击等）以及不明原因等（柴智慧和赵元凤，2012）；另外，养殖户面临的一大困扰是奶牛由于疾病导致产奶能力下降引发的高淘汰率问题，一般介于10%~15%，但上述常见的奶牛死亡原因及其高淘汰率问题等风险则尚未被纳入政策性奶牛保险的责任范围内。

4.2.3 服务质量需要进一步提高

内蒙古农业保险在服务质量方面面临的挑战主要集中于如何规范农业保险微观操作、增强保险公司供给能力和建立基础数据信息系统。

第一，农业保险的承保、定损、理赔均存在一定程度不规范。

在签单承保方面，虽然农业保险实施方案规定在自治区农业保险签单承保环节鼓励、支持广大农民联户投保、集体投保、整村投保，但同时要求保险凭证落实到投保农户，同时保险凭证上要载明投保地块的详细坐落地点、保单号、投保品种、投保面积（或头数）、保险金额等信息。然而，在实际操作中，由于农户众多、分散经营和各家农险经办公司人员配备较少以及部分乡村嘎查协保员的责任心不强，导致部分投保农户根本未曾收到保险凭证，或者投保农户收到的保险凭证可能存在参保标的清单上保险标的物数目不确切、没有农户本人的签字确认信息或者即使有签字确认信息但并非农户本人的签字等各种各样的问题，从而造成理赔纠纷。

在查勘定损方面，查勘定损的标准不够明确具体，农业灾害定损难度大。农业保险品种大都是露天生长，情况复杂，除自然灾害外，还有病虫害、管理技术不当等原因，也有地域、环境、人为等因素，导致农业灾害查勘定损难度加大，主要表现在：（1）部分险种受灾起赔点的计算未能予以明确规定；自2015年始，内蒙古种植业保险的起赔点是暴雨、洪水、内涝、风灾、雹灾的损失程度达到20%、冻灾和旱灾与病虫鼠害损失达到30%以上时，保险人按照保险合同的约定，区分水、旱地在保额内负责赔偿，但是20%或30%是以投保人的单块地为标准进行计算还是以其总投保面积为标准进行计算，条款规定并不明确。（2）部分险种因灾损失的确定标准没有明确界定；比如，农作物减产20%与减产80%比较容易区分，但减产20%与减产30%或者说减产30%与减产40%则难以精确测定；再如蔬菜大棚保险，其涉及的保险标的有竹架和蔬菜，如果竹架倒塌、断杆损失如何合理科学定损，蔬菜生长的茬数如何准确判断等，这

① 重大病害包括口蹄疫、布鲁氏菌病、牛结核病、牛焦虫病、炭疽、伪狂犬病、副结核病、牛传染性鼻气管炎、牛出血性败血病、日本血吸虫病等疾病、疫病11种；自然灾害包括暴雨、洪水（政府行蓄洪除外）、风灾、雷击、地震、冰雹、冻灾7种；意外事故包括泥石流、山体滑坡、火灾、爆炸、建筑物倒塌、空中运行物体坠落6种。

些都没有明确规定，导致在实际操作中产生分歧。（3）农作物受灾之后，需要查勘定损，究竟由谁来测，查勘定损小组是由保险公司主导，还是由农牧业部门主导？查勘定损的结果有无法律效力？这些问题当前条款也没有给予明确规定。

在理赔方面，“协议”理赔或“平均”理赔依然存在。由于组织人员、信息资源、技术设备等因素的制约，内蒙古农业保险目前还没有做到百分百“据实”赔付。“协议”理赔或者“平均”理赔依然是目前内蒙古各家农业保险经办公司确定农业保险尤其是种植业保险理赔金额的主要做法。“协议”理赔是指在农业保险开展过程中保险公司与地方政府之间就赔款支出而存在的一种违规的、不合法的协商活动，具体是指在保险责任范围内的风险事故发生后，保险公司不是按照合同约定进行合理与足额赔付，而是由保险公司与地方政府就农险理赔金额“讨价还价”，从中寻找二者的利益均衡点；如果灾损不大，地方政府因为觉得“吃亏”，要求保险公司多赔；如果灾损太大，保险公司也会要求减少赔付，最后只能由地方政府与保险公司协商确定赔多少和如何赔（庹国柱和王芳华，2013）。“协议”理赔的主要表现为：（1）不论受灾与否，根据投保农户的参保面积进行理赔。例如，在内蒙古巴彦淖尔市磴口县的乌兰布和农场，2012 年的农业保险理赔方式为以农户参保面积为依据，玉米和小麦每亩赔付 13 元，葵花每亩赔付 9 元；在内蒙古包头市土默特右旗明沙淖乡把栅村，2012 年，该村农作物遭受严重涝灾，但保险公司在理赔过程中并不是依据农户参保耕地的受灾面积进行赔付，而是在与基层政府协商一致的基础上，根据农户的参保面积，以 17 元/亩的金额进行理赔；在内蒙古乌兰察布市察哈尔右旗后旗，农业保险理赔是根据乡镇苏木年度受灾情况综合评估确定理赔总额，不分种植种类，2015 年平均为 12.8 元/亩，2016 年平均为 10.3 元/亩。（2）不论受灾与否，根据农户参保时交纳的保费进行理赔。例如，在内蒙古巴彦淖尔市临河区的双河镇和干召庙镇，2012 年农业保险的理赔方式为根据 1∶4 的比例进行理赔，即若农户参保时每交纳 1 元钱的保费，则其可得到 4 元/亩的赔偿。（3）根据农户受灾程度，按照不同依据进行平均赔付。例如，在内蒙古巴彦淖尔市磴口县沙金套海苏木的巴音毛道嘎查，2012 年的农业保险理赔方式为首先按照农户参保面积赔付，玉米、小麦的理赔标准为 120 元/亩，葵花的理赔标准为 90 元/亩；如果存在剩余赔款，则再针对重灾农户进行平均理赔。尽管“协议”理赔模式存在多种表现形式，但不考虑农户受灾程度而均摊赔款的理赔模式就如同“撒胡椒面”，类似于参保农户受灾之后的“扶贫式救济”，使得农业保险失去其无灾不赔、轻灾少赔、大灾大赔的应有作用。“协议”理赔的存在虽有其客观性，但“协议”赔付不能长久实施，这种不按照农业保险条款进行理赔的方式，一方面容易造成农牧民将保险与国家福利相混淆，使保险赔款难以发挥其有力支持受灾农牧民恢复再生产和稳定农牧民收入的积极作用；另一方面，该种理赔方式极容易造成重灾农牧户对农业保险理赔标准和所得赔款的不满意，一旦局部出现协商不妥，则有可能会导致整个农业保险制度失效，甚至隐含过多的不稳定隐患，例如，目前内蒙古各个盟市普遍存在农牧户“因保上访”、“因赔上访”等问题（柴智慧和赵元凤，2015 和 2017）。

第二，部分农业保险经办公司的服务能力存在不足。保险公司供给农业保险的能力主要是指其网点铺设和人员配备。2007—2017 年，随着内蒙古农业保险市场规模的逐步扩大，自治区各家农险经办公司均在不断加大其对农业保险业务的人力、物力投入，服务能力已有大幅度提高。例如，相继在各乡镇苏木设立“三农三牧”保险服务站，建立健全乡镇、村嘎查协保员队伍，基本建成市、县、乡、村四级服务网络，切实将服务触角延伸至涉农涉牧第一线。然而，从实际情况来看，各家农险经办公司的资源配置与其业务发展需要之间的矛盾仍然较为突出，各家保险经办机构的基层服务能力虽有提升但并未和其快速增长的承保规模同步跟进，而且农业保险经办公司的总分公司目前仍然在严格控制其对农业保险专业人才、查勘车辆、办公设备等方面的资源投入，由此使得基层保险分支机构服务能力较差，承保数据收集与真实性核实、勘灾定损资料收集、理赔结果公示等承保与理赔的基础工作高度依赖农牧业部门的局面仍未能改变，主要表现在：

一方面，各个经办机构农业保险组织架构的不适宜。目前，各家保险公司的组织机构一般只能铺设到盟市或旗县一级，未能融入到广大农村牧区尤其是边远山区的农户群体当中，故保险公司与农户之间“空间距离”的客观存在导致其无法给农户提供“面对面”的保险服务，即便部分保险公司的网点铺设可以到乡镇苏木一级，但由于网点人员身份与农户之间存在“社会距离”，对农户需求了解不多，缺乏农户信任，导致基层网点的效能发挥欠佳，对广大农村牧区的保险需求仍然是鞭长莫及、难以顾及。例如，以分支机构最为健全的人保公司为例，其网点铺设均已到旗县一级，有些地方甚至到乡镇苏木一级，2013 年在自治区其开展农业保险业务的 8 个盟市 30 个旗县中，有 21 个旗县支公司设立农险部，配备有员工 83 人，但专职负责辖区内农业保险业务的仅有 24 人，面对庞大的农险市场，现有的人员配备依然不能满足业务发展需要①。

另一方面，各个保险经办机构从事农业保险基层工作的人员配备、查勘车辆和设备等配置均严重不足。农业保险工作是一项复杂的且庞大的系统工程，服务对象是千千万万分散经营的农户，而且部分承保地区土地面积庞大、农村基础设施环境复杂，但从目前农险基层工作人员的数量来看，远远不能满足服务对象的需求。例如，在包头市土默特右旗，农业保险由安华公司包头市支公司土右营销部负责经营，该旗县安华公司的营销服务部在编员工 11 人，且多为高中生与专科生，专职农业保险的 6 人，另有 294 位协保员，其中，乡镇苏木协保员 16 人，村级协保员 278 人；2012 年，土右旗农业保险参保面积为 1 166 105亩，以承保时间 45 天计算，6 个人中每人每天平均需核验 4 319亩，加之保险标的（主要是水地玉米、水地小麦和葵花）种植分散、分布区域广，公司人员地况不熟、投保清册信息和耕种信息不完整等因素的影响，很难实现一一验标；同时，在农作物遭受较大范围的自然灾害时，保险公司往往会形成短时间内大面积地块需要测面积、定损失的被动局面，故做到及时现场查勘定损的难度也比较大②。

第三，农业保险的基础数据信息系统建设比较缓慢。数据是保险行业的立业之基，充足的历史数据能够为风险定价提供重要依据。就农业保险而言，其在风险定价、费率

---

① 数据来源：中国人保财险内蒙古分公司农险事业部。

② 资料来源：安华农险内蒙古分公司包头市支公司土默特右旗营销部。

精算、业务管理、防灾减损等诸多环节均需要大量数据支持。然而，目前内蒙古乃至全中国的农业保险基础数据管理仍相对薄弱，主要表现在：一是农业保险基础数据不准；例如，很多有关农户的个人信息、耕地信息（如耕地名称、地块面积、空间位置、边界四至等）、生产信息等基础信息多停留于纸质材料，尚未能实现电子化管理，且准确度不够，使得承保理赔的真实性无法保证；在实际操作中，各地保费补贴面积依据各不相同，有的是二轮承包耕地面积，有的是计税耕地面积，有的是确权耕地面积或者作物种植面积。二是农业保险数据积累不足；例如，历年农作物灾害损失数据、产量数据不完整，既影响到产品定价的科学性，也使得无法根据风险区划执行差异费率。三是农业保险数据运用相对独立；出于商业保密原则，各家农业保险经办公司获取和积累的数据很难与其他主体进行共享。四是农业保险数据整合不够；保险承保理赔数据偏静态，与客户行为的关联度有限。五是在国家层面缺乏完备的数据信息共享平台；现阶段，我国行业性的农业保险信息管理平台刚起步建设，一期系统初步实现种植险保单级数据的归集，与各类外部数据的对接共享功能尚未实现。

4.2.4 运营风险需要进一步重视

现阶段，内蒙古农业保险的运营风险主要集中在两个方面：一是信息不对称风险，二是产品结构不均衡风险。

第一，农业保险中的信息不对称风险日益突出。农业经营的复杂性和农业保险标的的生命性，致使农业保险中的运营风险尤其是信息不对称风险比其他险种更为突出，加之政府对农业保险进行大规模财政补贴，也使得问题变得更为严重和复杂。在种植业保险中，信息不对称问题的典型表现是投保农户的逆向选择行为，主要表现有二：一是不同地区、不同农户的逆向选择；地区不同意味着农户在农业生产中的风险状况也不同，导致农户在购买农作物保险时更倾向于将其质量较差的耕地予以投保。二是同一地区、不同农户或同一农户的逆向选择；例如，部分农户虽主动要求参加农业保险，但只愿意将其地势低洼、容易受灾的农田投保，而对相对不容易受灾的农田则不愿意投保，即农户的选择性投保行为。

在养殖业保险中，信息不对称问题的典型表现则是投保农户的道德风险问题，尤其是在奶牛保险中，此问题更为突出。例如，在当前内蒙古的政策性奶牛保险中，实施方案规定其保障水平分为 6 000元、8 000元和 10 000元三个档次，当奶牛出现保险责任范围内的风险事故时即可获得赔偿，但是由于奶牛的死亡概率较低，导致诸多参加奶牛保险的养殖户就可能存在骗保、冒保、骗赔等行为，如部分奶牛养殖户将其参保奶牛在年老淘汰之际想法设法制造虚假赔案（如更换耳标、人为致奶牛死亡等），恶意从保险公司骗取赔款，这极大地提高各家保险公司政策性奶牛保险业务的赔付率和严重挫伤其继续开展政策性奶牛保险业务的积极性，造成当前内蒙古奶牛保险“供给冷淡”的局面。如表 4-18 所示，2008—2016 年，内蒙古的奶牛保险发展可以说是波动起伏，赔付率也是忽高忽低，尤其是在 2010 年和 2011 年，奶牛保险赔付率高位运行，其中很大一部分原因就是投保养殖户的道德风险问题；实际上，参保奶牛的出险原因多数不属于保险责任范围，但由于较高的奶牛个体价值导致养殖户在参保奶牛出险后的损失较大和基层政府在财政补贴后的不适当或者过度干预行为，导致保险公司不得不做出理赔。

表 4-18　2008—2016 年内蒙古奶牛保险发展概况　单位：头，万元，%

年份	承保头数	保费收入	理赔头数	赔款支出	简单赔付率
2008 年	160 954	6 423	2 724	1 373	21.37
2009 年	264 742	10 710	13 853	6 688	62.45
2010 年	181 487	7 254	12 682	5 905	81.40
2011 年	114 305	4 660	7 170	3 452	74.08
2012 年	143 184	6 255	4 499	2 144	34.28
2013 年	267 485	12 090	5 981	3 253	26.90
2014 年	525 463	24 547	12 560	7 641	31.13
2015 年	670 395	28 158	16 975	12 643	44.90
2016 年	789 499	32 100	26 826	24 142	75.21
年均	346 390	14 689	11 474	7 471	50.19
合计	3 117 514	132 197	103 270	67 241	53.39

注：（1）理赔头数是截至当年 12 月 31 日奶牛保险已决头数与未决头数之和，赔款支出则是截至当年 12 月 31 日奶牛保险已决赔款与未决赔款之和；（2）简单赔付率=赔款支出/保费收入×100%。

数据来源：中国保险监督管理委员会内蒙古监管局。

第二，养殖业保险发展明显滞后于种植业保险引致的产品结构不均衡风险。内蒙古既是中国的粮食主产省区，又是我国北方重要的畜牧基地。自 2007 年起，作为首批政策性种植业保险和政策性养殖业保险的试点省份之一，内蒙古种植业保险稳居全国农险市场前列，但养殖业保险发展则显现出明显的滞后性。目前，内蒙古虽然已基本建立较为完善的养殖业保险制度，但由于产品设计、具体操作等方面存在不足，导致养殖业保险发展与自治区畜牧大区的客观实际明显不相匹配。养殖业保险发展滞后，主要体现在以下三个方面：一是保险品种；截止到 2017 年，内蒙古养殖业保险仅包括奶牛、能繁母猪、育肥猪三个覆盖全区的畜种，而在自治区养殖业中占有重要地位的肉牛、绵羊、山羊等畜种目前仅在部分盟市的个别旗县进行试点。二是各个品种的保险市场；如表 4-19所示，2007—2016 年，内蒙古牲畜承保头数占可参保牲畜年末存栏量的平均比例仅为 1.39%，可参保牲畜在多数年份的参保率不足 20%，其中，占全区牲畜年末存栏量约 75%以上的羊是内蒙古极具地方特色的养殖品种，2015 年年末存栏量为 5 778万只，但同期羊群保险承保数量为 22 万只，参保率仅为 0. 38%；2016 年年末存栏量为 5 506万只，但同期羊群保险承保数量为 24 万只，参保率仅为 0. 44%。就内蒙古富民强区的畜牧产业即奶业而言，2008—2016 年，内蒙古奶牛保险的年均参保率仅为 13. 93%，远远低于种植业保险财政补贴品种应保尽保的参保率。三是与种植业保险的发展差距，尤其是在保费收入方面；2007—2016 年，内蒙古养殖业保险的保费收入在年际之间呈现明显波动特征，累计保费收入 15. 62 亿元，占全区农业保险保费收入的 9. 06%，占全国养殖业保险保费收入的 3. 12%；与种植业保险相比，二者的保费收入差距在明显拉大，如图 4-7 所示，2007 年，内蒙古政策性种养两业保险的保费收入差距是 4 亿元，2017 年则是 17 亿元，增加 13 亿元。

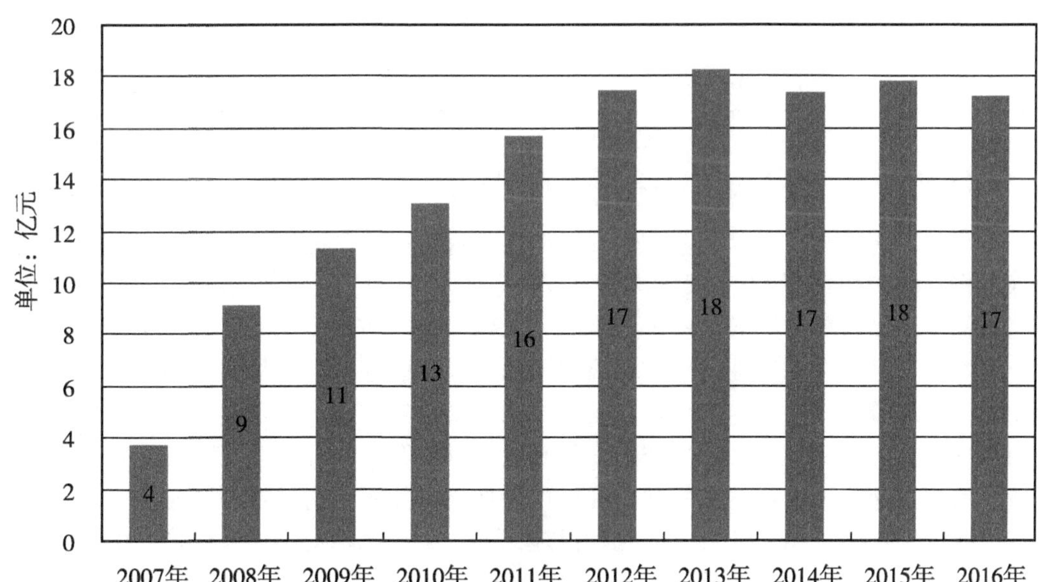

图 4-7　2007—2016 年内蒙古政策性种养保险的保费收入差距

注：保费收入差距=种植业保费收入-养殖业保费收入。

数据来源：中国保险监督管理委员会内蒙古监管局。

表 4-19　2007—2016 年内蒙古养殖业保险各险种参保情况

单位：万头，万只,%

项目	能繁母猪			奶牛			育肥猪			羊		
	存栏数	参保数	参保率	存栏数	参保数	参保率	存栏数	参保数	参保率	存栏数	参保数	参保率
2007 年	99. 48	47. 87	48. 12	—	—	—	—	—	—	—	—	—
2008 年	110. 36	40. 40	36. 61	287	16. 10	5. 61	—	—	—	—	—	—
2009 年	90. 10	44. 92	49. 86	287	26. 47	9. 24	—	—	—	—	—	—
2010 年	94. 62	12. 78	13. 51	280	18. 15	6. 48	—	—	—	—	—	—
2011 年	90. 70	1. 75	1. 93	279	11. 43	4. 10	—	—	—	—	—	—

（续表）

项目	能繁母猪			奶牛			育肥猪			羊		
	存栏数	参保数	参保率	存栏数	参保数	参保率	存栏数	参保数	参保率	存栏数	参保数	参保率
2012 年	90.09	2.01	2.23	263	14.32	5.44	604	0.07	0.01	—	—	—
2013 年	90.05	8.00	8.88	229	26.75	11.67	594	39.16	6.59	—	—	—
2014 年	83.66	13.61	16.27	231	52.55	22.73	586	105.09	17.94	—	—	—
2015 年	96.33	8.54	8.87	237	67.04	28.29	549	126.04	22.96	5 778	22.10	0.38
2016 年	94.92	11.82	12.45	248	78.95	31.84	545	150.46	27.60	5 506	24.04	0.44
年均	94.03	19.17	19.87	263	34.64	13.93	576	84.16	15.02	5 642	23.07	0.41
合计	940.31	191.70	20.39	2 626	311.76	11.87	5758	420.82	7.31	11 284	46.14	0.09

注：（1）“—”表示该年度尚未开展此类保险；（2）参保率=参保数/存栏数×100%。

数据来源：中国保险监督管理委员会内蒙古监管局。

实际上，造成内蒙古养殖业保险发展滞后于种植业保险的原因是现阶段自治区养殖业保险产品的“供需脱节”，具体来说：第一，保险公司供给的产品，多数属于低成本的死亡保险产品，养殖户需求不足；第二，养殖户具有强烈需求的产品，保险公司不予供给或者该产品不在政策性养殖业保险范围内。发达国家的实践早已证明，在现代养殖业中，决定养殖业效益和养殖户收入的主导因素是市场需求，故欧美国家养殖业政策的着力点均是如何保护过剩条件下养殖户的利益，其所开办的养殖业保险则是牲畜价格保险或牲畜收益保险，为养殖户的利益提供风险保障，然而，内蒙古乃至整个中国现阶段的养殖业保险本质上属于低成本的死亡保险，即为生产风险提供保险保障，由此导致养殖业保险产品的“供需脱节”。

4.2.5 产品创新需要进一步深入

目前，内蒙古农业保险的产品创新可通过供给侧结构性改革在三个方面继续发力：一是如何把现有产品做好做优，可从同质化产品与异质性需求不匹配、农业生产风险评估与区划工作等方面入手；二是如何基于农业产业链构建保险保障体系；三是如何开发试点新型农业保险产品。

第一，同质化保险产品难以满足农户异质性需求。现阶段，内蒙古甚至全国的农业保险产品均存在同质化问题。一是财政补贴品种与农户现实需求之间存在差距。目前，内蒙古农业保险财政补贴品种主要集中在可保障粮食安全和国计民生的粮棉油糖等作物和奶牛、能繁母猪、育肥猪以及森林，部分当地参保需求强烈、具有地方特色的支柱种养业品种却不在中央或者自治区财政补贴范围内，例如，番茄（加工用）、西甜瓜、籽瓜、杂粮等农区特色品种，肉牛、肉羊、基础母羊、种公羊、马匹、草场等牧区特色品种，由此使得农业保险难以为地方特色优势农牧业产业发展提供充足的风险保障。二是保险产品基本上都属于多灾害单产保险（类似美国的 MPCI），农业保险本质上属于低水平的成本保险。三是现行农业保险政策条款均缺乏弹性，多是以省或自治区为单位，施行统一保额和统一费率，导致不同区域农业生产风险、保险保障程度和保险费用负担存在事实上的不对等，即低风险区域农业生产经营者自交保费和基层财政配套保费资金相对较高，而高风险区域农业生产经营者自交保费和基层财政配套保费资金相对较低；低投入、低产出区域农业生产经营者享受高保额保障，而高投入、高产出区域农业生产经营者仅获得低保额保障（赵元凤等，2013）。2007—2017年，虽然内蒙古农作物保险的基准保额有所提高、基准费率普遍降低，但在全区范围内却施行“一刀切”费率政策，致使广大农户多样化的农业保险需求很难得到满足。例如，在巴彦淖尔市，目前“低保障”的农险产品并不足以满足农户的“高端”需求，多数农户不仅愿意而且有保费支付能力参加具有高保障水平的农作物保险。

同时，由乡村（嘎查）的调查数据也可发现，如表4-17所示：（1）2012年，巴彦淖尔市水地玉米保险的保障水平已经不足以覆盖其直接物化成本，兴安盟和呼伦贝尔市旱地玉米保险的保障水平则仍比其直接物化成本高出约20%，但是水地玉米和旱地玉米则统一施行8.5%的保险费率；（2）就旱地玉米保险来说，其亩均直接物化成本占其亩均毛收入的比重在内蒙古东部地区和中部地区存在显著差异性；在东部地区兴安盟和呼伦贝尔市旱地玉米的亩均直接物化成本占其亩均毛收入的比重多数低于25%，在中部地区乌兰察布市，旱地玉米的亩均直接物化成本占其亩均毛收入的比重则在45%左右，但是东部地区和中部地区的旱地玉米保险在2010—2012年均施行统一的费率政策，即9%。因此，在具有不同农业生产风险的区域施行具有统一保额和统一费率的同质化农业保险政策会明显导致农户的保费负担与其所得到的风险保障之间的不相匹配，使得农户的异质性保险需求很难得到满足。

第二，农业生产风险评估与区划工作严重滞后。农业生产风险评估和区划是有效开展农业保险的前提，对于农业保险持续稳定发展具有重要意义。一方面，农业生产风险评估和区划是农业保险准确厘定费率和实现“一致性”及“公平性”原则的重要基础；另一方面，农业生产风险评估和区划是创新农业保险产品和降低农业保险运营成本的技术支撑。然而，与国外农业保险发达国家相比，内蒙古乃至整个中国的农业生产风险评估与区划工作严重滞后，主要表现在两个方面：

一方面，评估及区划工作粗放。农业保险并没有根据参保标的的风险水平厘定保险金额和保险费率，而是依据历史经验判断和协商，以全国或者省域为单位统一确定，并未考虑到省域范围内不同市县实际单产水平和灾害发生频率的差异性，也没有经过农业风险评估和保险精算，故农业保险费率厘定的专业化和精细化程度缺乏，导致道德风险和逆向选择问题的产生，这与发达国家的做法存在较大差距。美国、加拿大、日本等农业保险开展较为成功的国家目前已实现根据不同保险标的、不同投保农户、不同保险责任来评估农业生产风险和厘定农业保险费率，有的国家甚至已经细化到农户或者地块层次；政府和保险公司可以根据投保农户耕种的作物种类、所处风险区域、农户自身特征等为各个农户厘定一个“异质性”费率，使投保农户缴纳的保险费用和其农业生产的风险水平尽可能匹配。

另一方面，灾情和灾损数据缺乏。农业生产风险评估与风险区划工作需要用到多源和多方面的数据，包括农情、灾情、气象、环境、投入、产出和损失等数据，这些数据通过经济统计、资源普查、气象观测和遥感监测等手段获得，需要各相关部门协作共享。国外发达国家对基础数据的收集、整理及清洗工作十分重视，倾注了大量的人力、物力和财力进行基础数据的整理和共享。中国农业生产风险评估区划工作的数据支撑严重不足，许多数据尤其是县级以下的农情、灾情、损失历史数据基本空白，农业保险承保和赔付数据缺乏；这些数据标准不一，且分散于不同部门的数据难以共享。农业保险数据方面存在的上述问题已经严重制约了中国农业生产风险的评估及区划工作开展。

第三，尚未能基于农业产业链构建保险保障体系。过往十年，虽然内蒙古农业保险中关系国计民生和国家粮食安全的农作物保险、主要畜产品保险、重要“菜篮子”品种保险和森林保险均已获得重点发展，但农户关注的不仅是保险惠农价值，更关心农产品价格，二者互补而关联，故在农业保险基本覆盖农、林、牧等各主要农业产业后，必然向农业产业链、流通领域、农产品质量及价格风险等延伸。实际上，内蒙古现行政策性农业保险产品只是“保大宗产品”、“保物化成本”，面对当前粮食价格“天花板”、生产成本“地板”的约束，其明显无法提供足够的风险保障。一方面，风险保障能力不足；农业保险在实现基本覆盖农林牧各主要农业产业的同时，还未能在农业产业链前后予以延伸，当前仅仅是为生产领域的自然灾害、疫病风险等提供风险保障，且保障水平远远低于农产品生产成本，还没有向农产品流通领域的价格风险、市场风险、质量安全风险等延伸。另一方面，保险产品创新明显滞后；主要表现在地方特色优势农畜产品缺乏保险保障，化解价格及市场风险的保险产品尚未试点；符合新型农业经营主体（如种养大户、家庭农牧场、合作社、龙头企业等）需求的保险产品比较稀少；涉农保险与涉农信贷的合作还不够深入，例如，“保险+信贷”、“保险+期货”等，故保险的增信作用尚未得到充分发挥。

第四，新型农业保险产品的创新相对比较缓慢。目前，内蒙古有地方政府财政支持的新型农业保险产品主要集中在生猪价格指数保险、草原牧区牛羊天气指数保险、以及部分农区牧区特色优势农畜险种保险，这与近年来中国创新型农业保险产品的广泛推广相比较，明显存在滞后性。现阶段，中国试点推广的创新型农业保险产品主要包括四类：一是已有创新产品获得进一步推广；例如，生猪价格指数保险已从最初开办的北京，逐步推广至四川、重庆、上海、福建、江苏、湖北、吉林、辽宁等省市；蔬菜价格指数保险由上海、广东推广至山东、四川、江苏、重庆、宁夏等省份。二是新险种设计取得突破，例如，生猪价格指数保险的理赔周期已从最初的一年一理赔升级到按月、按季理赔，进一步保护养殖场户收益。三是天气指数保险不断推进；国内学者或机构已先后研发以水稻、玉米、小麦、马铃薯等为主的粮食作物，以苹果、柑橘、杨梅、樱桃等为主的水果，以棉花、油菜、温室黄瓜等为主的经济作物，以虾蟹为主的水产品，以牛羊为主的牲畜等等天气指数保险产品；测量指数涵盖累计降雨量指数、台风指数、气温指数、风力指数、低温指数等，涉及的灾害主要包括梅雨、内涝、旱灾、水灾、台风、冻灾、雪灾、风灾和秋季低温等；在产品试点方面，截至 2017 年 2 月，国内已先后试点约 30 种天气指数保险产品，覆盖 16 个省份，主要集中在中东部地区，供给主体约有 10 家（丁少群和罗婷，2017）。四是针对适度规模经营主体的专属农业大灾保险产品正在试点。2017 年 4 月 26 日召开的国务院常务会议决定，2017—2018 两年将在黑龙江、河南、山东、河北等 13 个粮食主产省选择 200 个产粮大县，以水稻、小麦、玉米三大粮食作物为标的，在面向全体农户的基本险基础上，针对种田大户、家庭农场等适度规模经营主体试点保障金额覆盖“直接物化成本+地租”的专属农业大灾保险产品；在财政部和农业部办公厅于 2017 年 5 月分别印发《关于在粮食主产省开展大灾保险试点的通知》（财金〔2017〕43 号）和《关于做好粮食主产省农业大灾保险试点工作有关事宜的通知》（农办财〔2017〕38 号）后，13 个省的农业大灾保险试点方案也陆续出台；据农共体统计，在 200 个县中，与传统农险产品相比较，90 个县的保额增加 50%～100%，62 个县的保额增加 100%～150%，28 个县的保额增加 150%～200%，20 个县的保额增加 200%以上。

4.3 本章小结

内蒙古于 2007 年试办政策性农业保险，其运营制度属于典型的“公私合作”模式即“政府支持下的商业化运作”模式，具体业务是由中国人保财险内蒙古分公司、中华联合财险内蒙古分公司、安华农业保险内蒙古分公司、太平洋财险内蒙古分公司、大地财险内蒙古分公司、紫金财险内蒙古分公司和中国人寿财产保险内蒙古分公司承办，在各级政府的支持下，内蒙古农业保险取得前所未有的蓬勃发展，一直走在全国市场的前列，具体表现在：制度体系日趋完善，财政支持力度不减，市场规模稳步扩大，农户认知不断提高，现有产品日渐合理，新型产品逐步试点。因此，政策性农业保险已成为内蒙古农牧业生产的“保护伞”、政府的“减压阀”和农牧民收入的“稳定器”。

然而，内蒙古农业保险虽为自治区农牧业发展起到保驾护航的作用，但在发展过程中也面临一些亟待解决的挑战，例如，政策认知需要进一步提升，制度体系需要进一步优化，服务质量需要进一步提高，运营风险需要进一步重视，产品创新需要进一步深入，等等；与此同时，研究农业保险的信息不对称风险尤其是行为主体的道德风险和逆向选择问题则有助于探讨如何科学合理地解决上述问题。

5 农业保险中道德风险问题的理论分析

信息经济学认为，在市场交易中总是存在交易双方占有信息不均等的信息不对称问题。信息不对称（Information Asymmetry）是指市场交易双方所掌握的信息在数量和质量上存在差异，即一方掌握的信息数量较多、质量较高，而另一方则恰好相反。保险市场是一个典型的信息不对称市场，其信息不对称的两个典型表现是道德风险和逆向选择。一般来说，保险人（或承保人）与被保险人（或投保人）之间的信息不对称会导致保险市场的效率降低，甚至市场失灵。具体到农业保险市场，国外学者起初是将道德风险和逆向选择作为信息不对称的两个后果，以此来解释传统的产量补偿型农业保险的失败或市场失灵（Ahsan、Ali 和 Kurian，1982；Skees 和 Reed，1986；Nelson 和 Loehman，1987；Chambers，1989；Miranda，1991；等等）。此后，随着农业保险制度的优化和新型农险产品的出现，诸多学者开始将道德风险与逆向选择作为制约农业保险发展的因素进行单独研究，取得的成果也比较丰富。然而，农业保险中的农户道德风险和逆向选择问题在经验上则很难被区分，也许二者的区别只是理论上的（Quiggin、Karagiannis 和 Stanton，1993），例如，一位农户推迟农作物耕种以了解土壤湿度，并据此决定自己是否参加农业保险；农户的这一行为既可以被解释为道德风险（因为农户是由于农业保险的存在其才推迟耕种农作物），也可以被理解为逆向选择（因为只有当农户预测到其农作物产量会降低时，农户才会参加农业保险）。

本章和下一章主要讨论农业保险中的道德风险问题，试图解释本书研究的问题一，即“农业保险开展中三方参与主体（即农户、政府、保险公司）是否存在道德风险问题？各自有何表现？其形成原因又是什么？如果存在，如何减少？”。根据现有的研究成果，农业保险中的道德风险问题毫无疑问地会严重制约该项支农惠农政策的健康运营，虽然部分国内学者从实证角度给予农业保险中农户存在道德风险问题的显著证据（钟甫宁和宁满秀等，2007；张跃华等，2009 和 2013；林光华和汪斯洁，2013），但必须指出的是这些学者的研究均是局限于特定的地区和特定的保险标的，故其研究结果并不一定具有普适性；因此，在中国现行“低保障、广覆盖、低保费、低赔偿”的政策性农业保险市场中，政府补贴大量保费、农户缴纳少量保费、保险保障水平偏低但农业保险覆盖面较广以及“协议”理赔或者“平均”理赔普遍存在（尤其是在内蒙古自治区）的情况下，农户是否存在道德风险问题，还需要进一步从实证角度给予检测。本章主要是从理论角度分析农业保险市场中各个利益主体道德风险的主要表现、形成机理、现实原因以及其会给农业保险政策带来的危害，进而为下一章基于微观农户视角的实证检验奠定理论基础。

5.1 道德风险的界定与表现

在信息经济学中，道德风险是指在信息不对称的情形下，市场交易一方参与人不能观察另一方的行动或当观察（监督）成本太高时，一方行为的变化导致另一方的利益受到损害。在保险市场上，道德风险来自保险公司不能观察到投保人在投保后的防范措施，从而投保人的防范措施偏离没有保险或者没有事后信息不对称时的防范措施（张维迎，2004）。也就是说，道德风险主要是一种事后机会主义行为，是指投保人在购买保险以后，因有保险所提供的风险保障而降低避免损失的激励，从而产生行为隐藏，导致自身风险事故发生的概率增加。在农业保险市场，特别是在政策性农业保险制度中通常有三个参与主体，其不同于一般性商业保险中的两个参与主体；在政策性农业保险的市场交易中，除了投保农户和保险公司双方当事人之外，还必须包括政府参与，否则这个交易不能产生或者不可持续。政府虽然不是农业保险的签约人，但政府既承担给投保农户提供保费补贴，也负责协助保险公司进行签单承保以及在风险事故发生以后进行查勘定损和理赔工作。因此，由于涉及农户、保险公司和政府三个行为主体，故政策性农业保险中的道德风险可包括三类，分别是投保农户的道德风险、保险公司的道德风险和政府部门的道德风险。

5.1.1 投保农户的道德风险

投保农户的道德风险是指农户在参加农业保险前后的不诚实、不守信，或者由于有了风险保障而降低对所投保标的的预防措施以及在风险事故发生后不采取积极的补救措施等，导致风险发生概率上升和风险损失扩大。一般而言，根据风险事故发生的时间，可以将道德风险划分为事前道德风险和事后道德风险。事前道德风险，是指在风险事故发生之前，市场交易中掌握私人信息的一方参与人利用自己的信息优势和对方的高监督成本劣势在最大化增进自身利益的同时作出不利于他人的行为；事后道德风险，是指在风险事故发生之后，市场交易中的一方参与人利用对方难以掌握的私人信息作出最大化自己利益的行为。按照以上标准，农业保险市场中投保农户的道德风险也可以分为事前道德风险和事后道德风险，具体表现如下。

5.1.1.1 投保农户的事前道德风险

投保农户的事前道德风险，主要体现在投保农户在防损方面的行为产生的背离，一般包括：（1）因投保人不诚实或者故意欺诈而引起保险事故的发生。例如，在农业保险签单承保过程中，由于保险公司和投保农户之间的信息不对称，农户可能存在冒保、替保、垫保、虚保等骗保行为，由此使得保险公司在其投保人的保险标的出险以后，面对出险标的往往是说不清子丑寅卯和搞不清东南西北。再如，在内蒙古的奶牛保险政策开展中，由于奶牛死亡的概率较低，导致部分参加奶牛保险的养殖户存在将其参保奶牛在年老淘汰之际想法设法制造虚假赔案（例如，采取人为致奶牛死亡的方式），恶意从保险公司骗取赔款的现象①。（2）因投保人事前防损行为不积极而引起保险事故的发生。例如，投保农户因有保险保障而降低其在农牧业生产中的努力程度和减少防灾防损措施等。农牧业属于照料性产业，农业保险的保险标的是活的动植物，保险利益是一种事先难以确定的预期利益，故牲畜生长、饲养的好坏，农产品产量的高低等均与投保农户的精心照料程度、管理技术高低呈正相关关系。当农户购买足额保险后，如果风险事故发生造成的损失低于保险公司的承保数量，则保险公司就会按照合同约定足额补偿农户，此时，农户的期望产量将会比其未参保时的产量稳定。因此，从理论上看，农户因有农业保险提供风险保障而会降低其在农业生产中的努力程度和减少防灾防损，致使其农产品产量低于保险公司的承保数量，这就是农户事前道德风险的典型表现。在种植业中，农户降低努力程度、减少防灾防损的措施具体包括农户随意改变耕作制度，不按经营规范管理农作物，盲目引进新品种，选择质量不高的种子或者下种不足、施肥不当，减少农作物病虫灾害的防控投入，不能按时收获农作物等。在养殖业中，农户降低努力程度、减少防灾防损的措施则具体包括养殖户在参保后放弃原先行之有效的饲养管理措施，减少对养殖场所卫生环境、安全保障等方面的投入，降低饲料质量标准，忽略对牲畜疫病的防疫等。

5.1.1.2　投保农户的事后道德风险

投保农户的事后道德风险问题主要体现在投保农户在减损方面的行为产生的背离，一般包括：（1）投保农户在受灾以后谎报灾情、虚报损失、串换标的以骗取农业保险赔款。农业保险明显不同于普通商业保险，农牧业生产的特殊情况决定了农业保险查勘、定损、理赔的专业性与复杂性。内蒙古农村牧区大都地处交通极其不便的偏远之地，种植业保险投保农户在 2008—2016 年年均高达 270 多万户，涉及村落将近10 000个，承保地块1 000多万个，每个农户投保地块少则 3～5 个，多则几十个，具有点多面广线长的特点，一旦出现灾情，往往是成片成带，查勘定损工作量大且时间紧，依靠保险公司现有的人员配备和技术条件不仅很难精确地确定每户每块地的出险标的，也很难精确地核定农作物的具体损失程度；目前，在种植业保险核灾定损中较为普遍的做法是由镇村干部中的农业保险协保员和基层政府相关部门予以层层把关审核、保险公司则进行抽样查勘，但由于定损主要是凭借农业技术方面的专家靠经验估测，而农作物损失中的一成与半成是很难区分的，由此使得定损不可避免地产生与农作物实际损失不相符合的情况。因此，现行的种植业保险查勘定损方式很容易导致投保农户出现谎报灾情、虚报损失等事后道德风险问题。当然，此类问题在养殖业保险中也是屡见不鲜，在《内蒙古自治区 2016 年农业保险保费补贴实施方案》中，奶牛保险、能繁母猪保险和育肥猪保险的保险责任范围主要都是因重大病害、自然灾害、意外事故以及发生高传染性疫

① 实际上，投保的奶牛养殖户人为制造虚假赔案，从保险公司骗取赔款的现象，只存在于投保标的保险保障水平高于其市场价值的情况下；如果投保标的保险保障水平低于其市场价值，则投保人就不太可能存在人为制造虚假赔案，从保险公司骗取赔款的现象；因为，投保人在发现投保牲畜可能出险时，若将其销售，所得收益要远远大于投保牲畜在出险后可得到的保险赔款。同样，在能繁母猪保险中，也存在相似情况。

病后由政府实施强制扑杀等所导致的投保个体直接死亡①，投保牲畜的出险原因若是自然灾害和意外事故，旗县（市、区）和乡镇（苏木）的畜牧兽医部门就可以鉴定出来；投保牲畜的出险原因若是重大病害，基层畜牧兽医部门由于技术能力有限无法确定致使牲畜死亡的疾病原因，而送至盟市、自治区级检疫部门进行检测还需要花费数百元甚至上千元的费用，但投保人却不愿意承担这笔费用。因此，在目前内蒙古养殖业保险开展过程中，由于投保牲畜出险给养殖户造成的损失比较巨大和基层政府的惠民利民心理以及其在养殖业保险开展中需要配套一定比例的财政资金这三个方面的原因，导致存在投保人的保险标的一旦出险，不论何种原因，其只要花费数十元到当地的畜牧防疫监督管理机构开具属于或者贴靠保险责任范围的死亡原因证明和防疫记录等证明材料，就可以获得保险公司赔偿的现象，这就是导致近年来内蒙古各家农业保险经办公司的养殖业保险业务赔付率居高不下、市场比较冷淡的主要原因之一。（2）投保农户在受灾以后怠于采取减损措施以获取保险公司的超额农业保险赔款。农业保险的保险标的是活的动植物，在其生长期内如果发生因灾致损，如果投保人给予适当的精心照料则保险标的一般具有自我调节和自我恢复能力，故风险事故的发生并不意味着最终损失的发生；然而，投保农户在受灾以后怠于采取减灾减损措施的事后道德风险问题则会导致因灾损失增加。例如，在种植业中，投保农户在其所种植的农作物发生自然灾害时，怠于灾后田间管理，不及时采取补救措施，造成农作物产量损失的扩大化；在养殖业中，投保人在其饲养的牲畜发生疫病或者遭受自然灾害与意外事故时，不及时给予救治，人为增加牲畜死亡率，扩大保险损失。

5.1.2 保险公司的道德风险

保险公司的道德风险是指保险公司在开办政策性农业保险业务时受利润最大化目标的驱使，利用自身信息优势或者经营地位优势，不积极、谨慎地经营农业保险业务，导致国家财政资金耗散，以及农险经营结果背离国家财政补贴的初衷（冯文丽，2012）。政策性农业保险在内蒙古的落地生根也仅有十年多的时间，政策、制度等都还处于摸索与完善的过程中，目前开展农业保险业务的七家公司中多数人员属于“半路出家”，职业素质的参差不齐导致部分人员存在对农险业务了解不透彻、对许多实际问题缺乏解决经验的现象。在新世纪以前，农业保险往往是各家保险公司眼中的“鸡肋”业务，新世纪以来则逐渐成为各家保险公司竞相淘金的“香饽饽”，究其根本原因是开展农业保险要比其他财产险相对容易，且有各级政府为农险开展提供大规模财政补贴，由此也导致部分农险经办公司或其业务人员经不起诱惑，违背农业保险保费补贴实施方案的要求

① 在重大病害中，奶牛保险包括11种，具体是口蹄疫、布鲁氏菌病、牛结核病、牛焦虫病、炭疽、伪狂犬病、副结核病、牛传染性鼻气管炎、牛出血性败血病、日本血吸虫病等疾病、疫病；能繁母猪和育肥猪保险包括20种，具体是猪丹毒、猪肺疫、猪水泡病、猪链球菌、猪乙型脑炎、附红细胞体病、伪狂犬病、猪细小病毒、猪传染性萎缩性鼻炎、猪支原体肺炎、旋毛虫病、猪囊尾蚴病、猪副伤寒、猪圆环病毒病、猪传染性胃肠炎、猪魏氏梭菌病，口蹄疫、猪瘟、高致病性蓝耳病及其强制免疫副反应等疾病、疫病；自然灾害包括暴雨、洪水（政府行蓄洪除外）、风灾、雷击、地震、冰雹、冻灾；意外事故包括泥石流、山体滑坡、火灾、爆炸、建筑物倒塌、空中运行物体坠落。

和农业保险合同的规定，出现道德风险问题，主要表现如下。

（1）选择性供给，隐性拒保。由于保险公司相对于政府可能更加了解农业保险各个险种的风险状况，故以利益为导向的保险公司可能仅将低风险险种自留，而将高风险险种排除在外，或者选择性供给。政策性农业保险主要分为种植业保险和养殖业保险两个类别，对于种植业保险，目前各家农险经办公司都在积极开展，但对于养殖业保险，由于其属于典型的“高风险、高成本、高赔付”险种，各家公司存在业务开展不积极、选择性供给、隐性拒保的现象。例如，截至 2015 年，A 保险公司内蒙古分公司在自治区 35 个旗县（区、市）开展养殖业保险业务，在内蒙古养殖业保险市场的占比略高于 1/3，如图 5-1 所示，在 2007—2015 年，无论是奶牛保险还是能繁母猪保险，其保费收入均呈现出明显的波动趋势；从整体上看，A 保险公司内蒙古分公司的养殖业保险业务发展较为缓慢，尤其是在 2007 年至 2012 年期间，养殖业保险保费收入仅从 1 530万元增加至 6 023万元，造成保险公司养殖业保险业务发展滞后原因有很多，但赔付率的居高不下则是最主要的原因，如图 5-2 所示，2007—2015 年，A 保险公司内蒙古分公司奶牛保险的简单赔付率（已决+未决）平均为 52. 46%，能繁母猪保险的简单赔付率（已决+未决）平均为 79. 89%，高出警戒线仅 10 个百分点，在 2008 年、2009 年、2010 年、2015 年的赔付率（已决+未决）分别为 110. 97%、96. 19%、292. 15%和 108. 82%，较高的赔付率直接导致 A 保险公司内蒙古分公司的能繁母猪保险保费收入在 2011 年和 2012 年分别降低至 11. 32 万元和 4. 78 万元。因此，长期居高不下的赔付率和高昂的查勘定损成本，导致保险公司在开展养殖业保险时存在不积极拓展市场、选择性供给（即只针对防控风险能力高的规模化养殖场开展业务）、隐性拒保①等道德风险问题。

（2）通过虚假承保、虚假退保、虚假理赔、虚挂保费和虚列费用等“五虚”方式套取财政补贴资金。保险公司的此类道德风险问题，也存在于国外农业保险市场中，Ker（2001）指出，在美国联邦农作物保险市场中，保险公司缺乏动力花费较高成本来监督高风险的保单持有者，也没有动力拒绝可能存在问题的保险理赔，相反，保险公司可能通过向农户提供“有利”的赔款来维持客户关系。在国内农业保险市场中，部分保险公司业务人员觊觎政府对农业保险的保费补贴资金，采取“五虚”方式予以套取的案例也屡见不鲜，如以下案例所示。

第一，虚假承保，指编制虚假保险合同承保虚构或虚增保险标的，或者通过系统外出单、套打保单，造成保险公司业务系统无承保信息或与实际不符的情况；例如，部分保险公司工作人员根据已有的投保农户信息，模仿农户、经办人签字，编造虚假承保收据，编制虚假承保明细表，进而达到虚增保险业务的目的。

第二，虚假退保，指以未收到保费或编造保险标的风险状况发生变化等为由，对已生效保单进行虚假批改、退保或注销，以冲减保费收入或应收保费的情况。

第三，虚假理赔，指编造未曾发生的保险事故进行虚假理赔，或扩大保险事故损失

① 在奶牛保险中，隐性拒保体现在保险公司不愿意为奶牛存栏量在 50 头以下而以村委会、奶站、养殖小区形式参保的投保人提供风险保障；在能繁母猪保险中，隐性拒保体现在保险公司不愿意为能繁母猪存栏量在 30 头以下而以村委会形式参保的投保人提供风险保障。

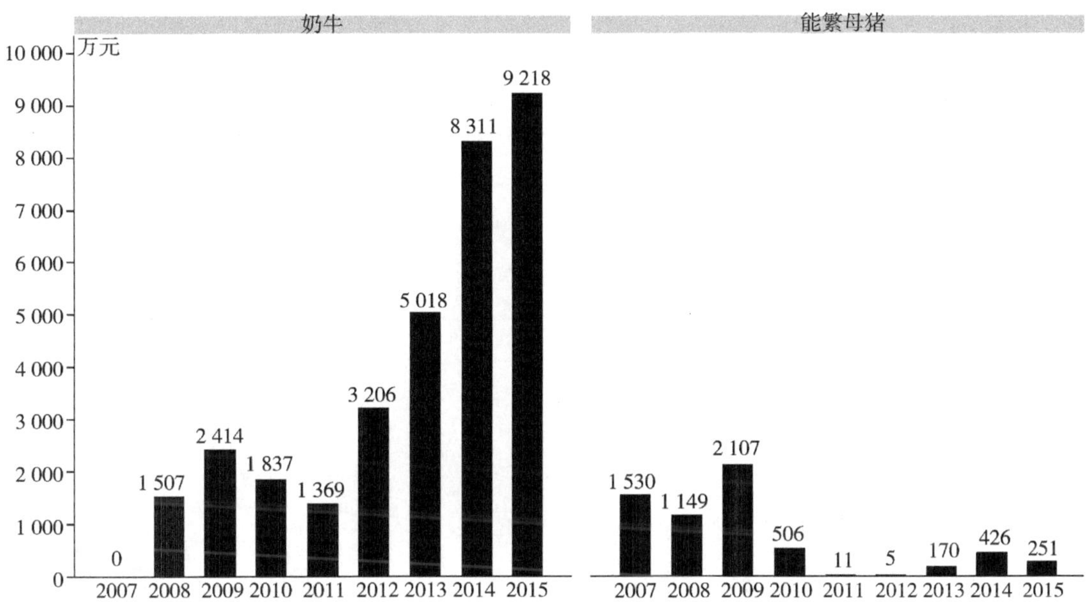

图 5-1　2007—2015 年 A 保险公司内蒙古分公司的奶牛保险和能繁母猪保险保费收入

注：内蒙古自治区自 2008 年起开始开展政策性奶牛保险业务。

数据来源：A 保险公司内蒙古分公司农险事业部。

范围虚增赔款金额，或将与赔案无关的费用纳进赔案列支，从而套取赔款资金的情况；例如，部分保险公司工作人员利用真实赔案的保险标的出险照片，编造虚假保险标的出险照片，编制虚假现场查勘记录、笔录，仿造或骗取保险事故证明等业务资料，进而缮制一整套虚假理赔资料。虚假理赔的具体表现形式包括：①协议赔付或平均赔付，即无论农户受灾程度是否相同，赔付都一个标准；②无灾赔付，即在向农户收费时，违规承诺“当年投保当年受益，户户受益”，通过编造虚假赔案双倍甚至 3 倍以上返还到户；③村干部获得高赔付，即为了调动村干部协助开展业务的积极性，对村干部理赔时，通过提高定损标准或提高定损数量的形式，给予多赔付；④返还财政补贴赔付，即个别地方存在通过赔款返还地方财政保费补贴问题；⑤惜赔压赔，即故意压低损失数量或损失程度，从而减少赔款（朱俊生和庹国柱，2016）。

第四，虚挂保费，指通过虚挂应收保费方式，在未收到或未全额收到保费情况下出具保单，或将已收到保费挪作他用的情况。

第五，虚列费用，指不据实列支各项经营管理费用，以报销虚假的大量不符合实际的公杂费、差旅费、车船使用费、会议费、业务招待费等方式，违规套取资金费用支付中介手续费或挪作他用，甚至为本单位以外的其他单位和个人报销费用从而扩大经营成本。例如，在经营实践中，有的市场经营主体为了在非农商险领域的竞争需要，混淆农险费用与商险费用，利用农险低成本优势来弥补商险经营的高成本，为此，虚列农险事项，虚增农险费用，或者违规使用农险费用；有的主体通过虚假费用套取资金进行违规返还。

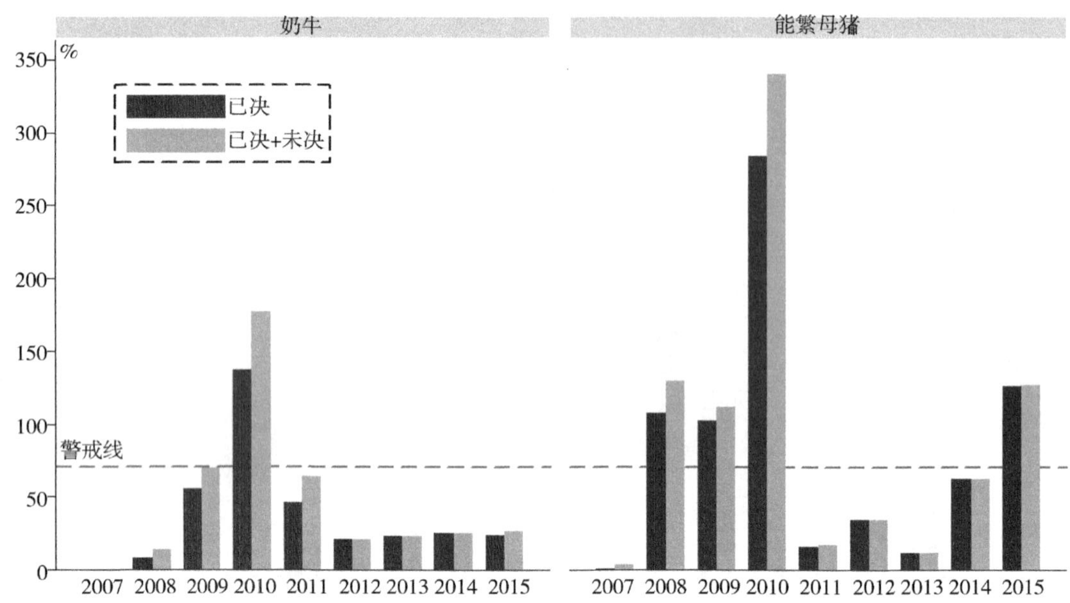

图 5-2　2007—2015 年 A 保险公司内蒙古分公司的奶牛保险和能繁母猪保险赔付率

注：(1) 简单赔付率（已决）= 已决赔款支出/保费收入×100%，简单赔付率（已决+未决）=（已决赔款支出+未决赔款支出）/保费收入×100%；(2) 已决赔款支出和未决赔款支出均是指截至当年 12 月 31 日奶牛保险和能繁母猪保险的统计数据。

数据来源：A 保险公司内蒙古分公司农险事业部。

案例

内蒙古兴安盟阿尔山市三人为官不仁造假骗保费，涉嫌贪污被公诉①

内蒙古兴安盟阿尔山市 C 农业保险公司业务经理、林业局资源科科长、林业局资源科核算员三人，合谋采用多种形式骗取巨额国家惠农政策性保险金，从中渔利。2013 年 2 月，三名犯罪嫌疑人因涉嫌贪污罪被内蒙古阿尔山市检察院提起公诉。

经查，C 农业保险有限公司依照内蒙古自治区人民政府规范性文件办理农业保险业务，C 农业保险有限公司兴安中心支公司直属业务三部经理汪××，主要负责阿尔山市辖区内农业保险工作；五岔沟林业局资源科科长白××以及资源科现金员蔡××协助保险公司办理农业保险业务。

2011 年，汪××利用职务之便，与五岔沟林业局协保员白××联系，让白××给其虚报投保小麦30 000亩，以解决单位经费不足的情况，白××答应后，又指使其下属蔡××在

① 资料来源：http：//news. jcrb. com/Biglaw/CaseFile/Criminal/201302/t20130228_ 1054656. html。

具体办理林业局职工的农业保险投保业务时冒用他人身份信息，虚报亩数为其个人投保小麦30 000亩，获得农业保险赔偿金735 000元，其中，大部分用于偿还各类欠款及赔偿款，余款则被三人挥霍消费。

(3) 部分保险公司聘请的农业保险协保员为简化繁琐的农险工作，让投保人自行填制保单，既不认真履行其应当向投保人解释农业保险政策和条款的职责，也不仔细询问投保人的保单填制情况，导致部分投保农户的参保标的清单上存在保险标的数目不确切、没有农户本人的签字确认信息或者即使有签字确认信息但并非农户本人的签字等现象，从而造成理赔纠纷。现阶段，内蒙古农业保险存在一个“保险公司——基层政府农经部门——乡镇协保员”的展业链条，多层次的渠道使得农业保险承保和理赔的真实性、准确性难以充分保证。例如，根据A保险公司内蒙古分公司2013年8月对其包头市支公司和鄂尔多斯市支公司农业保险业务的内部审计情况可得知，包头市固阳县支公司的PHNK201315020000000014号农作物保险保单、鄂尔多斯市达拉特旗PHNL2013-15270000000067号和PHNL201215270000000019号农作物保险保单，投保分户标的清单上均没有投保农户本人签字，而PHNQ201315270000000030号农作物保险保单的分户标的清单中虽有农户签字但并非投保农户本人签字；同时，PHNL201315270000000067号保单，未直接将保险凭证发放到参保农户，而是发放到投保的村委会，由村委会在公司自制的保险凭证发放确认函上盖章，但保险凭证发放确认函上没有保单号及凭证数量等重要信息。因此，由于广大乡村农业保险协保员大多是由基层政府指定，且农业保险经办公司与各协保员之间既未签订权、责、利明确的委托协办协议，也未给予其充足的正规培训，多数是迫于行政压力或出于乡土人情承担农业保险相关工作，加之缺乏约束激励机制，从而导致部分协保员的责任心不强，直接影响保险公司农险业务的服务质量和服务水平。

5.1.3 政府部门的道德风险

政府道德风险是指基层政府工作人员（主要是旗县、乡镇）和各行政村村委会工作人员在农业保险政策实施过程中，为了追逐小集体的经济利益，利用其作为农业保险各方代理人的身份，产生的骗保、骗赔和克扣、截留、挤占、挪用财政补贴资金或者农户农业保险赔款等侵害投保人与保险人利益、违背国家农业保险政策初衷的行为。

中国农业生产以家庭为单位、分散经营的特点和农业保险经办公司人力、物力、财力的有限性，使得保险公司在宣传展业、签单承保、查勘定损、赔款发放等各项农业保险业务开展中都需要基层政府和村委会的大力支持与协助，尤其是村委会中的乡村干部，其是中国农业保险政策落地的“最后一公里”，在农业保险政策开展中往往具有多重代理人的身份，既是上级政府（如乡镇、旗县政府）落实农业保险这一支农惠农举措的代理人，也是各家保险办公司在农村开展“三农”保险业务的代理人，更是广大村民在参加保险过程中的代理人。截止到2015年，中国农业保险服务点乡镇覆盖率达93%，村级覆盖率达48%，已建成农业保险基层服务网点2.2万个，拥有保险协办员40余万人（刘峰，2016）。由于各委托人目标的不一致和自身的利益诉求，以及其所拥有的信息优势和角色优势等，都会导致乡村干部产生道德风险问题；同时，农业保险一般由中央、省（直辖市、自治区）、市、县四级政府财政对投保农户的保费进行补贴，这种补贴一般占到保费的80%，有的地区甚至达到90%（如2007年至2015年内蒙古自治区的种植业保险），由此也可能导致基层政府部门在农业保险业务活动中存在不适当的干预和过度介入的行为。农业保险中政府部门的道德风险，主要表现有三个方面。

（1）克扣、截留、挤占、挪用财政补贴资金或者农户农业保险赔偿款。在农业保险政策实施中，由于保险公司的业务开展需要基层政府的紧密配合，故保险公司通常会给协助单位一定的代办费用，从而出现手中握有财政配套资金或者农险代办费用的政府部门（如财政、农牧业等）存在克扣、截留、挤占、挪用资金的问题，如案例一所示。另外，根据中国裁判文书网的统计显示，2013—2015年，中国农业保险领域犯罪案例共计有142个，涉案241人，所涉罪名主要包括贪污罪、滥用职权罪、玩忽职守罪、诈骗罪、受贿罪、职务侵占罪和单位受贿罪等7项，其中，贪污罪和滥用职权罪的涉案数量分别为78件和30件，占比为54.93%和21.13%；在涉案人员方面，贪污罪涉及乡镇及以上干部8人，村干部105人；滥用职权罪涉及乡镇及以上干部24人，村干部10人（裴雷和姚海鑫，2016）。

案例一

农业保险代办工作经费管理、使用问题较多，管理亟待完善[①]

2011年，内蒙古兴安盟全盟两级审计机关对政策性农业保险资金进行了审计和审计调查，结果显示，全盟农业保险代办工作经费管理松散，违规使用问题较多，挤占挪用、虚列支出农业保险代办工作经费现象普遍。经查，每年全盟农业保险代办工作经费金额1 100万元左右，大部分用非税收入收据在保险公司列支报账，财政主管农业部门将收入或捆绑在单位经费里使用，或账外运行；在保险公司报账的收据，部分内容虚假，有些资金还打入报账个人账户；报账的物品，也没有纳入单位固定资产账管理，使得农业保险代办工作经费支出的真实性、合法性难以判断，给部门违法违规操作提供了便利条件。

审计认为，近年来，自治区党委、政府又将农业保险补贴列为为民所办“十件实事”之一。那么，各部门代办工作经费应该用于有效保障农业保险工作顺利开展方面，而不应该将这块资金视为“肥肉”，乱花乱支，成为财政资金管理中的漏洞。因此，我们建议：一是健全完善农业保险运行机制，加强资金的监督与管理，杜绝项目资金被挤占、挪用和损失浪费现象的发生；二是涉及项目管理人员，要认真学习和认真贯彻有关政策法规，用好手中的权力，树立可持续发展的思路，维护广大人民群众的切身利益，要使国家投入的惠农资金真正用于增强农牧业抵御自然风险能力，解决繁荣农村经济、带动农牧民走上富裕之路。（兴安盟审计局）

① 资料来源：http：//www.nmgaudit.gov.cn/sjzx/sjdt/mssjdt/xam/33651.shtml。

（2）骗保、骗赔。现阶段，中国绝大多数农业保险采取村民委员会组织投保、代保险公司收缴保费，经乡镇农业、财政等部门审核汇总后由保险公司逐级上报，申请财政补贴资金，这种集体投保的代办模式可能导致部分基层政府农险工作人员或者乡村协办员存在虚保、替保、冒保和垫保等骗保、骗赔等问题。如案例二和案例三所示。根据中国裁判文书网的统计显示，2013—2015 年在涉及农业保险犯罪的 117 个村干部中，有 2 人为诈骗罪；在涉及犯罪的 56 人乡镇及以上干部中，绝大多数为乡镇农业部门、财政部门人员和分管乡镇领导，有 8 人为诈骗罪（裴雷和姚海鑫，2016）。另外，内蒙古自治区通辽市科尔沁左翼中旗人民检察院发现，部分农业保险经办公司放弃监管职责，使一些苏木乡镇农牧业经营管理站干部与嘎查村“两委”班子成员相互勾结，贪污农业保险理赔款的案件时有发生。2013 年至 2015 年 8 月，该检察院共立查此类案件 7 件 20 人，其中窝案 4 件 14 人，涉案金额 375 万元，案件主要发生在四个环节。

第一，投保环节，农牧业经营管理部门违规扣缴保费。一些苏木乡镇政府在组织开展政策性农业保险投保过程中，不严格按照以农户自主自愿为原则，不严格执行一年一收缴费规定，而是由农牧业经营管理站在理赔款中直接代扣代缴，没有做到发放补贴与征收保费分离，违反财务“收支两条线”制度。例如，巴彦塔拉镇农牧业经营管理站原站长李××，于 2009 年、2010 年两年间，虚报辖区内呼和格勒、小瓦房等嘎查村亲朋好友土地面积累计15 718.5亩，过后在理赔款中扣回垫付的保费，将剩余的 70.6 万元独吞。

第二，审核环节，镇村两级干部独断专权，公众难于监督。一些镇村干部封闭农业保险赔付程序及理赔款发放信息，致使大部分农户不知道自己已缴纳的保费应该领取多少理赔款。例如，花吐古拉镇农牧业经营管理站原站长孟××及辖区巴彦敖包嘎查原会计荆××，腰宝日吐嘎查原会计李××、原党支部书记温××、原村主任罗××，利用协助政府审核农业保险投保申请工作之机，于 2010 年经商议后，由 4 名村干部以本人或他人名义虚报投保土地面积8 787亩，骗取理赔款 52 万余元。

第三，报险环节，承接保险业务的部门放弃理赔监管职责。在报险环节，需要经过实地查勘、定灾定损及险种核算，才能完成理赔工作，但承接政策性农业保险业务的 B 保险公司业务人员接到报险后，不到实地查勘便定灾定损。如巴彦塔拉镇苏根艾力嘎查原会计吴××，于 2009 年至 2011 年连续三年虚报投保土地面积7 298亩，每年都谎称受灾，虚假报险，而保险业务人员未实地查勘即办理理赔，致使 47 万余元理赔款被骗。

第四，发放环节，嘎查村基层组织人员直接冒领理赔款。一些嘎查村基层组织人员利用农牧民不愿意缴纳保费的抵触情绪，在代替农牧民投保缴费的同时，代替农牧民直接冒领理赔款。例如，图布信苏木查干莫力嘎查原主任王××于 2010 年 5 月、6 月两次假借他人名义，指使原会计刘××虚报土地面积参加农业保险，两次共虚报土地面积15 143.5亩，冒领理赔款 31.2 万余元。

（3）部分地方政府以财政补贴资金拨付为武器，人为拉长保费补贴资金划拨流程，故意拖延资金划拨时间，迫使保险公司“无灾也赔”“小灾多赔”（庹国柱，2013）。

案例二

包头市首起农业骗保案 4 男子涉案金额超 10 万[①]

2014 年，内蒙古包头市固阳县怀朔镇某行政村的村干部王××在统计农业保险投保人员及投保亩数的时候发现，其所在行政村的村民实际投保面积小于种植面积，可以利用二者之间的差额来骗取灾后的保险赔偿。以农民有 200 亩土地为例，农民自身投保 100 亩，而王××在统计时将投保亩数标注为 200 亩；如果发生自然灾害需要赔付，则虚投的 100 亩土地赔偿金就进入王××的口袋。于是，王××联系村干部孟××、赵××，村民刘××，采用虚报投保亩数的方法投保种植业保险；其中，王××以自己、妻子和另一村民的名义虚报投保亩数 1 910 亩，孟××以自己及妻子、儿子的名义虚报投保亩数 1 642 亩，刘某虚报投保亩数 400 亩，赵××虚报投保亩数 500 亩。2014 年即将秋收之时，一场冰雹摧毁大部分庄稼；王××等 4 人也发了一笔“意外之财”，利用虚报的土地亩数骗取 122 324.57 元的保险理赔金。

案例三

内蒙古赤峰市巴林左旗三名村干部以村民名义骗保 6 万被判徒刑[②]

张××、薛××、程××原系内蒙古赤峰市巴林左旗林东镇北井村党支部书记、村委会主任和报账员。2010 年 5 月，巴林左旗人民政府根据内蒙古自治区相关文件，印发《巴林左旗 2010 年农业保险保费补贴实施方案》，方案规定“农户投保种植业保险，遵循政府引导、市场运作、自主自愿、协同推进的原则，种植业保险保费由各级政府财政补贴 90%，参保农户承担 10%”。2010 年 7 月，张××、薛××、程××根据林东镇政府的要求，在组织农户向农业保险 B 经办公司投保的过程中，三人商议以本村村民名义投保旱地玉米保险，如遇灾情可获取相应的保险理赔款。后张××、程××向林东镇政府谎称北井村有村民投保旱地玉米保险，并以北井村王××等十七户村民名义上报 2700 亩的旱地玉米保险，旱地玉米保额为 220 元/亩，保费为 19.80 元/亩，农户缴纳 1.98 元/亩，由程××垫付保险费 5 346 元。同年，巴林左旗林东镇北井村遭受旱灾，B 保险公司对其进行赔付，2011 年 1 月经林东镇政府发放了 2 700 亩旱地玉米保险赔偿款总计人民币 108 000 元。三人以林东镇政府要使用“一卡通”银行卡为由向十七户村民收取银行卡后，于 2011 年 1 月 22 日在林东镇信用社将 108 000 元旱地玉米保险赔偿款取出。并将其中 47 636 元用于向程××支付其垫付的保险费，为村里争取项目、偿还欠款等，剩

---

① 资料来源：http：//szb. nmgcb. com. cn/html/2015-08/13/content_ 52031. htm。

② 资料来源：http：//www. nmg. xinhuanet. com/xwzx/shgj/2013-07/23/c_ 116647065. htm。

余保险赔偿款计人民币60 364元被三人均分。

在政策性农业保险推广中，政府的一系列的协调、保障措施，是为了使国家保费补贴资金能够落到实处，更好地发挥作用，是政府的职能职责。农户投保自主自愿。村委会统计投保的亩数，收取保费，与保险公司签订保单，不是协助人民政府从事行政管理工作，而是履行村委会成员管理村公共事务的职责。张××、薛××、程××三位当事人作为村党支部、村委会工作人员，在组织村民投保农业保险过程中，以村的名义与B保险公司签订合同的职务便利，在未取得当事人授权的情况下采用虚报投保旱地玉米亩数的手段，以村民名义投保农业种植业保险并侵占保险赔偿款，其行为构成职务侵占罪。一审法院以贪污罪对三人各判处有期徒刑三年；宣判后，三被告人不服提出上诉，赤峰市中级人民法院二审改判三人构成职务侵占罪定罪，并判处张××有期徒刑一年，程××、薛××有期徒刑十个月。

5.2 道德风险的形成机理

在农业保险开展中，投保农户、保险公司和政府部门三方参与主体为何都会存在道德风险问题？本部分将对此分别予以探讨。

5.2.1 投保农户的道德风险：以种植业保险为例

根据上文的分析可知，种植业保险中投保农户的道德风险主要包括事前道德风险和事后道德风险两类，其中，投保农户的事前道德风险主要表现是因投保人不诚实或者故意欺诈以及投保人事前防损行为不积极而引起保险事故的发生；投保农户的事后道德风险主要表现是投保农户在受灾以后谎报灾情、虚报损失、串换标的以骗取农业保险赔款和投保农户在受灾以后怠于采取减损措施以获取保险公司的超额农业保险赔款。因此，本研究在分析投保农户道德风险的形成机理时，根据投保农户道德风险的表现，分别从投保农户事前与事后的不积极行为（即事前防损不积极和事后减损不积极）角度和投保农户事前骗保与事后骗赔的保险欺诈行为角度进行分析。

5.2.1.1 投保农户事前与事后的不积极行为问题的成因

在农业生产中，存在诸如“三分种，七分管，十分收成才保险”；“庄家不收，管理不休；只种不管，休想增产”等说法①，可见农户田间管理对农作物产出的重要性。在农业保险政策实施中，投保农户事前与事后的不积极行为是指农户因有保险提供风险保障而改变其在田间管理中的努力程度，人为造成或者扩大农业产出的损失程度，使农业产出收入最终低于保险公司的保障水平，进而达到获取农业保险赔款的目的。

假定农户在农业生产中田间管理的努力程度为 e，令 $C(e)$ 代表农户进行田间管理的努力成本，且 $C'(e)>0$、$C''(e)>0$，即农户投入努力的成本是其努力程度的增函

① 在农作物生产过程中，田间管理十分重要，从小苗出土到成熟收获，要不断地进行管理，如施肥、浇水、中耕、除草、防治病虫等一系列活茬都要跟上，只有这样农作物才会有好收成。

数，说明随着农户在农作物田间管理中努力程度的增加，其成本也在随之增加且增加的幅度越来越大。假定农户参加农业保险的保险金额为 w，费率为 δ，即保险费用为 $\alpha_1 = \delta w$；令 S 表示政府财政为农业保险提供的保费补贴，s 代表政府的保费补贴比例，且 $0 < s < 1$，则有政府保费补贴 $S = s\alpha_1 = s\delta w$ 和农户承担保费 $\hat{\alpha}_1 = (1-s)\alpha_1 = (1-s)\delta w$。

令农户可参保农作物的农业收入为 Y，保险公司为农户提供的保障水平为 Y'，农户因灾获赔条件为 $Y < Y'$，可获得的赔款为保险保障水平与农户参保农作物实际农业收入的差额，即 $Y' - Y$，令 $E(Y, e)$ 代表农户的预期收入。

在农户尚未参加农业保险时，农户由于没有农业生产风险化解措施，故其会投入较多努力 e_H 进行农作物田间管理，以保障农业收入不减少。

当农户参加农业保险时，若其在农作物田间管理中仍然投入 e_H 的努力，则农户会获得 Y_H 的收益。如果 $Y_H > Y'$，则投保农户不能获得保险赔偿，此时，投保农户的预期收入为 $E(Y, e_H) = Y_H - C(e_H) - (1-s)\delta w$；如果 $Y_H < Y'$，则投保农户能够获得保险赔偿，此时，投保农户的预期收入为 $E(Y, e_H) = Y_H - C(e_H) - (1-s)\delta w + (Y' - Y_H) = Y' - C(e_H) - (1-s)\delta w$。

假定农户在参加农业保险后变得行为不积极，在农作物田间管理中会投入较少努力 e_L，很显然有 $e_L < e_H$，并获得收入 Y_L，且 $Y_L < Y'$，按照农作物保险合同的规定，农户可以获得保险公司的赔偿，此时，投保农户的预期收入为 $E(Y, e_L) = Y_L - C(e_L) - (1-s)\delta w + (Y' - Y_L) = Y' - C(e_L) - (1-s)\delta w$。

因此，将 $Y_H > Y'$ 时农户的预期收入 $E(Y, e_H)$ 与 $Y_L < Y'$ 时农户的预期收入 $E(Y, e_L)$ 相比，则有 $E(Y, e_H) - E(Y, e_L) = (Y_H - Y') - [C(e_H) - C(e_L)]$，可知投保农户的净损失可能为负值，即投保农户在农作物田间管理中投入较少努力可能比其投入较多努力获得更多的收入；将 $Y_H < Y'$ 时农户的预期收入 $E(Y, e_H)$ 与 $Y_L < Y'$ 时农户的预期收入 $E(Y, e_L)$ 相比，则有 $E(Y, e_H) - E(Y, e_L) = C(e_L) - C(e_H) < 0$，可知投保农户在农作物田间管理中投入较少努力可以获得较多收入，毫无疑问，投保农户会因有保险提供风险保障而选择降低其在农作物田间管理中的努力程度（张芳洁、刘凯凯和柏士林，2013）。

综上所述，投保农户在参加农业保险以后，无论风险事故是否发生，其都有激励降低在农业生产中的努力程度以期获得保险公司的赔付，即其在农业生产中有可能存在防灾防损不积极的事前道德风险问题和在风险事故发生后怠于采取减灾减损措施的事后道德风险问题。

5.2.1.2 投保农户事前骗保与事后骗赔的保险欺诈问题的成因

投保农户的保险欺诈行为在农业保险市场中是一个不容忽视的问题。究竟何为保险欺诈？全国保险业标准化技术委员会给保险欺诈的定义如下：“保险欺诈是指投保人、被保险人或者受益人故意虚构保险标的，在没有发生保险事故的情况下谎称发生了保险事故，或者故意制造保险事故，或者在保险事故发生后以伪造、编造的有关证明、资料和其他证据来编造虚假的事故原因，或者夸大损失程度，向保险人提出给付请求的行为。”（全国保险业标准化技术委员会，2007）因此，根据保险欺诈的定义，可知农业保险市场中投保农户事前的冒保、替保、垫保、虚保等骗保行为和事后的谎报灾情、虚报损失、串换标的以骗取农业保险赔款的行为均属于保险欺诈的范畴。关于投保农户事前骗保和事后骗赔的保险欺诈问题的成因，本研究基于投保农户与保险公司的博弈视角进行分析。

假设：(1) 投保农户与保险公司均是理性经济人，投保农户风险规避，保险公司风险中性。(2) 农业保险市场是一个完全竞争市场；在完全竞争的农业保险市场中，众多保险公司中的每一个均不可能获取超额利润，故保险公司的预期利润只能为零。(3) 只要保险公司对投保农户进行核查，就能识别出投保农户是否进行保险欺诈①。(4) 当投保农户在进行农业保险欺诈时，不管成功与否，其均需要支付一定的成本；如果投保农户的欺诈行为被发现，则其会遭受一定的经济惩罚；如果投保农户的欺诈行为未被发现，则其会得到一定的欺诈收益。(5) 保险公司若选择对投保农户进行核查，则需要一定的核查成本。(6) 投保农户与保险公司的博弈只进行一次②。

令 Y_f 代表投保农户的正常收益，Y_I 表示保险公司提供农业保险产品的正常收益，C_f 代表投保农户的欺诈成本，R 表示投保农户的欺诈行为未被发现时其所得到的欺诈收益，F 表示投保农户的欺诈行为被发现时其所遭受的来自保险公司的经济惩罚，C_I 代表保险公司对投保农户进行核查的费用；值得注意的是，上述假定隐含：(1) $F > R$，即投保农户由于欺诈而遭受的惩罚大于其因欺诈可获得的额外收益，唯有此，保险公司对投保农户的经济惩罚才起作用；(2) $C_I < R$，即保险公司对投保农户的核查费用小于投保农户因欺诈可获得的额外收益，唯有此，保险公司对投保农户的核查才有意义。

基于以上假定，本研究分别构建投保农户与保险公司之间的两阶段博弈模型和三阶段博弈模型，其中，两阶段博弈是指投保农户与保险公司之间的博弈分为两个阶段，第一阶段是投保农户选择是否进行欺诈，第二阶段是保险公司选择是否进行核查；三阶段博弈是指投保农户与保险公司之间的博弈分为三个阶段，第一阶段是投保农户选择是否进行欺诈，第二阶段是保险公司选择是否进行核查，第三阶段是由“自然”来发现投保农户是否存在欺诈行为③。

1. 投保农户与保险公司之间的两阶段博弈。

如图 5-3 所示，在投保农户与保险公司之间的两阶段博弈中，结果有四种：一是“欺诈，核查”，即投保农户选择进行欺诈，保险公司选择进行核查；此种情况下，投保农户的欺诈行为必定会被保险公司发现，投保农户的收益为 $Y_f - F - C_f$，保险公司的

① 事实上，保险公司对投保农户的核查未必起作用，但本研究为了简化分析，提出这一假设。

② 由于农业保险市场中投保农户和保险公司之间存在严重的信息不对称，虽然投保农户可能每年都会参加农业保险，但其与保险公司之间的每一次博弈都更接近于一次独立的博弈，故本研究不考虑投保农户与保险公司之间的重复博弈情况。

③ “自然”是一种虚拟的决策参与者，由著名的博弈论专家约翰·哈森伊引入；所谓“自然”是指决定外来随机变量概率分布的机制，同一般参与者不同，其没有自己的支付函数，即所有结果对它来说均是没有差异的。在农业保险政策实施过程中，保险公司对投保农户进行核查未必可以识别出存在欺诈行为的投保农户；故在三阶段博弈中，假定由自然来选择是否发现存在欺诈行为的投保农户，同时，这一假定也比较符合农业保险的运营实际。

收益为 $Y_I + F - C_I$ 。二是“欺诈，不核查”，即投保农户选择进行欺诈，保险公司不予核查；此种情况下，投保农户欺诈成功，将会获得 $Y_f + R - C_f$ 的收益，保险公司的收益为 $Y_I - R$ 。三是“不欺诈，核查”，即投保农户选择不进行欺诈，保险公司给予核查；此种情况下，投保农户只能获得正常收益 Y_f ，保险公司的收益为 $Y_I - C_I$ 。四是“不欺诈，不核查”，即投保农户选择不进行欺诈，保险公司不予核查；此种情况下，投保农户和保险公司均只能获得正常收益，分别为 Y_f 和 Y_I 。

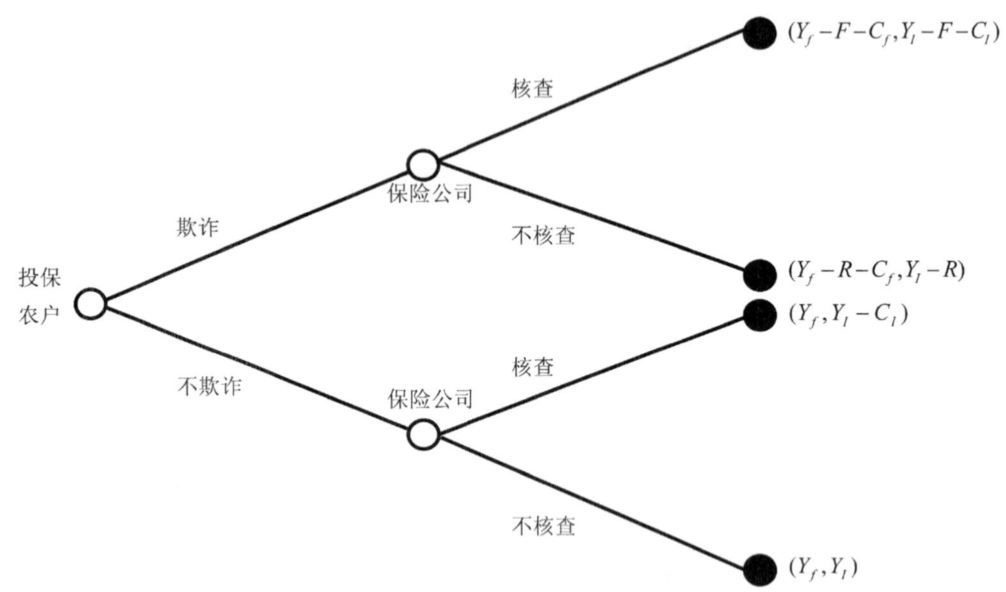

图 5-3　投保农户与保险公司两阶段博弈的扩展式表述

注：括号中前面部分代表投保农户的收益，后面部分代表保险公司的收益。

显而易见的是，在投保农户与保险公司之间的两阶段博弈中，不存在纯策略均衡。在博弈理论中，纯策略是指在每个给定信息下，每一个参与人只能选择一种策略并始终坚持这个选择（范里安，2009）。当投保农户选择进行农险欺诈时，保险公司一定会选择进行核查；当投保农户选择不进行农险欺诈时，保险公司则必定会选择不核查。

在博弈理论中，混合策略是指在每个给定信息下，每一个参与人只能以某种概率选择不同策略，也就是说，混合策略是纯策略在空间上的概率分布，纯策略是混合策略的特例（范里安，2009）。在混合策略博弈中，博弈双方的决策原则是参与人选择每一种策略的概率一定会使得另一个参与人无机可乘，即使对方无法通过有针对性的倾向于某一策略从而在博弈中占据上风。令 θ 代表投保农户进行欺诈的概率，则 $1 - \theta$ 为投保农户不欺诈的概率；令 λ 表示保险公司进行核查的概率，则 $1 - \lambda$ 为保险公司不核查的概率。因此，在投保农户与保险公司之间进行两阶段博弈的混合策略均衡中，投保农户与保险公司各自的最优行为选择如下。

根据图 5-3 可知，投保农户和保险公司的预期收益分别为：

$$EU_f = \theta\lambda(Y_f - F - C_f) + \theta(1 - \lambda)(Y_f + R - C_f) + (1 - \theta)\lambda Y_f + (1 - \theta)(1 - \lambda)Y_f$$

$$EU_I = \lambda\theta(Y_I + F - C_I) + \lambda(1 - \theta)(Y_I - C_I) + (1 - \lambda)\theta(Y_I - R) + (1 - \lambda)(1 - \theta)Y_I$$

令 $\begin{cases}\dfrac{\partial\ EU_f}{\partial\ \theta}=0\\ \dfrac{\partial\ EU_I}{\partial\ \lambda}=0\end{cases}$，即：

$$\begin{cases}\dfrac{\partial\ EU_f}{\partial\ \theta}=\lambda(Y_f-F-C_f)+(1-\lambda)(Y_f+R-C_f)-\lambda Y_f-(1-\lambda)Y_f=0\\ \dfrac{\partial\ EU_I}{\partial\ \lambda}=\theta(Y_I+F-C_I)+(1-\theta)(Y_I-C_I)-\theta(Y_I-R)-(1-\theta)Y_I=0\end{cases};$$

则有 $\begin{cases}\lambda^*=\dfrac{R-C_f}{R+F}\\ \theta^*=\dfrac{C_I}{R+F}\end{cases}$；说明投保农户与保险公司之间进行两阶段博弈的混合策略均衡为（θ^*，λ^*），即（$\dfrac{C_I}{R+F}$，$\dfrac{R-C_f}{R+F}$），表示投保农户以 $\dfrac{C_I}{R+F}$ 的概率选择进行欺诈，保险公司以 $\dfrac{R-C_f}{R+F}$ 的概率选择进行核查。在投保农户的最优行为方面，如果保险公司选择进行核查的概率高于 $\dfrac{R-C_f}{R+F}$ 时，投保农户的最优行为是不进行保险欺诈；如果保险公司选择进行核查的概率低于 $\dfrac{R-C_f}{R+F}$ 时，投保农户的最优行为是进行保险欺诈；如果保险公司选择进行核查的概率等于 $\dfrac{R-C_f}{R+F}$ 时，投保农户可以随机地选择进行保险欺诈和不进行保险欺诈，因为此时投保农户选择欺诈与选择不欺诈的预期收益相同。同理，在保险公司的最优行为方面，如果投保农户选择进行欺诈的概率高于 $\dfrac{C_I}{R+F}$ 时，保险公司的最优行为是进行核查；如果投保农户选择进行欺诈的概率低于 $\dfrac{C_I}{R+F}$ 时，保险公司的最优行为是不进行核查；如果投保农户选择进行欺诈的概率等于 $\dfrac{C_I}{R+F}$ 时，保险公司可以随机地选择进行核查和不进行核查，原因也是此时保险公司选择核查与选择不核查的预期收益相同。

另外，在投保农户与保险公司之间的两阶段博弈实现混合策略均衡时，根据保险公司选择核查的概率即 $\lambda^*=\dfrac{R-C_f}{R+F}$ 可知，$R=\dfrac{\lambda F+C_f}{1-\lambda}$，将其代入投保农户选择欺诈的概率即 $\theta^*=\dfrac{C_I}{R+F}$，则有 $\theta=\dfrac{(1-\lambda)C_I}{F+C_f}$。可见，投保农户在参加农业保险后是否选择进行欺诈，与保险公司的核查概率 λ 及其核查费用 C_I、投保农户的欺诈成本

C_f 与其欺诈行为被发现时所遭受的经济惩罚 F 有关；其中，保险公司的核查概率 λ 、投保农户的欺诈成本 C_f 、投保农户的欺诈行为被发现时所遭受的经济惩罚 F 均与投保农户的欺诈概率 θ 成反比例关系，保险公司的核查费用 C_I 与投保农户的欺诈概率 θ 成正比例关系，也就是说，如果保险公司的核查概率越大、投保农户的欺诈成本越高以及其欺诈行为被发现后遭受的经济惩罚越严重，则投保农户选择进行欺诈的概率就越小；如果保险公司的核查费用越高，则投保农户选择进行欺诈的可能性就越大。因此，要减少投保农户在农业保险市场中的欺诈行为，则应从提高投保农户进行欺诈的难度、加大对投保农户欺诈的惩罚、加强对投保农户的核查和降低保险公司核查的费用这四个方面着手。

2. 投保农户与保险公司之间的三阶段博弈。

如图 5-4 所示，在投保农户与保险公司之间的三阶段博弈中，结果有五种：一是“欺诈、核查、发现”，即投保农户选择进行欺诈，保险公司选择进行核查，自然发现投保农户存在欺诈行为；此种情况下，投保农户的收益为 $Y_f - F - C_f$ ，保险公司的收益为 $Y_I + F - C_I$ 。二是“欺诈，核查、未发现”，即投保农户选择进行欺诈，保险公司选择进行核查，自然未发现投保农户存在欺诈行为；此种情况下，投保农户欺诈成功，将会获得 $Y_f + R - C_f$ 的收益，保险公司的收益为 $Y_I - R - C_I$ 。三是“欺诈，不核查”，即投保农户选择进行欺诈，保险公司不予核查；此种情况下，投保农户欺诈成功，将会获得 $Y_f + R - C_f$ 的收益，保险公司的收益为 $Y_I - R$ 。四是“不欺诈，核查”，即投保农户选择不欺诈，保险公司给予核查；此种情况下，投保农户只能获得正常收益 Y_f ，保险公司的收益为 $Y_I - C_I$ 。五是“不欺诈，不核查”，即投保农户选择不进行欺诈，保险公司不予核查；此种情况下，投保农户和保险公司均只能获得正常收益，分别为 Y_f 和 Y_I 。

令 μ 表示自然发现投保农户存在欺诈行为的概率，则 $1 - \mu$ 为自然未发现投保农户存在欺诈行为的概率 F[①]F。因此，在投保农户与保险公司之间进行三阶段博弈的混合策略均衡中，投保农户与保险公司各自的最优行为选择如下。

根据图 5-4 可知，投保农户和保险公司的预期收益分别为：

$$EU_f = \theta\lambda[\mu(Y_f - F - C_f) + (1 - \mu)(Y_f + R - C_f)] + \theta(1 - \lambda)(Y_f + R - C_f) + (1 - \theta)\lambda Y_f + (1 - \theta)(1 - \lambda)Y_f$$

$$EU_I = \lambda\theta[\mu(Y_I + F - C_I) + (1 - \mu)(Y_I - R - C_I)] + \lambda(1 - \theta)(Y_I - C_I) + (1 - \lambda)\theta(Y_I - R) + (1 - \lambda)(1 - \theta)Y_I$$

令 $\begin{cases} \dfrac{\partial\ EU_f}{\partial\ \theta} = 0 \\ \dfrac{\partial\ EU_I}{\partial\ \lambda} = 0 \end{cases}$ ，即：

① 自然发现与未发现投保农户存在欺诈行为的概率是在保险公司选择核查情况下投保农户欺诈被发现与未被发现的概率，即保险公司对投保农户保险欺诈的识别概率。

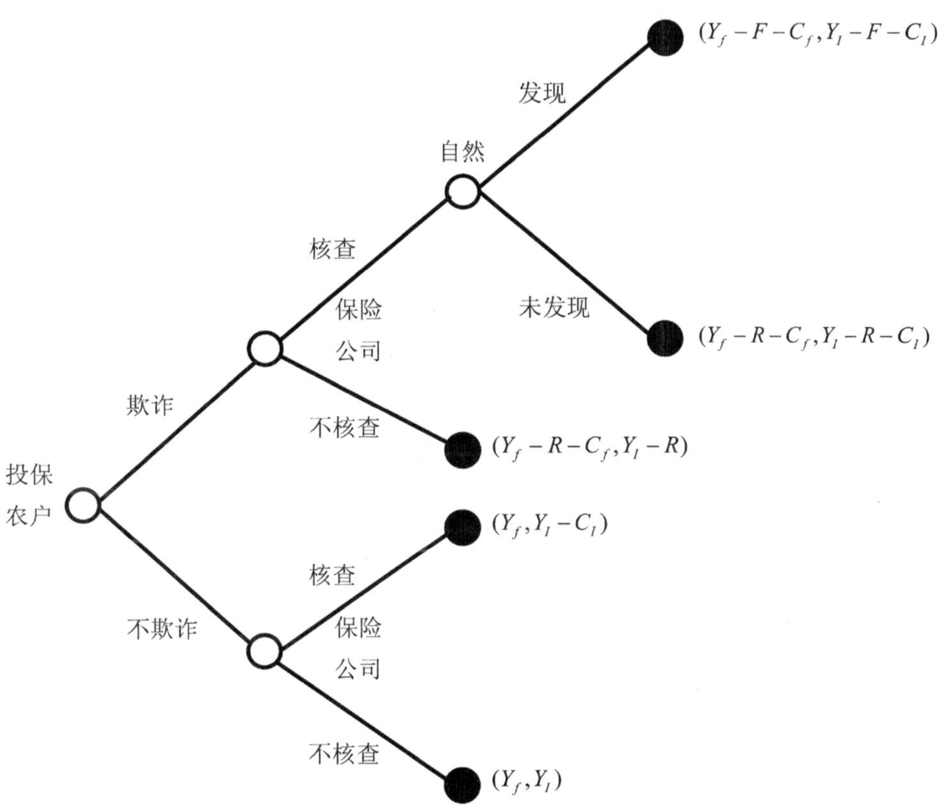

图 5-4 投保农户与保险公司三阶段博弈的扩展式表述

注：括号中前面部分代表投保农户的收益，后面部分代表保险公司的收益。

$$\begin{cases}\dfrac{\partial\ EU_f}{\partial\ \theta}=\lambda[\mu(Y_f-F-C_f)+(1-\mu)(Y_f+R-C_f)]+(1-\lambda)\\(Y_f+R-C_f)-\lambda Y_f-(1-\lambda)Y_f=0\\\dfrac{\partial\ EU_I}{\partial\ \lambda}=\theta[\mu(Y_I+F-C_I)+(1-\mu)(Y_I-R-C_I)]+(1-\theta)(Y_I-C_I)-\\\theta(Y_I-R)-(1-\theta)Y_I=0\end{cases};$$

则有 $\begin{cases}\lambda^*=\dfrac{R-C_f}{\mu(R+F)}\\\theta^*=\dfrac{C_I}{\mu(R+F)}\end{cases}$；说明投保农户与保险公司之间进行三阶段博弈的混合策略均衡为 (θ^*,λ^*)，即 $\left[\dfrac{C_I}{\mu(R+F)},\dfrac{R-C_f}{\mu(R+F)}\right]$，表示投保农户以 $\dfrac{C_I}{\mu(R+F)}$ 的概率选择进行欺诈，保险公司以 $\dfrac{R-C_f}{\mu(R+F)}$ 的概率选择进行核查。另外，在投保农户与保险公

司之间的三阶段博弈实现混合策略均衡时，根据保险公司选择核查的概率即 $\lambda^* = \frac{R - C_f}{\mu(R + F)}$ 可知，$R = \frac{\lambda\mu F + C_f}{1 - \lambda\mu}$，将其代入投保农户选择欺诈的概率即 $\theta^* = \frac{C_I}{\mu(R + F)}$，则有 $\theta = \frac{(1 - \lambda\mu)C_I}{\mu(F + C_f)}$。可见，与两阶段博弈中投保农户选择欺诈的概率相比，在三阶段博弈中，保险公司对投保农户保险欺诈的识别概率 μ 也是影响投保农户选择是否进行保险欺诈的因素，且保险公司对投保农户保险欺诈的识别概率 μ 与投保农户进行保险欺诈的概率 θ 成反比例关系，即保险公司对投保农户保险欺诈的识别概率越大，则投保农户进行保险欺诈的可能性就越小；因此，关于如何减少投保农户在农业保险市场中的欺诈行为，除了应从两阶段博弈中得出的提高投保农户进行欺诈的难度、加大对投保农户欺诈的惩罚、加强对投保农户的核查和降低保险公司核查的费用这四个方面着手外，还应考虑增强保险公司的核保与核赔技术以提高其对投保农户保险欺诈的识别概率。

5.2.2 保险公司的道德风险：基于政府与保险公司的博弈视角

根据上文的分析可知，保险公司在农业保险中道德风险的主要表现是其违背农业保险实施方案要求的农险业务的经营规范。保险公司作为政府实施农业保险这一支农惠农举措的中介，其是否遵守农业保险经营规范向广大农户提供农业保险产品，需要政府相关部门对其进行监管，以实现政府推行农业保险政策的目标，即农户效用最大化和社会福利最大化；因此，从博弈论的角度看，政府与保险公司之间存在一种博弈关系。博弈是指许多人在一个策略相互依存的架构中相互作用的正式表述。在政府与保险公司之间的博弈关系中，政府和保险公司作为博弈的两个参与人，各自有两个策略可供选择，即政府监管与不监管，保险公司遵守农业保险经营规范与不遵守农业保险经营规范。

假设：（1）政府与保险公司均是理性经济人。保险公司的策略空间为（遵守农险经营规范，不遵守农险经营规范），保险公司将根据其利润最大化的目标来决定采取哪一种策略；政府的策略空间为（监管，不监管），政府也将根据其实施农业保险政策的目的来决定究竟采取哪一种策略。（2）政府与保险公司完全掌握在博弈中所需要的信息，完全知道对方的策略空间与效用函数。（3）保险公司在按照经营规范供给农业保险产品时，无论政府是否进行监管，保险公司均可以获得正常收益。政府如果进行监管，其也不可能完全查出保险公司不按照经营规范提供农业保险产品的行为。（4）保险公司在不按照经营规范供给农业保险产品时，一旦被查出，会受到一定程度的惩罚。政府在对保险公司的农业保险操作进行监管时，会产生一定的成本，如果政府能够成功查处到保险公司不按照农险经营规范提供农业保险产品的行为，则其会得到一定的奖励（如官员政绩等）。

因此，政府的监管与不监管将会产生4种行为结果：监管，可能成功，也可能不成功；不监管，可能被举报，也可能不被举报。保险公司将会有3种行为结果：遵守农险经营规范，获得正常收益；不遵守农险经营规范，可能被查处，也可能不被查处。

基于以上假定，构建政府与保险公司之间的博弈模型，如表5-1所示。

表 5-1 政府与保险公司之间的博弈

类别		保险公司	
		不按照经营规范 (p)	按照经营规范 ($1-p$)
政府	监管 (q)	($Y_G - C_1 + \theta V_G$, $Y_I + M_I - \theta F_I$)	($Y_G - C_2$, Y_I)
	不监管 ($1-q$)	($Y_G - \lambda F_G$, $Y_I + M_I - \lambda F_I$)	(Y_G, Y_I)

注：括号中前面部分代表政府的收益，后面部分代表保险公司的收益。

其中：Y_G 代表政府的正常效用，Y_I 表示保险公司提供农业保险产品的正常收益，V_G 代表政府成功查处保险公司不按照经营规范供给农业保险产品后所得到的效用；M_I 代表保险公司不按照经营规范提供农业保险产品可以获得的超额利润；F_G 表示政府失职等受到的处罚；F_I 代表保险公司不按照经营规范提供农业保险产品被查处后受到的惩罚；C_1 代表政府监管不按照经营规范提供农业保险产品的保险公司所付出的成本；C_2 表示政府监管按照经营规范提供农业保险产品的保险公司所付出的成本，且有 $C_1 > C_2$，因为保险公司不按照经营规范提供农业保险产品的行为一般都比较隐蔽，政府很难监管；θ 表示政府成功查处不按照经营规范提供农业保险产品的保险公司的概率；λ 表示保险公司不按照经营规范提供农业保险产品的行为被发现检举的概率。

5.2.2.1 纯策略均衡分析

政府与保险公司的纯策略均衡有以下四种形式。

1. 监管，按照经营规范提供农业保险产品。即政府选择对保险公司的农险业务进行监管，而保险公司则在被政府监管的情况下选择按照经营规范提供农业保险产品，该策略达到均衡的条件是 $Y_G - C_2 > Y_G - \lambda F_G$ 和 $Y_I > Y_I + M_I - \theta F_I$，即 $\lambda F_G > C_2$ 和 $\theta > M_I/F_I$，其经济含义是：（1）在政府的失职处罚大于其对保险公司农险业务进行监管的条件下，政府会选择竭尽所能进行监管；（2）在政府竭尽所能进行监管和加大对农险业务不合规经营的保险公司的惩罚力度的情况下，保险公司觉得不合规经营农业保险可能会得不偿失，而按照经营规范提供农业保险产品可能对保险公司更为有利。

2. 不监管，按照经营规范提供农业保险产品。即政府采取不监管策略，保险公司能够自觉按照经营规范供给农业保险产品，该策略达到均衡的条件是 $Y_G - C_1 + \theta V_G < Y_G$ 和 $Y_I + M_I - \lambda F_I < Y_I$，即 $\theta < C_1/V_G$ 和 $\lambda > M_I/F_I$，其经济含义是：（1）政府对保险公司农险业务的监管成本太大，而收益太小；（2）保险公司在开展农险业务时不合规经营不能够比合规经营获得更多的收益。因此，“不监管，按照经营规范提供农业保险产品”是不可能实现的均衡。

3. 监管，不按照经营规范提供农业保险产品。即政府选择对保险公司的农险业务进行监管，保险公司不按照经营规范供给农业保险产品，该策略达到均衡的条件是 $Y_G - C_1 + \theta V_G > Y_G - \lambda F_G$ 和 $Y_I + M_I - \theta F_I > Y_I$，即 $\theta V_G/(C_1 - \lambda F_G) > 1$ 和 $\theta < M_I/F_I$，其经济含义是：（1）政府对保险公司农险业务进行监管的效用大于其不监管的效用，保险公司不合规经营农险的收益大于其合规经营农险的收益；（2）这种类型的均衡是

最不理想的，政府必须加大对不合规提供农业保险产品的保险公司的惩罚，提高监管成功的概率，使得 $\theta > M_I/F_I$。

4. 不监管，不按照经营规范提供农业保险产品。即政府采取不监管策略，保险公司不按照经营规范供给农业保险产品，该策略达到均衡的条件是 $Y_G - \lambda F_G > Y_G - C_1 + \theta V_G$ 和 $Y_I + M_I - \lambda F_I > Y_I$，即 $\theta V_G/(C_1 - \lambda F_G) < 1$ 和 $\lambda < M_I/F_I$，其经济含义是：（1）政府不愿意对保险公司的农险业务进行监管，因为监管会使其效用减少，保险公司不合规经营农险的收益要大于其合规经营的收益；（2）要想促使政府对保险公司的农险业务进行监管，必须提高政府成功查处保险公司不合规经营农业保险业务的奖励和加大对政府失职的处罚力度，同时设法降低政府的监管成本。

5.2.2.2 混合策略均衡分析

假定 q 表示政府选择对保险公司是否按照经营规范提供农业保险产品进行监管的概率；p 代表保险公司选择不按照经营规范提供农业保险产品的概率。

1. 政府的最优行为选择。根据表 27 可知，政府的预期收益为：

$$EU_G = qp(Y_G - C_1 + \theta V_G) + q(1-p)(Y_G - C_2) + (1-q)p(Y_G - \lambda F_G) + (1-q)(1-p)Y_G$$

令 $\frac{\partial EU_G}{\partial q} = 0$，即：

$$\frac{\partial EU_G}{\partial q} = p(Y_G - C_1 + \theta V_G) + (1-p)(Y_G - C_2) - p(Y_G - \lambda F_G) - (1-p)Y_G = 0;$$

则有 $p^* = C_2/(\theta V_G + \lambda F_G - C_1 + C_2)$；说明在保险公司以低于 p^* 的概率选择不合规经营农业保险业务时，政府不进行监管的效用要大于其监管的效用，故政府的最优行为选择是对保险公司的农险业务不予监管；当保险公司以高于 p^* 的概率选择不合规经营农业保险业务时，政府不进行监管的效用要小于其监管的效用，故政府的最优行为选择是对保险公司的农险业务给予监管；当保险公司以 p^* 的概率选择不合规经营农业保险业务时，政府则是随机地选择对保险公司的农险业务给予监管或者不予监管。

因此，政府可以通过影响均衡概率 p^*，如实施有效的激励和约束，来改变农业保险的相关政府管理部门选择不对保险公司的农险业务进行监管的行为区域，进而影响保险公司的农险经营水平。

2. 保险公司的最优行为选择。根据表 27 可知，保险公司的预期收益为：

$$EU_I = pq(Y_I + M_I - \theta F_I) + p(1-q)(Y_I + M_I - \lambda F_I) + (1-p)qY_I + (1-p)(1-q)Y_I$$

令 $\frac{\partial EU_I}{\partial p} = 0$，即：

$$\frac{\partial EU_I}{\partial p} = q(Y_I + M_I - \theta F_I) + (1-q)(Y_I + M_I - \lambda F_I) - qY_I - (1-q)Y_I = 0;$$

则有 $q^* = \frac{\lambda F_I - M_I}{F_I(\lambda - \theta)}$；说明在政府对保险公司农险业务的监管概率低于 q^* 时，保

险公司开展农业保险业务的最优策略是不合规经营；当政府对保险公司农险业务的监管概率高于 q^* 时，保险公司开展农业保险业务的最优策略是合规经营；当政府对保险公司农险业务的监管概率等于 q^* 时，保险公司可以随机地选择合规经营与违规经营农险业务。

因此，政府可以通过制定政策来影响均衡概率 q^* ，进而影响保险公司开展农业保险业务的最优行为选择；保险公司的最优行为选择模型分析表明，在社会监管环境越完善，监管力度越强，对保险公司违规经营的处罚力度越大的情况下，保险公司不合规经营农险业务所获取的收益会越小，此时，保险公司就越没有不按照经营规范提供农业保险产品的动力。

根据政府的最优行为选择和保险公司的最优行为选择，可知政府与保险公司之间的混合策略均衡是（p^*，q^*），即（$\frac{C_2}{(\theta V_G + \lambda F_G - C_1 + C_2)}$，$\frac{\lambda F_I - M_I}{F_I(\lambda - \theta)}$），表示保险公司以 $p^* = C_2/(\theta V_G + \lambda F_G - C_1 + C_2)$ 的概率选择不按照经营规范供给农业保险产品，政府以 $q^* = \frac{\lambda F_I - M_I}{F_I(\lambda - \theta)}$ 的概率选择对保险公司是否按照经营规范提供农业保险产品进行监管。

综上所述，根据政府与保险公司之间的博弈分析，可知：在政府对保险公司的监管成本较高，效用减少的情况下，保险公司不遵守农险经营规范的收益要大于其遵守经营规范的收益，从而导致保险公司出现道德风险问题；然而，农业保险相关政府管理部门可以通过完善监管环境、加强监管力度、降低监管成本、加大惩罚力度、实施有效的激励与约束等措施来减少保险公司不遵守农业保险经营规范带给其的收益，督促保险公司依法合规经营农业保险业务。

5.2.3 政府部门的道德风险

中国农业保险开展的基本原则之一是“政府引导”，具体是指各级财政部门通过提供保费补贴等调控手段，协同农业、水利、气象、宣传等部门，引导和鼓励农户、养殖企业、龙头企业、专业合作经济组织参加保险，积极推动农业保险业务的开展，调动多方力量共同投入，增强农业的抗风险能力。然而，受中国目前“以家庭为单位、分散经营”的农业生产模式和农业保险经办公司基层体系建设比较薄弱的限制，保险公司在开展农业保险业务时往往需要基层政府和村委会的大力支持与协助，由此导致基层政府部门在具体落实农业保险这一支农惠农政策过程中存在不适当的干预和过度介入的行为。根据上文的分析可知，农业保险市场中政府道德风险的主要表现有克扣、截留、挤占、挪用财政补贴资金或者农户农业保险赔偿款；骗保、骗赔；部分地方政府以财政补贴资金拨付为武器，人为拉长保费补贴资金划拨流程，故意拖延资金划拨时间，迫使保险公司“无灾也赔”“小灾多赔”；等等。

农业保险是一种准公共物品，商业化运营会产生市场失灵问题，进而需要政府支持；但是，农业保险市场失灵只是政府支持的必要前提，并不能由此推断出政府支持可以解决农业保险市场失灵的所有问题，毕竟政策性农业保险制度的制定与落实是由具有有限理性的“常人”而非具有完全理性的“超人”来完成。公共选择理论认为，人类社会有两个市场组成，一个是经济市场，另一个是政治市场，无论是在经济市场上还是在政治市场上活动的都是同一个人，没有理由认为同一个人会根据两种完全不同的行为动机进行活动，自身利益最大化始终都是他们的目标追求（方福前，2000）。在农业保险市场，虽然政府的目标函数是追求农户效用最大化与社会福利最大化，但依照“经济人”的假设，政府监管者也同样具有追求自身利益最大化的目标诉求，只不过政府监管者寻求利益最大化的偏好受限于制度约束，并没有市场中的“经济人”那么明显。如果没有良好的制度规范，政府监管者为了实现自身利益最大化就有可能忽视公共利益。因此，在目前农业保险政策实施过程中，部分基层政府农险工作人员为获取可以攫为己有的“租金”，采取各种“损公肥私”的措施干预农业保险政策的落实。

如图 5-5 所示，横轴表示政府对农业保险市场的支持与引导水平，越往右意味着政府的支持与引导强度越大；纵轴表示农业保险市场的运营水平，越往上意味着农业保险市场的运营水平越高；D 代表农业保险市场对政府支持与引导的需求曲线，S 代表农业保险市场平均运营水平的供给曲线，s 代表部分农业保险经办公司经营农险业务的供给曲线。

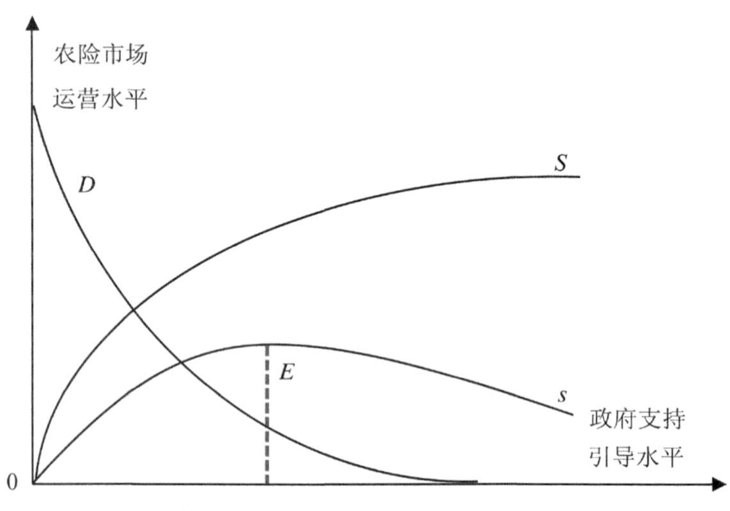

图 5-5　政府支持引导与农业保险市场运营之间的关系

农业保险市场对政府支持与引导的需求曲线 D 向右下方倾斜，说明农业保险市场存在市场失灵现象，为了保证农险市场的持续运营，需要政府提供支持与引导；随着农业保险市场运营水平的提高，其对政府的支持与引导的需求也会逐步减少；当农业保险市场运营水平高过一定点后，其就不再需要政府的支持与引导。曲线 s 反映了部分保险公司的农业保险业务运营水平如何随着政府支持与引导的变化而改变，如果不存在政府支持与引导，缺乏政府相关部门的监管，农业保险经办公司就会缺乏提高农险运营质量的动力。因此，起初，随着政府部门对农业保险市场支持、引导与监管的增加，保险公司的农业保险运营质量在不断改进，但当超过坐标中的某一点（如点 E 处）后，随着政府部门对农业保险市场支持、引导与监管的继续增加，保险公司的农险运营质量则会表现出下降的趋势，也就是说，随着政府介入农业保险市场越深，保险公司对改进其农险业务运营质量的积极性则会越小，原因可能是政府的不适当干预和过度介入会使其产生道德风险问题，如政府相关工作人员的腐败；腐败源于政府对农业保险过度支持、过度引导与过度监管导致的权利集中，在缺乏有效监管的情况下，权利越大，管得越多，从而为某些基层政府部门的农业保险工作人员提供了寻租的机会；例如，克扣、截留、挤占、挪用财政补贴资金或者农户农业保险赔偿款；骗保、骗赔；等等。另外，部分农业保险经办公司农险业务运营水平的供给曲线 s，先上升，后下降，使得整个农业保险市场平均运营水平的供给曲线 S 表现出上升速度减缓的趋势，由此可知，农业保险市场运营效率的提高，仅靠政府部门的支持、引导与监管远远不够，政府部门自身也需要得到其上一级相关政府部门或者外部其他主体的有效监管以使得曲线 S 的上升速度不会减缓，唯有此，才能真正改善农业保险市场的运营水平。

5.3 道德风险产生的现实原因

5.3.1 投保农户的认知偏差和侥幸心理

在农业保险政策实施过程中比较普遍的问题是农户保险意识的淡薄和对农业保险认知的不足。纵观美国、加拿大、日本等农业保险开展比较成功的国家，其农业保险制度的建立与完善，有将近半个多世纪的“孕育”过程，而内蒙古甚至中国农业保险制度的建立则是断断续续，正好缺少一个“渐进”过程。中国绝大多数农民长期以来是集生产者、投资者和经营者于一身，“靠天吃饭”的农业生产状况使得农户几乎是农业生产风险的唯一承担者，加之农户文化水平的偏低、风险防范意识的欠缺、保险意识的淡薄和政策性农业保险开展时间尚比较短的现实，都导致广大农户对农业保险这一支农惠农政策认知不足、理解不透。目前，内蒙古农户对现行农业保险政策的认知表现出明显的差异性（赵元凤等，2013 和 2014），协保员（即乡村干部）、种养大户、年轻农户等对政策的了解程度较高，而绝大多数农户对现行农业保险政策中的保费补贴比例、保费补贴险种、保险责任范围、各项免责条款、各险种保险金额、查勘定损规定以及理赔条款等具体内容了解较少。例如，部分农户由于对保险的本质和存在基础缺乏认知，认为只要其在参加农业保险时缴纳保费，一旦受灾，不管灾情大小，保险公司就应当对其进行理赔，根本未曾考虑到农业保险政策条款中具有起赔点的规定，而是将农业保险当做一种具有较高回报期望值的风险投资，盼望通过农业保险可以获得预期利益；如果农户在被保险公司合理拒赔，或者保险公司的理赔没有达到农户预期时其在下一年度的保险期间内就有可能产生道德风险问题，甚至对农业保险产生不信任，此类问题在内蒙古政策性养殖业保险中更是屡见不鲜。另外，部分农户抱存侥幸心理，认为自己的骗保、骗赔等道德风险行为不会被农业保险经办公司发现，原因是保险公司在多数乡村是既无机构设置也无人员配备，而且交通极不便利，虽有协保员予以协助，但协保员与村民之间往往存在浓厚的乡土人情。因此，投保农户的认知偏差和心存侥幸是农业保险市场中投保农户道德风险产生的重要原因之一。

5.3.2 保险公司的利益驱使和机会主义

保险公司道德风险的产生根源是农业保险政策实施中政府与保险公司之间信息不对称下的委托代理关系。农业保险是一种准公共物品，纯粹的商业化经营很难取得成功；目前，无论是在发达国家还是在发展中国家，农业保险的持续运营均离不开政府的支持与引导，政府支持与引导农业保险的方式主要有财政补贴（包含保费补贴、经营管理费用补贴、再保险支持三项）、税收优惠、技术支持、制度规范等（潘勇辉，2008；柴智慧和赵元凤，2013）。中国农业保险的开办原则是“政府引导、市场运作、自主自愿、协同推进”，即政府支持与引导下的商业化运营模式，政府与农业保险经办公司之间具有委托代理关系，保险公司在农业保险政策执行中实际上是政府与农户之间的中介。由于政府与保险公司之间的信息不对称和各自的利益诉求明显不同，进而导致受托人有可能背离政府的农业保险政策初衷，产生道德风险问题。

在政府与保险公司之间构成的委托代理关系中，政府作为委托方，其推行农业保险政策的终极目标是农户效用最大化和社会福利最大化，具体包括稳定农业生产，改变农业“一年受灾，三年难以翻身”的局面；稳定农民基本生活，改变农民“一年受灾，即刻返贫”的现象；稳定农村社会发展，解决农村“十年致富奔小康，一场灾害全泡汤”的难题。然而，保险公司作为代理人，是商业化经营农业保险业务，自负盈亏，其无疑要将追求利益最大化作为开展农业保险业务的首要目标，而保证农业生产安全、农民生活稳定、农村社会发展只是其次要目标。因此，在利益最大化的驱使下和政府与保险公司之间的信息不对称情况下，政府部门并不能完全获知保险公司在开展农业保险业务时的运营水平和运营质量，政府虽然是投保农户的利益代言人，但在政府“失声”或者“无声”的农险环境中，就有可能导致保险公司在农险业务中存在“机会主义”行为①，部分保险公司工作人员可能会因为政府监管盲区，存在选择性承保，隐性拒保，以及通过各种非法手段（如虚假承保、虚假退保、虚假理赔、虚挂保费和虚列费用等“五虚”方式）骗取国家财政补贴资金等问题，即产生道德风险问题。

5.3.3 政府部门的认知误区和监管缺位

地方政府道德风险产生的原因有二。

第一，部分基层政府对农业保险存在认知误区。基层政府的认知误区源于其对农业保险的财政补贴和基层政府在农业保险中的深度参与。部分地方政府的工作人员未能完全理解政府部门在农业保险政策运营中的性质定位和权利边界，尤其是在财政补贴方面，少数人员尚未真正理解“财政补贴”的具体含义，认为提供财政补贴意味着政府对农业保险“自由裁量权”的增加，不仅可以干预政策落实，而且可以从中得益。例如，部分基层政府部门以财政补贴资金拨付为武器，人为拉长保费补贴资金划拨流程，

① 在美国农业保险市场中，也有类似问题；如果政府没有给予足够重视，以利益为导向的商业性保险公司作为新的寻租集团就有可能技术性地攫取农业保险政策的收益（Ker 和 McGowan，2000；Ker，2001）。

故意拖延资金划拨时间，迫使保险公司“无灾也赔”“小灾多赔”；或者制定不切实际的参保率指标，强制或变相强制农户参保；或者以财政补贴资金为武器和从惠及民生的角度出发，要求保险公司对不属于保险责任范围的风险事故也进行理赔，此类问题在内蒙古养殖业保险中比较普遍；或者为套取基层保费补贴或支付工作经费，要求或协同保险公司通过编造虚假证明等方式套取赔款或费用。

第二，监管不到位导致地方政府产生寻租行为。邓义和陶建平（2013）认为目前我国农业保险存在监管低效问题，根源来自于监管法律制度缺乏、监管执行低效和司法保障不力三个方面。于2013年3月1日起正式开始施行的《农业保险条例》将中国农业保险的经营原则确定为“政府引导、市场运作、自主自愿、协同推进”，其中的“政府引导”和“协同推进”两大原则突出体现了在政策性农业保险制度中政府扮演的重要角色，尤其是“协同推进”原则，更是表明农业保险政策的落实需要多个相关政府部门予以紧密配合。同时，根据《农业保险条例》，农业保险业务是由保监会负责监管，而其他各有关政府部门只是“按照各自职责，负责农业保险推进、管理的相关工作”；但《条例》并没有具体界定“农业保险业务”的确切涵盖内容，也没有明确界定“农业保险推进、管理的相关工作”都涵盖哪些内容，农业保险到底应该由谁监管、监管谁、监管什么等问题还存在模糊之处（庹国柱，2013）。农业保险作为政策性险种，在开办推进过程中涉及财政、农业、林业、保监、气象、税务、统计等多个政府部门，其中，财政部门负责农业保险政府补贴标准、补贴范围、补贴方式的确定以及补贴资金预算、补贴资金拨付、补贴资金的使用效果评价等规则的制定和实施，同时还负责对某些政府部门骗取国家财政保费补贴资金的行为进行监管①；农业部门负责协助农业保险经办公司进行展业宣传、签单承保、业务统计，并对灾害发生后的查勘定损、理赔工作提供行政和技术支持等；保监部门则具体负责对农业保险经办公司的业务开展进行监管。目前的监管体制具有“九龙治水”和“条块分割”的特点（何小伟等，2014），如果各监管部门之间配合严密，农业保险中的多头监管也会产生良好效果；然而，在目前的农业保险监管体系中存在的问题是多头监管是各自制定监管规则以及保监部门只能监管保险公司而不能监管基层政府行为，导致农业保险监管中存在监管漏洞与监管真空；尤其是作为引导和支持农业保险开展的地方政府部门，虽然参与农业保险的许多微观经营环节，但却无“人”对其进行监管，致使部分地方政府滋生寻租行为。宪政理论认为，权利的“知止”单靠主权者的自律是很难做到的，其权利边界应该通过外在力量的约束予以划定和实现。然而，现行的《农业保险条例》虽然规定了相关政府部门对农业保险的政策支持，但并没有界定和约束政府在农业保险开展中的权利边界，也没有明确规定基层政府行为的监管主体，由此导致部分政府工作人员可以通过各种手段（例如，骗保、骗赔，克扣、截留、挤占、

① 《农业保险条例》授权财政部门一定的监管权利，例如，“骗取保险费补贴的，由财政部门依照《财政违法行为处罚处分条例》的有关规定予以处理；构成犯罪的，依法追究刑事责任。”至于财政部门如何进行监管，是在财政部门内部设立专门的“农业保险监管机构”进行监管，还是纳入目前财政部门的行政业务来处理，《农业保险条例》并没有予以明确规定。

挪用财政补贴资金或者农户农业保险赔偿款，等等）套取农业保险财政补贴资金，即产生道德风险问题。

5.4 道德风险的危害

投保农户、保险公司、政府部门各自的道德风险问题均会对农业保险市场的健康、快速和可持续发展带来不利影响，既对保险公司的业务拓展有影响，也会导致政府财政补贴资金的流失。

5.4.1 保险公司的业务拓展受挫

在养殖业保险中，由于投保农户与保险公司之间严重的信息不对称所产生的道德风险问题，导致内蒙古的养殖业保险业务未能像种植业保险业务一样实现跨越式发展，某些年份保险公司在部分盟市、旗县甚至直接停办养殖业保险业务①。研究表明，投保方的道德风险问题会造成保险人的冤枉赔款占其赔款支出的 20%甚至更高（庹国柱，2012）。如图 5-6 所示，就能繁母猪保险来说，自 2007 年以来较高的赔付率已经严重影响到各家农业保险经办公司对此险种的持续经营，过往十年中有七年的赔付率超高保险行业 70%的理赔警戒线，尤其是在 2009 年至 2011 年和 2015 年，具体而言，2009 年，理赔26 410头，赔付2 772万元，简单赔付率为 102. 87%；2010 年，理赔17 977头，赔付1 776万元，简单赔付率为 231. 63%；2011 年，理赔2 797头，赔付 284 万元，简单赔付率为 269. 89%；2015 年，理赔4 693头，赔付 500 万元，简单赔付率为 97. 51%。长期居高不下的赔付率导致内蒙古能繁母猪保险业务规模在波动起伏中急剧缩小，如图 5-7所示，可知：（1）2007—2009 年，内蒙古能繁母猪保险市场最为活跃，年均参保头数高达 44. 21 万头，其中，2007 年的参保头数为 47. 87 万头，2008 年为 39. 83 万头，2009 年为 44. 92 万头；（2）2010—2014 年，内蒙古能繁母猪保险市场急剧萎缩，年均参保头数仅为 6. 14 万头，其中，2011 年的参保头数更是只有 1. 75 万头，是过往十年中内蒙古能繁母猪保险市场的最低点；（3）2014—2016 年，内蒙古能繁母猪保险市场缓慢复苏，但尚未达到 2007—2009 年的市场规模，复苏原因是近年来自治区开始调整养殖业保险开办政策，其中，2014 年的参保头数为 13. 61 万头，2015 年为 8. 54 万头，2016 年为 11. 82 万头。另外，与能繁母猪保险的发展相类似，内蒙古奶牛保险自 2008 年以来也经历“活跃—萎缩—复苏”的发展轨迹。

5.4.2 各级政府的财政补贴流失

新世纪以来，随着国家对“三农”问题的高度关注，政府财政支农资金的规模也在逐年扩大，对推进农业现代化和社会主义新农村建设发挥重要作用，但与此同时，部

① 当然，造成内蒙古养殖业保险业务逐年下滑的原因，除去投保养殖户的道德风险问题以外，还有现行政策条款中保险责任范围较窄（例如，奶牛因难产、中毒、乳房炎、破伤风、产后疾病、疫苗注射反应、意外伤残以及不明原因等导致的死亡不予赔偿）、保障水平偏低（如患病活畜的售价高于保险保额）、理赔条件过于严格（如奶牛死亡才赔，因自然灾害或意外事故死亡的奶牛在理赔时须扣减不低于 20%的残值）等方面的原因。

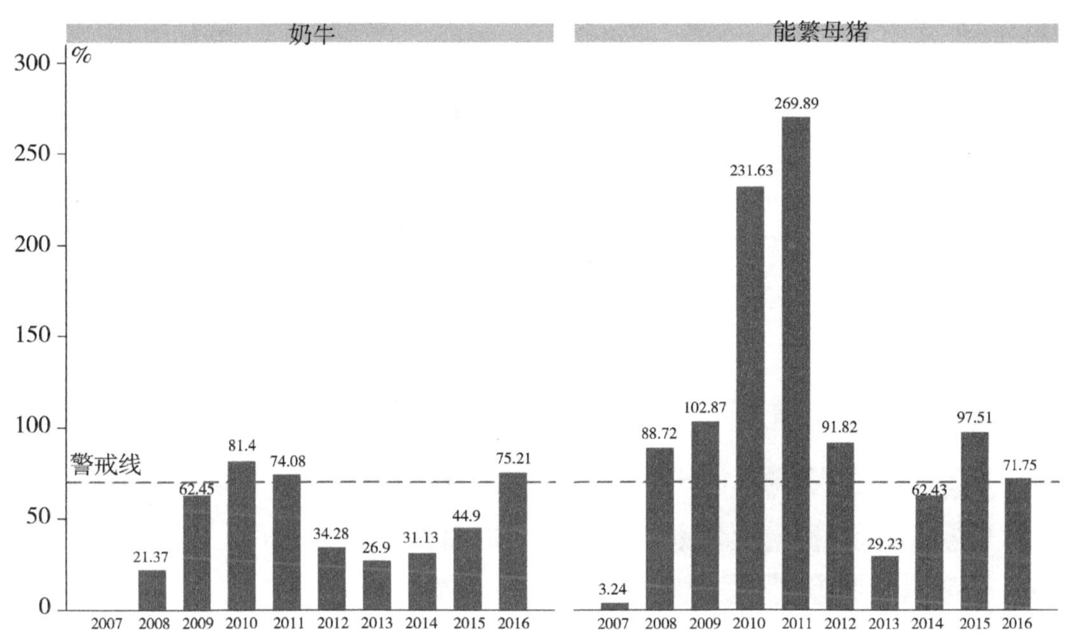

图 5-6　2007—2016 年内蒙古自治区奶牛保险和能繁母猪保险赔付率

注：简单赔付率=（已决赔款支出+未决赔款支出）/保费收入×100%。

数据来源：中国保险监督管理委员会内蒙古监管局。

分财政支农资金使用不规范、监管不到位、使用效益不高等问题也随之而生（毕瑞祥，2012），农业保险保费补贴作为政府财政支农资金的一部分，同样也存在资金流失问题。实际上，农业保险开展过程中政府补贴耗散情况，不仅在中国存在，即使在农业保险开展最为成功的美国，也同样存在此类问题。在农户道德风险问题方面，Just 和 Calvin（1993）研究发现在 1992 年美国多风险农作物保险（MPCI）赔款中，大约有 9%的玉米赔款、73%的谷物赔款和 80%的小麦赔款是由于农户道德风险问题所导致。在保险公司道德风险方面，保险公司为了维持与大农场之间的业务关系，很少监督定损人员的行为，往往对被保险农户提供有利赔款，即使赔款存在问题也给予赔偿（Goodwin，Vandeveer 和 Deal，2004）；美国农业部监察总署（1999）指出，在其检查的 1 100万美元农作物保险已决赔款中，发现有问题的赔款高达 98 万美元；保险公司为了尽可能多地获取来自政府的经营管理费用补贴，偏好于销售保费收入较高的险种（如收入保障保险），或者偏好于向规模较大的农场主提供农作物风险保险，而对于生产规模较小的农户则不愿意销售保单或者为其提供风险保障服务；同时，保险公司在农业保险查勘定损与理赔中疏于管理的行为也造成联邦农作物保险赔款成本的迅速增加。在发展中国家，如孟加拉国，由于政府不适当地干预甚至产生严重腐败等原因，导致政策性农业保险被迫停止（庹国柱，2013）。

在某种意义上，政府是中国农业保险市场快速拓展的“第一推动力”，或者说是在农业保险中政府扮演着“催化剂”的角色。2007—2015 年，各级政府为内蒙古农业保险提供的保费补贴高达 85%和 90%，其中，养殖业为 85%，种植业为 90%。然而，在

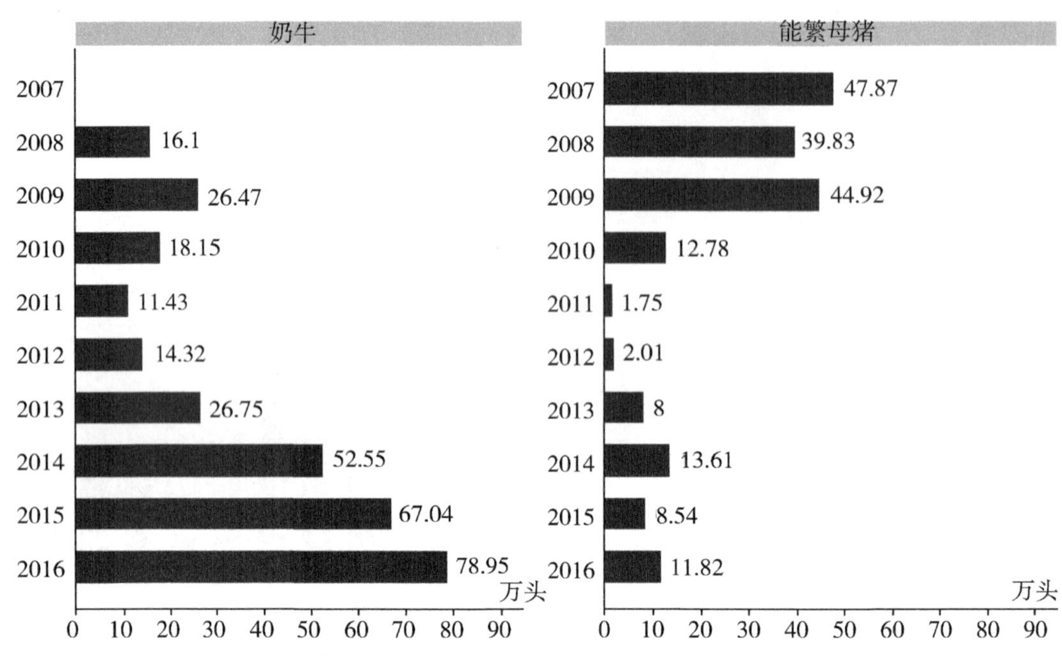

图 5-7　2007—2016 年内蒙古自治区奶牛保险和能繁母猪保险参保头数

数据来源：中国保险监督管理委员会内蒙古监管局。

农业保险政策落实过程中，由于投保农户、保险公司和政府部门各自的道德风险问题，均导致政府财政对农业保险的保费补贴资金存在流失情况，不仅有违政策性农业保险制度建立的初衷，而且降低财政支农资金的使用效果，更是加剧农业保险的运营风险。以种植业保险为例，如表 5-2 所示，2009—2012 年，在内蒙古巴彦淖尔市部分旗县的葵花保险中，存在葵花参保面积大于其种植面积的现象，由此导致政府补贴保费分别多出 543.17 万元、20.62 万元、93.44 万元、311.17 万元，合计高达 968.40 万元；当然，葵花参保面积大于种植面积①也可能是因为农户将其所拥有的滩涂地、退耕还林还草地、四荒地（如荒山、荒沟、荒丘、荒滩）等土地用于耕种农作物然后参加农业保险，但毫无疑问的是投保农户、保险公司和政府部门各自的道德风险问题在其中也起到推波助澜的作用。类似的情况也存在于内蒙古其他盟市，如表 5-3 所示，例如，包头市达尔罕茂名联合旗（简称达茂旗）2010—2012 年葵花保险的政府保费补贴共计多出 209.63 万元，同时，2011—2012 年的旱地小麦保险的政府保费补贴共计多出 176.51 万元。

① 内蒙古农业保险在开展过程中存在农户参保面积大于种植面积的问题也可以反映出当前内蒙古农业保险在签单承保环节的不规范，例如，有的乡镇（苏木）、村（嘎查）要求农牧民以耕地承包合同或经营权证投保，有的乡镇（苏木）、村（嘎查）以过去的农业生产统计数据作为参保根据，有的乡镇（苏木）、村（嘎查）则依据当年上报的种植面积作为入保凭证，等等。

表 5-2　2009—2012 年巴彦淖尔市部分旗县葵花保险财政补贴流失统计

单位：万亩，元/亩，万元

年份/地区		种植面积	参保面积	多余面积	补贴保费	签单保费 1	签单保费 2	多余保费
2009 年	临河区	35.47	44.66	9.19	13.68	610.91	485.23	125.68
	杭锦后旗	32.09	36.83	4.74	13.68	503.84	438.99	64.85
	乌拉特后旗	16.65	41.88	25.23	13.68	572.91	227.77	345.14
	乌拉特中旗	1.45	2.00	0.55	13.68	27.34	19.84	7.50
	合计	85.66	125.37	39.71	54.72	1 715	1 171.83	543.17
2010 年	临河区	53.00	54.22	1.22	16.92	917.38	896.76	20.62
	合计	53.00	54.22	1.22	16.92	917.38	896.76	20.62
2011 年	杭锦后旗	60.00	65.93	5.93	15.75	1 038.44	945.00	93.44
	合计	60.00	65.93	5.93	15.75	1 038.44	945.00	93.44
2012 年	临河区	55.95	67.31	11.36	15.75	1 060.14	881.21	178.93
	乌拉特中旗	41.76	43.68	1.92	16.92	739.14	706.66	32.47
	农垦局	23.36	29.70	6.33	15.75	467.72	367.95	99.77
	合计	121.07	140.69	19.61	48.42	2 267.00	1 955.82	311.17
总计		319.73	386.21	66.47	—	5 937.82	4 969.41	968.40

注：(1) 多余面积=参保面积-种植面积；(2) 补贴保费=保险金额×保险费率×补贴比例(90%)；(3) 签单保费 1=参保面积×补贴保费；(4) 签单保费 2=种植面积×补贴保费；(5) 多余保费=签单保费 1-签单保费 2；

下同。

数据来源：内蒙古自治区农牧业厅种植业管理处，农业保险数据库。

表 5-3　2009—2012 年内蒙古部分盟市农作物保险财政补贴流失统计

单位：万亩，元/亩，万元

年份/地区			险种	种植面积	参保面积	多余面积	补贴保费	签单保费 1	签单保费 2	多余保费
2009 年	呼伦贝尔市	陈巴尔虎旗	旱地小麦	11.64	12.60	0.96	15.12	190.51	175.97	14.54
		鄂伦春旗	大豆	91.32	102.00	10.68	12.96	1 321.92	1 183.47	138.45
		额尔古纳市	旱地小麦	11.76	12.24	0.48	15.12	185.07	177.74	7.33
	锡林郭勒盟	正镶白旗	旱地小麦	3.50	3.90	0.40	15.12	58.97	52.88	6.09
	鄂尔多斯市	达拉特旗	葵花	10.83	14.31	3.48	13.68	195.79	148.15	47.63
		合计		129.05	145.05	16	—	1 952.26	1 738.21	214.04

（续表）

年份/地区			险种	种植面积	参保面积	多余面积	补贴保费	签单保费1	签单保费2	多余保费
2010年	包头市	达茂旗	葵花	5.50	10.10	4.60	16.92	170.84	93.06	77.78
	通辽市	科左后旗	旱地玉米	218.85	235.25	16.40	17.82	4 192.10	3 899.92	292.18
	赤峰市	红山区	旱地玉米	6.50	7.21	0.71	17.82	128.40	115.83	12.57
			大豆	0.82	0.88	0.06	13.50	11.84	11.07	0.77
		合计		231.67	253.44	21.77	—	4 503.18	4 119.88	383.3
2011年	包头市	达茂旗	旱地小麦	5.60	14.90	9.30	13.86	206.55	77.62	128.94
			葵花	3.30	6.76	3.46	16.92	114.31	55.84	58.48
		合计		8.90	21.66	12.76	—	320.86	133.46	187.42
2012年	包头市	达茂旗	水地玉米	1.50	3.46	1.96	32.40	112.22	48.60	63.62
			旱地小麦	17.86	21.29	3.43	13.86	295.07	247.50	47.57
			葵花	5.00	9.34	4.34	16.92	157.97	84.60	73.37
	赤峰市	宁城县	旱地玉米	40.00	54.02	14.02	17.82	962.64	712.80	249.84
		合计		64.36	88.11	23.75	—	1 527.9	1 093.5	434.4
总计				433.98	508.26	74.28	—	8 304.2	7 085.05	1 219.16

数据来源：内蒙古自治区农牧业厅种植业管理处，农业保险数据库。

5.5 本章小结

保险市场是一个典型的信息不对称市场，其中，道德风险则是信息不对称的典型表现之一。在农业保险市场中，由于涉及农户、保险公司和政府三个行为主体，故政策性农业保险中的道德风险可包括三类，分别是投保农户的道德风险、保险公司的道德风险和政府部门的道德风险。根据风险事故发生的时间，投保农户的道德风险又可以分为事前道德风险和事后道德风险两种类型，其中，前者的主要表现是因投保人不诚实或者故意欺诈以及投保人事前防损行为不积极而引起保险事故的发生；后者的主要表现是投保农户在受灾以后谎报灾情、虚报损失、串换标的以骗取农业保险赔款和投保农户在受灾以后怠于采取减损措施以获取保险公司的超额农业保险赔款。保险公司的道德风险主要表现为选择性供给，隐形拒保；通过虚假承保、虚假退保、虚假理赔、虚挂保费和虚列费用等“五虚”方式套取财政补贴资金；农业保险运作不规范而造成理赔纠纷；等等。政府部门的道德风险主要表现为克扣、截留、挤占、挪用财政补贴资金或者农户农业保险赔偿款；骗保、骗赔；部分地方政府以财政补贴资金拨付为武器，人为拉长保费补贴资金划拨流程，故意拖延资金划拨时间，迫使保险公司“无灾也赔”“小灾多赔”；

等等。

在农业保险开展中，农户、公司和政府为何都会存在道德风险问题？关于投保农户的道德风险问题，根据其表现形式的不同，可从投保农户事前与事后的不积极行为（即事前防损不积极和事后减损不积极）角度和投保农户事前骗保与事后骗赔的保险欺诈行为角度进行分析。在投保农户的不积极行为方面，当投保农户在农作物田间管理中投入较少努力可能比其投入较多努力获得更多的收入时，无论风险事故是否发生，其都有激励降低农业生产努力程度以期获得保险公司的赔付，即投保农户在农业生产中有可能存在防灾防损不积极的事前道德风险问题和在风险事故发生后怠于采取减灾减损措施的事后道德风险问题。在投保农户的保险欺诈方面，根据投保农户与保险公司之间的两阶段博弈和三阶段博弈分析结果，可以发现：投保农户在参加农业保险后是否进行保险欺诈与投保农户的欺诈成本、投保农户的欺诈行为被发现后遭受的经济惩罚、保险公司的核查概率、保险公司的核查费用以及保险公司对投保农户保险欺诈的识别概率等因素相关。如果投保农户的欺诈成本越高以及其欺诈行为被发现后遭受的经济惩罚越严重，保险公司的核查概率以及其对投保农户保险欺诈的识别概率越大，则投保农户在参加农业保险后选择进行保险欺诈的可能性就越小；如果保险公司的核查费用越高，则投保农户选择进行保险欺诈的概率就越大。因此，保险公司可以从提高投保农户进行欺诈的难度、加大对投保农户欺诈的惩罚、加强对投保农户的核查和降低保险公司核查的费用以及增强保险公司的核保与核赔技术以提高其对投保农户保险欺诈的识别概率这五个方面着手来减少投保农户在农业保险市场中的欺诈行为。

关于保险公司的道德风险问题。根据政府与保险公司之间的博弈分析，可知：在政府对保险公司的监管成本较高，效用减少的情况下，保险公司不遵守农险经营规范的收益要大于其遵守经营规范的收益，从而导致保险公司出现道德风险问题；然而，农业保险相关政府管理部门可以通过完善监管环境、加强监管力度、降低监管成本、加大惩罚力度、实施有效的激励与约束等措施来减少保险公司不遵守农业保险经营规范带给其的收益，督促保险公司依法合规经营农业保险业务。

关于政府部门的道德风险问题。农业保险的开展需要政府部门的支持、引导与监管，但政府监管者也同样具有追求自身利益最大化的目标诉求；如果没有良好的制度规范，政府监管者为了实现自身利益最大化就有可能忽视公共利益。起初，随着政府部门对农业保险市场支持、引导与监管的增加，保险公司的农业保险运营质量在不断改进，但随着政府介入农业保险市场越深，保险公司对改进其农险业务运营质量的积极性则会越小，原因可能是政府的不适当干预和过度介入会使其产生道德风险问题，如政府相关工作人员的腐败。腐败源于政府对农业保险过度支持、过度引导与过度监管导致的权利集中，在缺乏有效监管的情况下，权利越大，管得越多，从而为某些基层政府的农业保险工作人员提供了寻租的机会。因此，农业保险市场运营效率的提高，仅靠政府部门的支持、引导与监管远远不够，政府部门自身也需要得到其上一级相关政府部门或者外部其他主体的有效监管。

此外，农业保险市场中投保农户、保险公司和政府部门三方利益主体均存在道德风险问题的现实原因是投保农户的认知偏差和心存侥幸，保险公司的利益驱使和机会主义，政府部门的认知误区与监管缺位。投保农户、保险公司、政府部门各自的道德风险问题均会对农业保险市场的健康、快速和可持续发展带来不利影响，不仅会使保险公司的业务拓展受挫，而且会造成各级政府的财政补贴资金流失。

6　农业保险中道德风险问题的实证检验：基于农户视角

本章主要是在前一章的理论分析基础上，基于微观农户视角，根据农业保险中投保农户事前道德风险问题和其事后道德风险问题的不同表现，从农户的不积极行为（即农户事前消极防损和事后怠于减损）和保险欺诈行为（即农户事前骗保和事后骗赔）两个角度，一方面，以内蒙古种植业保险为例，采用案例分析与比较分析等方法对投保农户的道德风险问题进行检验；另一方面，以内蒙古养殖业保险中的奶牛保险为例，采用计量经济模型和比较分析方法对现行养殖业保险政策下投保养殖户是否因有奶牛保险提供风险保障而存在道德风险问题给予验证。

6.1　种植业

根据上文分析，在种植业保险中，投保农户的事前道德风险主要有两个表现：一是因投保人不诚实或者故意欺诈而引起保险事故的发生，二是因投保人事前消极防损而引起保险事故的发生；投保农户事后道德风险的主要表现是：（1）投保农户在受灾以后谎报灾情、虚报损失、串换标的以骗取农业保险赔款；（2）投保农户在受灾以后怠于采取减损措施以获取保险公司的超额农业保险赔款。因此，在种植业保险中，投保农户的道德风险问题可以划分为农户事前消极防损与事后怠于减损的不积极行为和农户事前骗保与事后骗赔的保险欺诈行为两类。本研究认为在内蒙古现行“低保障、广覆盖、低保费、低赔偿”的种植业保险政策体系下投保农户不存在第一类道德风险问题，但存在第二类道德风险问题。

6.1.1　农户的不积极行为

在农作物保险中，国外学者的理论与实证研究均表明农户在参加农业保险后有降低农业生产努力程度、减少防灾防损措施的倾向，即参保农户存在事前道德风险（Smith 和 Goodwin，1996；Liang 和 Coble，2009；Smith 和 Watts，2010；等等）；在国内研究方面，钟甫宁等（2007）以新疆玛纳斯河流域的棉花保险为例，研究农业保险制度对农户农用化学要素施用行为的影响，结果发现投保农户会明显改变其在农业生产中农用化学要素的施用行为。然而，国外的农业保险制度与中国现阶段“低保障、广覆盖、低保费、低赔偿”的政策性农业保险制度存在着显著不同。

第一，二者的保障水平或者说是农业保险产品类型存在实质差别。在美国、加拿大等农业保险开展较为成功的国家，农业保险保障的是农场产量或者农户收入。产量保险是指保险公司根据保险合同约定的单价，对风险造成的农产品产量损失进行赔付；收入保险则是在产量保险的基础上引入价格因素，将产量与收获时农产品的价格挂钩，以农产品交易后的价值作为赔付标准。以美国为例，现阶段联邦农作物保险承保的风险从单纯的价格下跌到各种自然灾害和意外事故造成的损失，承保的标的从农作物的产量、价格、收入到毛利一应俱全，但从其保障功能来看，可把美国联邦农作物保险产品划分为以产量为基础的保险产品和以收入为基础的保险产品（Shields，2010）；如表 6-1 所示，在 2014 年出台的《食物、农场及就业法案》（简称“新农业法案”）中，美国农作物产量保险既有保障标的是个体产量的巨灾风险保障（CAT，即 50/55 巨灾保险）、实际历史产量计划（APH）和产量保障计划（YP），也有保障标的是区域产量的区域产量保障计划（AYP），还有美元保险计划（Dollar Plan）、自由购买保险（Buy-up）或追加保险（Additional Coverage）等其他产品类型；收入保险既有保障标的是个体收入的收入保障计划（RP）、剔除收获价格的收入保障计划（RP-HPE）和实际历史收入计划（ARH），也有保障标的是区域收入的区域收入保障计划（ARP）、剔除收获价格的区域收入保障计划（ARP-HPE）、农场整体收入保障计划（WFRP），还有诸如山核桃收益保障计划（PRV）和累计收入保障计划（STAX）等针对特定农作物的其他收入保险产品；另外，新农业法案中还有保障标的是区域产量或收入的补充保险选择计划（SCO）、作物生产边际保障计划（MP）等新型保险产品，其中，SCO 于 2015 年开始试点，MP 于 2016 年由玉米、稻谷、大豆和小麦四种作物开始试点。另外，根据美国农业部风险管理局（RMA）的统计数据显示，截至 2014 年，美国农作物保险中收入类保险的纯保费收入为 836 百万美元，占农业保险总纯保费收入的 83.27%，具体如图 6-1 所示。

表 6-1　美国联邦农作物保险的主要产品

产品类型		保障标的	释义
产量保险	CAT	个体产量	若农作物平均单产损失大于 50%，则予以赔偿，赔偿额度为当年农作物价格的 55%，故也称作 50/55 巨灾保险
	APH	个体产量	基于投保人实际历史产量和农产品预测价格进行保障，要求投保人提供近 4~10 年的实际农作物年度产量，平均数即为 APH；预测价格一般由 RMA 在种植季节前根据市场状况预测确定；保障产量为 APH 的 50%~75%（或 85%）；投保人可选择的预测价格的保障水平为 55%~100%
	YP	个体产量	当投保人的实际产量低于保障产量时，由保险公司赔偿二者之间的缺口损失；保障产量=APH×保障水平，保障水平为 50%~85%；赔偿金额=产量损失×预测价格×预测价格的保障水平，产量损失是实际产量与保障产量之间的差额，预测价格一般由 RMA 根据期货市场的平均价格确定，投保人可选择的预测价格的保障水平为 55%~100%
	AYP	区域产量	当投保人所在县实际产量低于保障产量时，由保险公司给予赔偿；县实际产量由全国农业统计服务局（NASS）授权发布；保障产量=县预测平均产量×保障水平，县预测平均产量是根据 1962 年以来的历史产量计算，保障水平为 70%~90%；同时，投保人获得的赔偿金额取决于其在投保时所选择的每英亩保障水平，AYP 每英亩最高保障水平由 RMA 确定，投保人需要在当年每英亩最高保障水平基础上选择每英亩保障水平；投保人每英亩获得的赔偿金额等于其所选择的每英亩保障水平乘以县实际产量与保障产量缺口占保障产量的比例

（续表）

	产品类型	保障标的	释义
产量保险	Dollar Plan	—	目前主要承保草莓、辣椒、柑橘和苗圃等农产品，保障由于各种灾害致使产量下降的经济损失，保险金额取决于各地区的种植成本；当年度的农产品价值小于保险金额时保险公司则予以赔偿
	Buy-up 或 Additional Coverage	—	高于 CAT 的保障水平，投保人可以把 50/55 的巨灾保险增加至50/100 和 75/100（赔偿超过正常产量 25%以上的产量损失，保障价格是预测价格的 100%），局部地区投保人可购买 85/100 的保险
收入保险	RP	个体收入	当投保人实际收入低于保障收入时，由保险公司赔偿差额；实际收入=实际产量×收获价格；保障收入=保障产量×保障价格，保障产量为 APH 的 50%~85%；保障价格=Max（预测价格，收获价格），预测价格和收获价格均由期货价格决定
	RP-HPE	个体收入	与 RP 的差别在于其保障价格为预测价格
	ARH	个体收入	基于投保人收入报告中被认证的农业收入的历史水平提供收入保障，当被认证的农业收入低于历史平均收入时，由保险公司给予赔偿
	ARP	区域收入	当投保人所在县的实际收入低于保障收入时，由保险公司给予赔偿；实际收入=县实际平均产量×收货价格，县实际平均产量由 NASS 授权发布；保障收入=县预测平均产量×保障价格×保障水平，县预测平均产量是根据 1962 年以来的历史产量计算，保障价格=Max（预测价格，收获价格），预测价格和收获价格均由期货价格决定，保障水平为70%~90%；同时，投保人获得的赔偿金额取决于其在投保时所选择的每英亩收入保障水平，即最高收入保障水平的 60%~100%，RMA 规定 ARP 中每英亩最高收入保障水平为预测价格的 150%乘以县预测平均产量；投保人每英亩获得的赔偿金额等于其所选择的每英亩收入保障水平乘以县实际收入与保障收入缺口占保障收入的比例
	ARP-HPE	区域收入	与 ARP 的差别在于其保障价格为预测价格
	WFRP	区域收入	对不同类型的农场提供不同程度的差异化保障，允许满足生产多样化条件的农场以更高的保障水平参保；只生产一种或两种商品的农场可选择的保障水平为 50%~75%，满足多样化生产最低要求的生产 3 种或者 3 种以上商品的农场可选择的保障水平为 50%~85%
	PRV	—	山核桃收益保障计划补偿因产量或价格下降而造成的损失，其保险期限以两年为一个单位
	STAX	区域收入	只针对陆地棉，以县区收入为基础，当一个县范围内的棉花种植收入低于预期收入 10%时即可启动；保险公司对农场进行赔付时，补偿的是原有作物保险免赔的部分，赔付比例根据农场预期收入和保险所选择的保障水平大小而变化，是棉花预期收入的 70%~90%，即 STAX 为投保人提供 10%~30%的损失保障

（续表）

产品类型		保障标的	释义
其他	SCO	区域产量或收入	当县级损失超过14%时即可启动；在县级作物保险政策的基础上，为农场主选择的联邦作物基础保险保障水平与县区平均产量（或收入）平均水平的86%之间提供额外的风险保障，也就是为原有作物保险的部分免赔额提供风险保障；例如，生产者已投保70%的收入保险，则SCO的最大保障幅度为16%（86%~70%）。
	MP	区域产量或收入	基于区域生产数据，当生产者的预期生产边际发生意外损失时可获得赔付；预期生产边际针对指定作物品种，由生产者所在区域预期平均收益扣除预期生产成本所得；MP可选择的保障水平为70%~90%。在2016作物年度在试点州、县由玉米、稻谷、大豆及小麦四种作物开始。

资料来源：（1）Shields，D. A. Federal Crop Insurance：Background and Issues［R］. CRS Report for Congress，December 13，2010；

（2）夏益国，刘艳华，傅佳．美国联邦农作物保险产品：体系、运行机制及启示［J］．农业经济问题，2014，35（04）：101-109；

（3）谢凤杰，吴东立，陈杰．美国2014年新农业法案中农业保险政策改革及其启示［J］．农业经济问题，2016，37（05）：102-109+112。

在中国目前的农业保险体系中，种植业保险保障的是农作物在生长期内所发生的直接物化成本，包括种子、化肥、农药、灌溉、机耕和地膜六项，故中国的农作物保险实际上是一种低保障水平的成本保险；同时，现行农作物保险政策还存在多数险种的保障水平低于其直接物化成本的问题。据财政部估计，目前中国农作物保险的保障水平与实际的直接物化成本的差距，全国平均水平在35%左右（黄延信和李伟毅，2013）；截至2015年年末，中国三大口粮作物保险保障程度约占其物化成本的84%，但仅占全部生产成本的33%（刘峰，2016）。根据中国农业保险保障水平研究课题组（2017）的研究①，如表6-2所示，虽然随着时间推移，中美两国农作物保险保障水平之间的差距呈逐渐缩小的趋势，但就总体而言，中国农作物保险保障水平与美国相比还存在较大差距，大约是目前美国的1/8，基本相当于美国20世纪80年代初期的水平；就粮食作物各品种而言，2015年，中国水稻保险保障水平大约为美国的1/3，小麦保险保障水平大约为美国的1/4，玉米保险保障水平不到美国的1/3，大豆保险保障水平大约为美国的1/5。因此，由于中国现行农作物保险政策存在保障水平偏低的问题，进而导致参保农户不可能存在降低农业生产努力程度或者受灾以后怠于减灾救灾以获取保险赔款的道德风险问题。

① 从微观层面看，农业保险保障水平是农业保险能为农业生产经营者提供多大程度的风险保障；从宏观角度看，农业保险保障水平集中体现在农业保险为一国或一地区农业产业发展提供多大程度的风险保障。

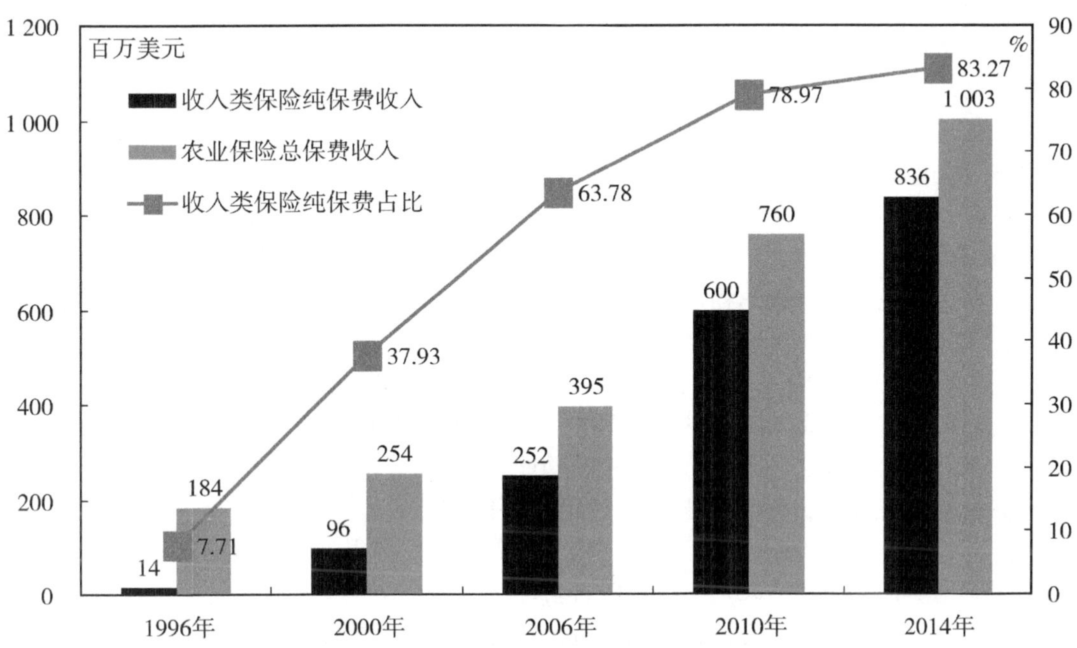

图 6-1 美国农业收入保险纯保费收入的占比

数据来源：美国农业部风险管理局网站。

表 6-2 2008—2015 年中国和美国农作物保险保障水平比较 单位：%

类型/年份	中国					美国				
	总体	水稻	小麦	玉米	大豆	总体	水稻	小麦	玉米	大豆
2008 年	3.80	9.14	5.56	8.44	7.83	51.72	19.44	52.34	76.44	75.43
2009 年	5.22	12.00	10.61	11.97	11.36	48.31	33.02	93.42	66.61	52.96
2010 年	4.73	12.64	11.70	9.41	10.92	46.44	38.47	51.09	49.08	47.82
2011 年	5.26	12.17	12.33	10.88	9.95	57.29	42.68	72.44	67.29	66.94
2012 年	6.56	14.52	19.39	13.88	8.98	55.02	35.78	61.03	72.34	58.69
2013 年	7.27	16.91	21.83	17.15	12.24	52.97	40.21	80.46	91.31	63.81
2014 年	6.84	17.47	15.35	16.04	11.48	53.35	58.01	77.80	83.06	69.62
2015 年	7.75	18.62	21.11	23.52	13.22	56.06	58.33	82.38	82.19	70.26
均值	5.93	14.18	14.74	13.91	10.75	52.65	40.74	71.37	73.54	63.19
增速（复合）	0.11	0.11	0.21	0.16	0.08	0.01	0.17	0.07	0.01	-0.01

注：增速（复合）=（2015 年值/2008 年值）$^{(1/7)}$－1。

数据来源：中国农业保险保障水平研究课题组．中国农业保险保障水平研究报告［R］. 北京：中国金融出版社，2017.

第二，二者的理赔模式也存在显著不同。在美国、加拿大等发达国家，农业保险尤其是农作物保险的理赔取决于参保农户的农场产量是否高于或者低于其保险保障产量，农场收入是否高于或者低于其保险保障收入，同时，保险公司能够实现对多数投保农户的农作物产量的管控，故农业保险理赔是相对比较科学、合理的。然而，在中国的农业保险尤其是农作物保险的理赔中，赔付依据是基于参保农户的受灾级别与其减产成数；受限于“土地集体所有、家庭承包经营、长期稳定承包权、鼓励合法流转”的耕地制度和目前“人多地少、千家万户分散经营”的农业生产方式，以及农业保险经办公司基层组织体系尚不健全、技术力量较为薄弱等多个方面的经营难点，现阶段各家保险公司还很难做到逐村逐户逐作物逐地块的据实查灾验灾以实现对每家每户因灾损失进行科学、合理的理赔。农业保险理赔中比较普遍的做法是“协议”赔付或者“平均”赔付（例如，在内蒙古自治区），而“协议”赔付或者“平均”赔付实际上违背保险“重灾多赔、轻灾少赔、无灾不赔”的经营原则，由此导致众多投保农户并不能够真正意识到和体会到农业保险这一支农惠农政策的功能与作用。

综上所述，虽然已有国内学者对种植业保险中农户改变经营规范（如要素施用）的事前道德风险问题的存在给予显著证据，但其研究仅局限于新疆玛纳斯河流域，且局限于棉花保险，故研究结果是否在内蒙古自治区甚至全国都具有普适性，还需要进一步商榷。鉴于此，本研究认为在目前内蒙古政策性种植业保险产品是低保障水平的物化成本保险，且“协议”赔付或者“平均”赔付又普遍存在的情况下，必定存在 $Claim < Coverage < Cost$，$Claim < Loss$，其中，$Claim$ 为农户所得保险赔款，$Coverage$ 表示种植业保险的保障水平，$Cost$ 为农户种植业生产的直接物化成本，$Loss$ 代表农户在种植业生产中的因灾损失；也就是说，农户所得保险赔款指定低于保险保障水平、直接物化成本和其因灾损失。如图 6-2 所示，2008—2012 年，A 保险公司内蒙古分公司在自治区 6 个盟市的农作物保险亩均赔付均在 50~150 元之间，赔偿金额的偏少并不足以诱导作为“理性经济人”的投保农户在农业生产中采取降低努力程度、减少防灾防损的措施，或者在受灾以后不积极地救灾减灾。因此，在现行种植业保险政策体系下，农户在农业生产中高生产努力程度的成本收益比肯定大于其低生产努力程度的成本收益比，如果受灾，投保农户所得保险赔款不仅不能弥补其物化成本，更不能弥补其因灾损失，由此导致农户在参加种植业保险以后，不仅不可能在农业生产中采取降低努力程度、减少防灾防损的措施，更不可能在受灾以后怠于采取减灾减损措施以获取保险公司的超额农业保险赔款，故投保农户不可能因有农业保险提供风险保障而存在事前消极防损和事后怠于减损的不积极行为的道德风险问题。

6.1.2 农户的保险欺诈

关于因投保人不诚实或者故意欺诈而引起保险事故的发生，例如，农户的冒保、替保、垫保、虚保等骗保行为，“冒保”是指在农业保险签单承保中，部分村委会工作人员利用其协保员的身份，在村民毫不知情的前提下，借故取得村民身份证明等材料，以村民名义进行投保，进而骗取保险赔款；“替保”是指当村民对自家耕地放弃参加农业保险的权利时，部分协保员垫付农业保险保费，以村民名义进行投保并取得理赔金；“垫保”是指在不宣传、不动员、不向农户收费及农户不知情的情况下，个别乡、村干

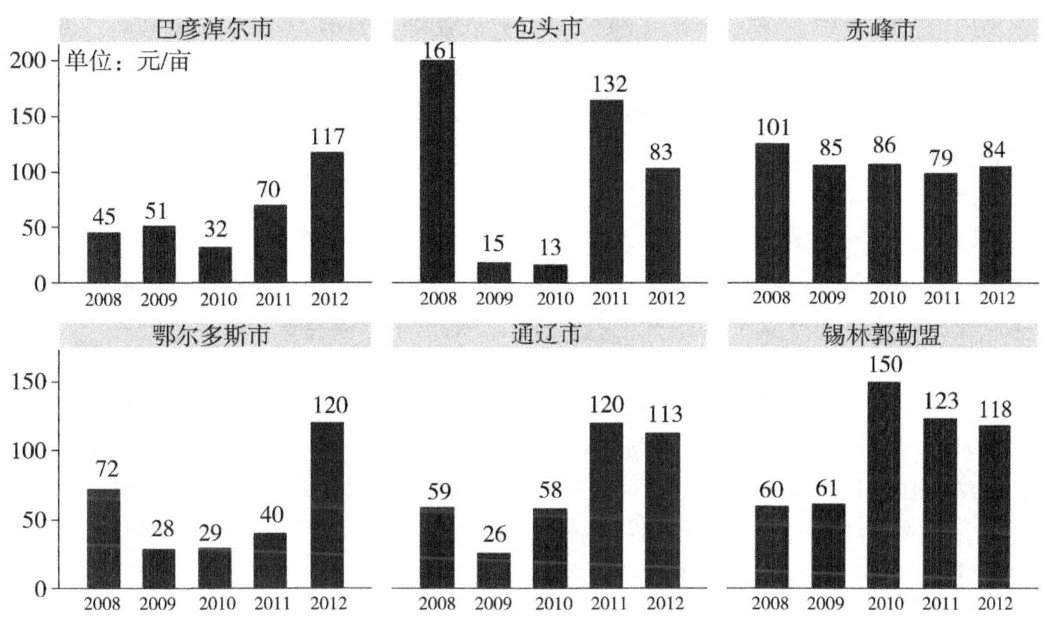

图 6-2　2008—2012 年 A 保险公司内蒙古分公司在 6 个盟市的种植业保险亩均赔付

数据来源：A 保险公司内蒙古分公司农险事业部。

部将土地以流转名义承包到可以操纵的几位农户名下，再替这几户垫交保费或者让这几户农民垫交保费，然后通过虚假报案理赔，将赔款打到这几户的直补卡折上，再将赔款提出来重新分配；“虚保”是指在农业保险签单承保中，部分村委会工作人员利用其协保员的身份，为骗取更多的理赔金故意将实际投保面积扩大，如以下案例所示。

案例

内蒙古赤峰市喀喇沁旗牛家营子镇政策性农业保险发生退保事件①

内蒙古赤峰市喀喇沁旗按照《内蒙古自治区农业厅、财政厅、保监局关于 2013 年农业保险保费补贴工作的有关规定事项的通知》（内农牧种植发〔2013〕103 号）文件精神，根据文件划分区域、承保标的及其他要求开办 2013 年政策性农业保险。

2013 年，喀喇沁旗牛家营子镇签单保费共 4 774 283. 89 元，其中，旱地玉米 3 577 422. 42元，水地玉米 799 264. 8 元，葵花 292 136. 25 元，马铃薯 3 192 元，大豆 61 846. 5元，水地小麦40 421. 92元；2013 年，喀喇沁旗牛家营子镇农作物保险承保面积共 225 272. 94亩，其中，旱地玉米 180 677. 9亩，水地玉米 22 201. 8亩，葵花 16 693. 5亩，马

① 资料来源：A 保险公司内蒙古分公司农险事业部。

铃薯133亩，大豆4 123.1亩，水地小麦1 443.64亩。

2013年7月9日，喀喇沁旗A保险公司经农业局、农科站协办签单完毕，保费全部由农户自愿上交，经核实后农业局发现牛家营子镇投保面积大于播种面积，并于2013年7月30日，农业局、农科站联合保险公司对超出播种面积作物逐村逐户核查，核实后发现牛家营子镇实际播种旱地玉米面积102 677.9亩，其投保面积为180 677.9亩，超出78 000亩，具体情况如表6-3所示。

2013年，喀喇沁旗牛家营子镇投保面积超过播种面积的具体原因：2013年6月30日晚6：30分，喀喇沁旗牛家营子镇大面积遭受雹灾，相对往年减产更为严重，但A保险公司的种植业保险签单承保工作尚未结束，牛家营子镇的保费还未收取完毕，公司未签单，导致农户投保积极性过高。

2013年8月，喀喇沁旗A保险公司按照《内蒙古自治区农业保险保费补贴实施方案》要求："各级农业保险保费补贴领导小组办公室要组织有关部门，对各地农业保险保费补贴工作进行调研和督导，通过实地走访基层干部和农牧户，认真了解农业保险面积落实、保单签订、赔付资金发放等重点情况，及时纠正和解决农业保险实施过程中出现的各种问题，确保农业保险保费补贴政策不走样、农牧民实惠不减少。"特向上级部门发出退保超出投保面积的申请。

表6-3　2013年牛家营子镇旱地玉米退保明细　　单位：户，亩，元

乡村	户数	原投保面积	签单保费	核查后面积	核查后签单保费	超出亩数	超出签单保费
野猪沟村	255	15 117	299 316.6	8 117	160 716.6	7 000	138 600
山前村	368	17 595	348 381	9 595	189 981	8 000	158 400
南荒村	258	7 711.5	152 687.7	6 711.5	132 887.7	1 000	19 800
永丰村	423	24 690.5	488 871.9	10 690.5	211 671.9	14 000	277 200
团结村	738	43 944.6	870 103.08	16 944.6	335 503.08	27 000	534 600
下水地村	515	10 484	207 583.2	8 484	167 983.2	2 000	39 600
张家窝铺村	413	15 291.6	302 773.68	7 291.6	144 373.68	8 000	158 400
当铺地村	302	13 955.3	276 314.94	5 955.3	117 914.94	8 000	158 400
铁沟门村	251	7 938.5	157 182.3	4 938.5	97 782.3	3 000	59 400
合计	3 523	156 728	3 103 214.4	78 728	1 558 814.4	78 000	1 544 400

数据来源：A保险公司内蒙古分公司农险事业部。

关于投保农户在受灾以后谎报灾情、虚报损失、串换标的以骗取农业保险赔款。目前中国从事农业生产的农户具有"点多线长面广"的特点，农户遭灾往往是成片、成区域的受灾，而保险公司人力、物力和财力则相对有限，以及对受灾农作物的定损通常都要求具有较高的时效性，这些因素共同导致目前各家农业保险经办机构尚不能做到逐村逐户逐作物逐地块对遭灾耕地进行查勘定损，从而使得部分农户在受灾以后可能为骗

取农业保险赔款而产生谎报灾情、虚报损失、串换标的的侥幸心理。如图 6-3 所示，2008—2012 年，在内蒙古包头市与通辽市的农作物保险实施过程中普遍存在农户报案件数高于保险公司立案件数的现象。

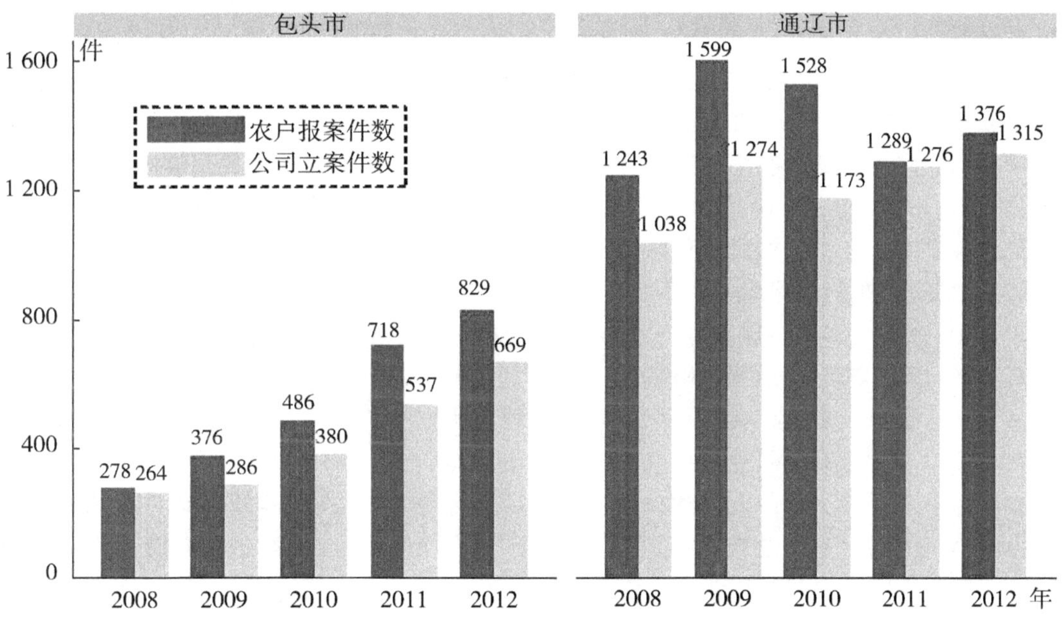

图 6-3 农作物保险农户报案件数与公司立案件数

数据来源：A 保险公司内蒙古分公司农险事业部。

6.2 养殖业

根据前文对投保农户道德风险问题的分析，可知在养殖业保险中投保农户也存在事前道德风险和事后道德风险；由于在养殖业保险中很难观测到养殖户在参加保险以前与参加保险以后的行为是否发生改变，目前国内学者从实证角度检测养殖户在参加保险期间是否存在道德风险问题的研究还较为少见，现有的研究更多是集中在能繁母猪保险、育肥猪保险或者家禽保险（张跃华，2011 和 2013；林光华和汪斯洁，2013），还未有针对奶牛保险的研究。

奶业既是内蒙古自治区的一项传统产业，也是一项优势产业。2015 年，内蒙古奶牛存栏量约为 237 万头，占全国奶牛饲养头数的 15.73%；牛奶产量 803 万吨，占全国牛奶产量的 22.46%①；同时，奶业还是一项高风险产业，面临诸如自然风险、意外事故、政策风险、投资规模风险、疫病防控风险、质量安全风险、市场风险、技术风险、未知风险等各种风险（苏学文和魏骏，2005；吴宗学和吴祖宏等，2012）。政策性奶牛保险（以下简称奶牛保险），作为一种风险转移和补偿安排，可以为奶牛养殖户的因灾

① 数据来源：《2016 年中国奶业年鉴》。

损失提供保障。内蒙古自2008年开始试办由各级政府提供保费补贴的奶牛保险，保险责任为由于重大病害、自然灾害和意外事故等原因所导致的投保个体直接死亡；保障水平分4 000元/头、5 000元/头和6 000元/头三个档次；保险费率为5%[①]；保险费用由中央、自治区、盟市、旗县四级财政补贴85%，养殖场（户）承担15%。然而，自开办以来内蒙古奶牛保险规模增长较为缓慢，养殖户的参保率比较低，呈现“供给不足、需求有限”的市场冷清状态。2008—2015年，内蒙古奶牛保险的年均参保率仅为9.32%，显而易见，年均略高于20万头的奶牛保险市场规模与近265万头的奶牛存栏量并不相适应，较低的奶牛保险参保率也无法为内蒙古奶牛养殖提供足够的风险保障。

“奶户不满意、公司在亏损、政策难落实”是目前内蒙古奶牛保险市场冷清的真实写照。有学者指出，参加奶牛保险对养殖户收入增加具有显著正向影响（张旭光和赵元凤，2016），在奶牛保险开展中信息不对称是导致其市场不活跃的一个重要原因（仝爱华，2011），尤其是参保养殖户可能会因有保险提供损失保障而疏于防范风险或者改变其生产行为，即产生道德风险问题（柴智慧和赵元凤，2013）。然而，在奶牛保险开展过程中，投保人是否存在道德风险问题，现有研究中关于奶牛保险运营方式、具体做法和养殖户参保行为的研究成果并未给出显著证据（刘亚男，2007；安宪全和唐俊英，2008；曾小波等，2009；王鹏和林万龙，2011；等等）；因此，本部分以内蒙古奶牛保险为例，一方面，基于微观养殖户调查数据，采用Heckman两阶段估计方法对奶牛养殖户在奶牛保险开展过程中是否存在改变风险防控行为即养殖户事前与事后的不积极行为的道德风险问题给予实证检验；另一方面，根据保险公司的奶牛保险业务数据，采用比较分析方法对奶牛养殖户是否存在事前骗保与事后骗赔的保险欺诈行为这一道德风险问题给予数据支撑。

6.2.1 分析框架

6.2.1.1 理论模型

假定养殖户为理性经济人，参加奶牛保险是为实现预期收益效用最大化（Quiggin、Karagiannis和Stanton，1993；Horowitz和Lichtenberg，1993；Smith和Goodwin，1996）；养殖户的生产函数为$y=f(h(x,\ \varepsilon,\ v),\ x,\ \varepsilon,\ v)$，其中，$y$代表牛奶产量；$h$为奶牛饲养头数；$x$为可观测到的可变投入；$\varepsilon$为不可观测到的可变投入（例如，养殖户的饲养努力程度）；v表示随机的自然环境状态，包括所有自然灾害（如暴雨、洪水、风灾、雷击等）和养殖户不可控制的因素（如意外事故）等，且有$f_v(h,\ x,\ \varepsilon,\ v)\leqslant 0$，即$v$越大，表示风险状态越差，则产出$y$越小。假定$g(v)$为风险的密度函数。一般而言，对于任意水平的可变投入$x\geqslant 0$或$\varepsilon\geqslant 0$，均存在$f_x(h,\ x,\ \varepsilon,\ v)\geqslant 0$或$f_\varepsilon(h,\ x,\ \varepsilon,\ v)\geqslant 0$令$P$表示养殖户的牛奶销售均价，则其养牛收益为$R=hPy=h(x,\ \varepsilon,\ v)Pf(h,$

① 自2015年起，内蒙古政策性奶牛保险的保障水平提高至6 000元/头、8 000元/头和10 000元/头三个档次，保险费率由2008—2014年的8%调整为5%。

x，ε，v）[①]；令 W 表示可观测到的可变投入的价格，$C(\varepsilon)$ 为不可观测到的可变投入的成本。在没有奶牛保险的情况下，养殖户生产的目标函数为：

$$\max_{x,\ \varepsilon} EU(\pi) = \int_{v_{\min}}^{v_{\max}} U(hPy - Wx - C(\varepsilon))g(v)dv \tag{6-1}$$

式（6-1）中，π 表示无奶牛保险情况下养殖户的生产利润，$U(\pi)$ 是 VNM 效用函数，且 $U'(\pi) > 0$，$U''(\pi) < 0$。此时，养殖户的生产决策是一个最优化问题，即如何选择 x 与 ε 以实现 $EU(\pi)$ 最大化。

在有奶牛死亡保险的情况下，假定 h_0 为符合参保条件的初始奶牛头数，$h^* = h_0 - h(x,\ \varepsilon,\ v)$ 为保险责任范围内的风险事故发生导致奶牛死亡的头数，且损失奶牛每头的理赔金额为 ρ；养殖户饲养的奶牛发生死亡事故，意味着风险状态 v 超过临界值 v^*，其由隐函数 $h(x,\ \varepsilon,\ v^*) = h^*$ 定义，即 $v^* = v^*(x,\ \varepsilon,\ h^*)$。也就是说，养殖户饲养的奶牛是否发生死亡事故以及其能否获得保险赔偿与养殖户的奶牛饲养行为紧密相关。令 δ 表示每头参保奶牛的保险费用。因此，参保养殖户的养牛收益为：

$$R^* = hPy + \rho h^* - h_0\delta = h(x,\ \varepsilon,\ v)Pf(h,\ x,\ \varepsilon,\ v) + \rho(h_0 - h(x,\ \varepsilon,\ v)) - h_0\delta \tag{6-2}$$

在奶牛保险存在的情况下，养殖户生产的目标函数为：

$$\begin{aligned}\max_{x,\ \varepsilon} EU(\pi') = &\int_{v_{\min}}^{v^*} U(hPy - h_0\delta - Wx - C(\varepsilon))g(v)dv + \\ &\int_{v^*}^{v_{\max}} U(hPy + \rho(h_0 - h(x,\ \varepsilon,\ v)) - h_0\delta - Wx - C(\varepsilon))g(v)dv\end{aligned} \tag{6-3}$$

式（6-3）中，π' 表示有奶牛保险情况下养殖户的生产利润；右边第一部分表示养殖户在保险责任范围内的风险事故未发生时的期望效用；右边第二部分表示养殖户在保险责任范围内的风险事故发生时的期望效用；令式（6-3）对 x 和 ε 分别求一阶导数，则可得到养殖户的最优生产行为 $x^*(P,\ W,\ h_0,\ \delta,\ \rho)$ 和 $\varepsilon^*(P,\ W,\ h_0,\ \delta,\ \rho)$。

因此，奶牛养殖户的生产行为主要受牛奶价格、要素价格、初始奶牛头数、保险费率、保障水平等因素的影响。一般而言，经办政策性奶牛死亡保险的保险公司很难有效观察到奶牛养殖户的风险状态，故在风险状态处于一定范围内，若养殖户改变风险防控行为所造成的损失可从保险公司获得赔偿，则养殖户就会产生改变饲养行为的动机，即存在道德风险。从理论角度看，如果奶牛养殖户的风险防控能力强，则其出险获赔的机会比较低，故而有可能降低养殖户对奶牛保险的需求，尤其是对因特定原因使奶牛致死且保障水平偏低的奶牛死亡保险产品的需求；同时，如果奶牛养殖户在参加保险时需要缴纳大规模的保险费用，则其也有可能诱使养殖户改变风险防控行为，提高风险事故发生概率以获取保险公司的赔偿。因此，本研究构建如下检验奶牛养殖户是否存在改变风险防控行为的道德风险问题的理论模型：

$$Claim_i = \alpha + \gamma \cdot score_i + \omega \cdot prem_i + \beta_i \sum_{i=1} X_i + \eta_i \tag{6-4}$$

① 本研究假定养殖户的养牛收益主要来自于其牛奶销售收入。

其中：$Claim_i$ 代表养殖户 i 获得的奶牛保险赔款；$score_i$ 表示养殖户 i 的风险防控行为（本研究用风险防控措施得分表示）；$prem_i$ 代表养殖户 i 参加奶牛保险时所交纳的保费；X_i 代表控制变量，包括养殖户 i 的个人特征、养殖状况等；η_i 为随机误差项；$i = 1, 2, \cdots, n$。在实证分析中，重点关注系数 γ 和 ω。系数 γ 表示参保养殖户的风险防控能力与其所得保险赔款之间的关系，若系数 γ 显著为负，则说明养殖户的风险防控能力越强，其所得到的保险赔款则越少，即参保养殖户并未因有保险提供风险保障而改变其奶牛饲养行为；系数 ω 表示养殖户在参保时缴纳的保费与其所得保险赔款之间的关系，若系数 ω 显著为正，则表示养殖户在参加奶牛保险时缴纳的保费越多，其越有可能为获得保险赔款而改变奶牛饲养行为，即产生道德风险问题。

6.2.1.2 实证模型

由于受访养殖户存在部分被保险人在参加奶牛保险后并未获得保险赔偿的样本，若在实证分析中剔除这部分样本，采用普通最小二乘法（OLS）进行估计，则会产生样本选择偏误问题（Heckman，1979）。鉴于此，本研究采用 Heckman 两阶段方法对受访养殖户的赔付方程进行估计，具体如下。

第一阶段：建立养殖户参加奶牛保险的 *Probit* 离散选择模型，估计养殖户参加奶牛保险的概率，同时，对每一个样本估算逆米尔斯比率（即 IMR，Inverse Mills Ratio），并将其作为第二阶段估计式中的调整项；养殖户参加奶牛保险的 *Probit* 模型可以表示为：

$$P(y_i = 1 \mid X_i) = G(x, \beta) = \Phi(x'\beta) = \int_{-\infty}^{x'\beta} \phi(t)\,dt \tag{6-5}$$

根据养殖户参加奶牛保险的概率单位模型，可以计算出每一个观测值所对应的 IMR，可用 λ 来表示，$\lambda = \dfrac{\phi(\hat{y})}{\Phi(\hat{y})}$，其中，$\phi(\cdot)$ 和 $\Phi(\cdot)$ 分别为服从标准正态分布的概率密度函数与相应的累计分布函数。如果 λ 所对应的系数估计值具有统计显著性，则说明确实存在样本选择性偏误问题，应该采用 Heckman 两阶段方法进行估计；否则，可以采用 OLS 方法进行估计。

第二阶段：估计养殖户参加奶牛保险后的保险赔付方程；参保养殖户具有如下形式的保险赔付方程：

$$Claim_i = \alpha + \gamma \cdot score_i + \omega \cdot prem_i + \beta_i \sum_{i=1} X_i + \mu\lambda + \eta_i \tag{6-6}$$

将第一阶段估计中得到的 IMR 作为一个选择性偏差修正项和其他变量一起引入参保养殖户的保险赔付方程之中，检验样本选择偏误的显著程度并进行修正。

6.2.2 数据来源

本部分所使用的数据来源有二：第一，微观养殖户/养殖场调查数据；课题组于 2013 年 7—9 月对内蒙古自治区呼和浩特市、包头市、呼伦贝尔市和兴安盟的 8 个旗县（区）进行实地问卷调查，内容主要包括受访人的个人特征（如性别、年龄、受教育程度、饲养年限、是否为户主或者是否为养殖场管理人员等）、养殖情况（如是否有贷款、近三年奶牛是否有死亡、养殖规模、产奶头数、牛奶销售价格）、对奶牛保险政策的认知状况、奶牛饲养风险的防控措施等内容；共调查 182 位（个）奶牛养殖户、牧场，其中，有 68 个奶牛养殖户或养殖场不知道政策性奶牛保险，另有重要指标缺失样本 1 个，故可用样本为 113 个，可用样本分布情况如表 6-4 所示。第二，保险公司的奶牛保险业务数据；主要是 A 保险公司内蒙古分公司于 2009—2012 年期间在呼和浩特市赛罕区、通辽市科尔沁区及其科尔沁左翼中旗（简称科左中旗）的奶牛保险经营数据，如养殖户的报案件数和保险公司的立案件数等。

表 6-4　样本分布情况

盟市	旗县（区）	样本数量（个）
呼和浩特市	赛罕区	14
	托克托县	25
	和林格尔县	8
包头市	九原区	17
	土默特右旗	18
呼伦贝尔市	扎兰屯市	7
兴安盟	乌兰浩特市	24
合计	—	113

数据来源：2013 年奶牛养殖户/养殖场问卷调查数据。

关于奶牛养殖户的风险防控行为，本研究用受访养殖户在奶牛饲养过程中的风险防控措施予以指代；根据郭祥（2011），肖喜东、赵保泽和顾洁（2011）等学者的研究可将奶牛饲养中的风险防控措施划分为 20 项①，具体定义和描述性统计如表 6-5 所示，可知：养殖户最为重视的是预防口蹄疫、处理粪便、管理塑料或金属等制品、牛场清洁以及检疫由外地引进的奶牛等。

同时，本研究根据受访人在奶牛饲养过程中所采取的风险防控措施数量，构建“风险防控措施得分”指标，每一项措施代表 1 分，故“风险防控措施得分”的最大值为 20，最小值为 0。图 6-4 是受访养殖户的“风险防控措施得分”直方图，可知仅有很少养殖户在奶牛饲养过程中采取的风险防控措施数量低于 10 项，有 38 位受访养殖户采取的风险防控措施数量在 15 项及以上，有 54.87%的养殖户所采取的风险防控措施在 10 项至 15 项之间，说明受访养殖户的风险防控能力均比较强。

① 实际上，奶牛饲养过程中的风险防控措施远不止 20 项，但本研究考虑到数据的可得性等问题，仅选用了其中的 20 项措施。

表 6-5 奶牛养殖风险防控措施的定义和描述性统计

序号	风险防控措施	定义	均值	标准差
1	奶牛是否有耳标	是=1；否=0	0.80	0.40
2	奶牛养殖是否为“人畜分离”	是=1；否=0	0.85	0.36
3	奶牛养殖是否为分群饲养	是=1；否=0	0.81	0.40
4	粪便是否处理	是=1；否=0	0.96	0.21
5	由外地引进的奶牛是否检疫	是=1；否=0	0.91	0.29
6	是否检疫结核病	是（春秋各 1 次）=1；否=0	0.60	0.49
7	是否检疫布病（布氏杆菌病）	是（春秋各 1 次）=1；否=0	0.52	0.50
8	是否注射预防口蹄疫的疫苗	是（一般为 2 次/年）=1；否=0	0.97	0.16
9	是否注射预防炭疽菌的疫苗	是（一般为 1 次/年）=1；否=0	0.09	0.29
10	是否定期监测隐性乳房炎	是=1；否=0	0.85	0.36
11	是否建有奶牛养殖记录档案	是=1；否=0	0.54	0.50
12	是否允许参观者进入奶牛养殖场	是=1；否=0	0.43	0.50
13	是否对饲养人员进行定期体检	是=1；否=0	0.57	0.50
14	是否对奶牛的饲喂用具等定期消毒	是=1；否=0	0.69	0.46
15	奶牛的饮水是否检测	是=1；否=0	0.36	0.48
16	是否有消毒防疫设施（车辆、行人）	是=1；否=0	0.44	0.50
17	是否每天清扫牛舍、牛圈、牛床、牛槽	是=1；否=0	0.93	0.26
18	是否严格管理好废旧塑料制品和铁丝等金属制品	是=1；否=0	0.95	0.23
19	是否有专门的畜牧兽医人员	是=1；否=0	0.62	0.49
20	是否自费购买疫苗	是=1；否=0	0.11	0.31

数据来源：2013 年奶牛养殖户/养殖场问卷调查数据。

6.2.3 变量选取和描述性统计

1. 被解释变量。由于在 Heckman 两阶段估计中的第一阶段是分析养殖户是否将奶牛保险作为其饲养奶牛的风险分散工具，故被解释变量为养殖户在 2012 年是否参加奶牛保险，“1”表示养殖户参保，“0”表示养殖户未参保；在第二阶段估计中，被解释变量为参保养殖户在 2012 年所得到的保险赔款。

2. 解释变量。根据国内外学者对农户农业保险需求的分析，本研究选择 4 个方面、

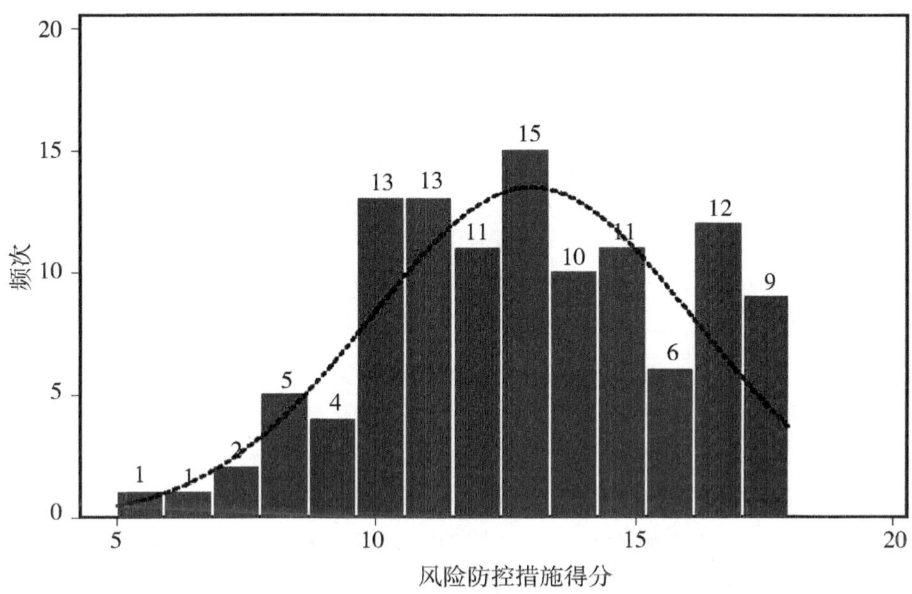

图 6-4 风险防控措施得分直方图

数据来源：2013 年奶牛养殖户/养殖场问卷调查数据。

10 个因素作为影响养殖户参加奶牛保险的解释变量。（1）个人特征：包括养殖户是否为户主或者养殖场管理人员、年龄、受教育年限、饲养时间。如果受访养殖户为拥有家庭决策权的户主或者养殖场的管理人员，其一般会左右参保决策，可能会参加也可能会不参加奶牛保险。受访养殖户的年龄对参保决策既可能有正向影响，也可能有负向影响，一方面，年龄偏大的养殖户一般拥有丰富的奶牛饲养经验，能够更好地认识到奶牛养殖这一照料性产业的风险大小，因此更有可能选择参加保险；然而，年龄较大的养殖户也可能存在因其对奶牛保险的了解较少或者习惯于依靠自己或者亲戚转移风险等传统的风险分散方式而降低保险参与率的可能性。如果受访养殖户的受教育程度越高，其越有可能真正理解保险的性质与作用，故受教育程度与保险参与率具有正相关关系。如果受访养殖户的奶牛饲养时间较长，其有可能更加了解奶牛饲养中风险的出现频率及其严重程度，因此更有可能选择保险作为风险化解的方式；然而，受访养殖户的奶牛饲养时间较长，也说明其养殖经验和饲养技能更为丰富，从而防控风险的能力增强，进而对保险的需求降低（宁满秀等，2006）。（2）养殖状况：包括是否有贷款、近三年奶牛是否有死亡、饲养规模、每头产奶奶牛年均牛奶销售毛收入。相对于没有贷款的受访养殖户来说，贷款可能会增加养殖户生产风险的方差，使其承担的风险加大，进而使得养殖户积极管理风险，更有可能参加奶牛保险（宁满秀等，2005；张跃华等，2012）。奶牛若在近三年发生死亡事故，则说明养殖户的生产风险较大，其更有可能参加奶牛保险。奶牛饲养规模可能在两个方面对养殖户的保险决策产生影响，一方面，奶牛饲养规模越大，风险事故发生所造成的损失也越大，尤其是在某些传染性疾病发生的情况下，养殖户可能更加需要一种有效的风险管理方式，而保险作为一种社会化的风险分散制度则有可能成为备选工具之一；另一方面，奶牛饲养规模越大，意味着养殖户的风险防控能力较强，在相同的保险费率水平下，其也有可能降低养殖户的参保积极性（张跃华等，2012）。养殖户每头产奶奶牛的年均毛收入越高，说明其专业化程度也越高，相对于多样化生产的养殖户来说，其对风险更加敏感，故参与保险的动机会更加明显。（3）对奶牛保险政策的认知①；养殖户对奶牛保险政策的理解越透彻，其越有可能参加奶牛保险。（4）风险防控措施得分；从理论上看，养殖户的风险防控措施得分越高，说明其风险防控能力越强，出险概率越低，故越有可能选择不参加奶牛死亡保险。

变量的定义及赋值如表 6-6 所示，描述性统计见表 6-7。

由表 6-6 可知：约有 59%的受访养殖户在 2012 年参加奶牛保险。在参保养殖户所得保险赔款方面，最小值为 0 万元，最大值为 105 万元，标准差为 14.10 万元，差异较大的原因是由养殖户的奶牛饲养规模不同所导致。参保养殖户与未参保养殖户相比，在个人特征方面，参保养殖户是否具有决策权、年龄、受教育程等均高于未参保养殖户，仅有养殖经验是未参保养殖户高于参保养殖户。在养殖特征方面，67%的参保养殖户拥有贷款，高于未参保养殖户的 46%；93%的参保养殖户近三年发生过奶牛死亡事故，高于未参保养殖户的 54%；参保养殖户的平均饲养头数为 705 头，很明显为大规模养殖户，未参保养殖户的平均饲养头数为 24 头，很明显为小规模养殖户②；参保养殖户每头产奶奶牛的年均牛奶销售毛收入比未参保养殖户高 1.24 万元。在对奶牛保险政策的认知方面，参保养殖户的认知在“一般了解”以上，而未参保养殖户则是接近于“了解较少”；在风险防控方面，参保养殖户平均采取 14 项风险防控措施，而未参保养殖户采取 11 项，原因可能在于参保养殖户的奶牛饲养规模大于未参保养殖户。

表 6-6　变量的定义和赋值

变量	代码	单位	测量方法
养殖户是否参保	Insu	—	二分类变量（参保=1；未参保=0）
养殖户所得保险赔款	Claim	—	连续型变量，实际数据
养殖户是否为户主/管理人员	head	—	二分类变量（有=1；无=0）
养殖户年龄	age	岁	连续型变量，实际数据
养殖户受教育年限	educ	年	连续型变量，实际年限
养殖户饲养奶牛年限	expe	年	连续型变量，实际数据

① 关于养殖户对奶牛保险政策的认知程度，本研究通过养殖户是否知晓保费补贴、保险金额、保险责任、免责条款、查勘定损、理赔条款这六项内容构建养殖户对奶牛保险政策的认知变量。如果养殖户一项也不知道或者仅知晓其中一项，则其对奶牛保险政策的认知状况为“根本不了解”；若知晓其中两项，则其认知状况为“了解较少”；若知晓其中三项，则其认知状况为“一般了解”；若知晓其中四项，则其认知状况为“了解较多”；若知晓其中五项或者六项，则其认知状况为“非常了解”。

② 关于奶牛养殖规模的划分，本研究参照《全国农产品成本收益资料汇编》（由国家发展和改革委员会价格司编著）中的饲养业品种规模分类标准，其中的奶牛饲养规模分类标准为：散户，Q≤10；小规模，10<Q≤50；中规模，50<Q≤500；大规模，Q>500；其中，Q 为奶牛养殖头数。

（续表）

变量	代码	单位	测量方法
养殖户是否有贷款	loan	—	二分类变量（有=1；无=0）
养殖户饲养的奶牛是否有死亡	dead	—	二分类变量（有=1；无=0）
养殖户的奶牛饲养头数	numb	头	连续型变量，实际数据
养殖户每头产奶奶牛的年均毛收入[a]	inco	万元	连续型变量，实际数据
养殖户对奶牛保险的认知	know	—	次序型变量（根本不了解=1；了解较少=2；一般了解=3；比较了解=4；非常了解=5
养殖户缴纳的保费[b]	prem	万元	连续型变量，实际数据
养殖户风险防控措施得分	score	分	连续型变量，实际数据

注：a 养殖户每头产奶奶牛的年均毛收入=牛奶产量（千克）×平均奶价（元/千克）×300；
b 养殖户缴纳的保费包括政府财政补贴的保费。

表 6-7 变量的描述性统计

变量	全部样本（113）				参保养殖户（67）				未参保养殖户（46）			
	均值	标准差	最小值	最大值	均值	标准差	最小值	最大值	均值	标准差	最小值	最大值
Insu	0.59	0.49	0	1	1	0	1	1	0	0	0	0
Claim	3.76	14.10	0	105	3.76	14.10	0	105	—	—	—	—
head	0.77	0.42	0	1	0.79	0.41	0	1	0.74	0.44	0	1
age	44.66	9.44	22	64	44.94	9.08	24	64	44.26	10.01	22	64
educ	9.35	3.44	0	18	10.22	3.45	2	18	8.07	3.01	0	15
expe	12.58	7.83	1	40	11.55	6.06	1	27	14.07	9.75	2	40
loan	0.58	0.50	0	1	0.67	0.47	0	1	0.46	0.50	0	1
dead	0.77	0.42	0	1	0.93	0.26	0	1	0.54	0.50	0	1
numb	428	2 053	2	20 000	705	2 639	5	20 000	24	38	2	230
inco	1.92	0.52	0.78	4.86	2.08	0.56	0.96	4.86	1.68	0.37	0.78	2.84
know	2.81	1.68	1	5	3.67	1.47	1	5	1.57	1.09	1	5
prem	21.87	72.67	0.44	480	21.87	72.67	0.44	480	—	—	—	—
score	12.99	3.10	5	18	14.11	3.02	7	18	11.35	2.44	5	18

数据来源：2013 年奶牛养殖户/养殖场问卷调查数据。

另外，值得注意的是，在 Hecnkman 两阶段估计中，第一阶段方程的自变量包括除养殖户缴纳保费以外的 10 个因素，而第二阶段估计仅包括养殖户年龄、受教育程度、养殖经验、奶牛饲养头数、缴纳的保费和其风险防控措施得分。两个阶段估计的解释变量不相同的原因一是 Hecnkman 两阶段估计的变量选择特点，二是决策权、贷款、奶牛是否有死亡、收入和政策认知等变量对参保养殖户的保险决策具有直接作用，但对其保险赔付并不具有直接影响。

6.2.4 实证结果

Heckman 两阶段回归的结果如表 6-8 所示，逆米尔斯比率 λ 的估计值在 1%的显著性水平上具有统计显著性，说明本研究的样本确实存在自选择问题，因此，本研究采用 Heckman 两阶段估计方法可以较好地解决由于样本选择性偏差所造成的估计结果有偏性问题。

表 6-8 Heckman 两阶段估计结果

变量	保险赔付方程		保险决策方程	
	系数	标准误	系数	标准误
养殖户是否为户主/管理人员（head）	—	—	-1.233 8	0.772 9
养殖户年龄（age）	0.060 1	0.185 3	0.098 7**	0.040 6
养殖户受教育年限（educ）	0.793 9	0.507 0	0.297 9**	0.139 6
养殖户饲养奶牛年限（expe）	-0.156 1	0.263 4	-0.143 1***	0.048 5
养殖户是否有贷款（loan）	—	—	0.572 9	0.547 3
养殖户饲养的奶牛是否有死亡（dead）	—	—	0.656 4	0.588 2
养殖户的奶牛饲养头数（lnnumb）	7.194 8**	3.065 1	1.665 6***	0.483 2
养殖户牛奶销售毛收入（lninco）	—	—	1.285 7	1.183 0
养殖户对奶牛保险的认知（know）	—	—	0.698 8***	0.244 6
养殖户缴纳的保费（lnprem）	0.124 8	2.903 3	—	—
养殖户风险防控措施得分（score）	-1.231 5*	0.700 9	-0.444 9**	0.174 4
常数项	-26.013 7	17.372 6	-7.598 9***	2.686 8
逆米尔斯比率（λ）	9.187 1**	4.366 1	—	—
观测值	113			
Waldχ^2（6）	34.88			
Prob>χ^2	0.000 0			

注：（1）lnnumb=ln（numb），表示对受访养殖户的奶牛饲养头数取对数；lninco=ln（inco），表示对受访养殖户每头产奶奶牛的年均牛奶销售毛收入取对数；lnprem=ln（prem），表示对受访养殖户缴纳的保费取对数；对奶牛饲养头数、养殖户牛奶销售毛收入以及缴纳的保费分别取对数是为消除数据的非正态性；（2）*、**、***分别表示 10%、5%、1%显著水平。

从养殖户的参保决策方程来看，养殖户的年龄、受教育年限、养殖规模、对奶牛保险政策的认知 4 个变量对其参加奶牛保险具有显著的正向影响；奶牛饲养经验和风险防控措施得分 2 个变量对其参加奶牛保险具有显著的负向影响；另外，养殖户是否有贷款、奶牛是否有死亡以及养殖户每头产奶奶牛的年均牛奶销售毛收入对其参加奶牛保险具有不显著的正向影响，而养殖户是否为家庭户主或者养殖场管理人员对其参加奶牛保险具有不显著的负作用。

从参保养殖户的保险赔付方程来看，被保险人的风险防控行为对保险赔款具有显著的负向作用，说明养殖户的风险防控能力越强，其出险概率越低，获得保险赔款的可能性也相应越低；被保险人在参保时缴纳的保费越多，其越有可能为获取保险赔款而产生改变奶牛饲养行为的道德风险问题，但影响并不显著；由此可知：在目前内蒙古现行的奶牛保险政策体系下，养殖户并不会因有奶牛保险提供风险保障而改变其风险防控行为，即养殖户不存在事前不积极防损、事后不积极减损的道德风险问题。

6.2.5 结论、讨论和启示

本部分基于奶牛养殖户/养殖场的微观调查数据，采用 Heckman 两阶段估计方法对参加奶牛保险的养殖户是否因有风险保障而产生事前防损不积极和事后减损不积极的道德风险问题给予实证检验，结果发现，在奶牛保险政策开展中，养殖户并不存在改变风险防控措施或者降低饲养努力程度即事前消极防损和事后怠于减损的道德风险问题。

Boyd、Pai 和 Porth（2013）指出养殖户的道德风险可能发生于以下两种情况：一是在牲畜价格周期的低点或者饲料价格周期的高点，此时，养殖户饲养奶牛会有亏损发生；二是参保养殖户从保险公司获取的保险赔款足以弥补其因牲畜死亡而造成的损失。因此，奶牛保险中养殖户道德风险的产生与养牛的成本收益、奶牛保险的保障水平等因素密切相关。内蒙古奶牛养殖户不存在降低风险防范的道德风险问题可能与其奶业发展状况和奶牛保险政策特点有关。

第一，奶业是内蒙古的支柱产业，近年来，乳品产业规模不断扩张为奶牛养殖户提供较好的市场环境。奶牛养殖属于照料性产业，奶牛对被保险人来说是重要的生产资料，是一种可为其持续带来经营性收入的生产资本，故奶牛养殖户会更注重通过奶牛的精心饲养增加牛奶产量来获得更大收益，而不会因为有保险提供风险保障而故意疏于管理，导致奶牛的产奶量降低或者死亡。

第二，内蒙古奶牛保险的保障水平低于奶牛购买价格。2012 年，内蒙古奶牛保险的保障水平分为4 000元/头、5 000元/头和6 000元/头三个档次，而养殖户当年购买奶牛的平均价格在 1 万元左右。因此，奶牛保险的赔付金额仅为奶牛价格的 50%（因为保险公司为了便于管理，一般只提供保障水平为5 000元/头的产品），这种低保障水平的保险不足于诱导奶牛养殖户改变其经营管理行为。

第三，内蒙古奶牛保险的责任范围使得奶牛养殖户获得保险公司赔付的可能性较低。内蒙古奶牛保险的保险责任为因口蹄疫等 11 种重大病害、暴雨等 7 种自然灾害和泥石流等 6 种意外事故所导致的投保个体直接死亡。内蒙古奶牛养殖户由于具有丰富的奶牛饲养经验，奶牛在饲养过程中的死亡率比较低，一般而言，规模化养殖户全年的奶牛死亡率通常低于 3%，但奶牛因疾病导致产奶能力下降而引发的淘汰率则比较高，通常介于 10%~15%，即使大规模养殖企业、家庭牧场或小区、散户等出现奶牛死亡现象，也大多不是由于现行奶牛保险条款中所列举的死亡原因，常见的奶牛死亡原因是难产、中毒、乳房炎、破伤风、产后疾病、疫苗注射反应、意外伤残（如吃铁钉、被电击等）以及不明原因等（柴智慧和赵元凤，2012）。因此，目前奶牛保险条款中所列举的死亡保险责任对奶牛养殖户来说是很少发生的，保险责任范围的偏窄使得参保养殖户获得保险赔款的概率较低。

然而，奶牛养殖户虽然不存在改变饲养规范、降低努力程度的道德风险问题，但其却有可能存在事前骗保和事后骗赔等属于保险欺诈范畴的道德风险问题。在奶牛保险的查勘定损中，一般是奶牛在发生保险责任范围内的事故时，养殖户立即通知保险公司并协助保险人进行事故原因调查与核定损失情况，但由于导致奶牛死亡的原因是多种多样和现阶段多数奶牛保险经办公司缺乏专业的奶牛死亡鉴定人员与技术，从而给投保人提供了保险欺诈的可乘之机。如图 6-5 所示，2009—2012 年，在呼和浩特市赛罕区、通辽市科尔沁区和通辽市科尔沁左翼中旗的奶牛保险开展中，存在养殖场户报案件数明显高于保险公司立案件数的现象。另外，如以下案例所示，也可发现奶牛养殖户存在保险欺诈行为这一道德风险问题；原因是：一方面，目前奶牛的市场价格较高，一头成年奶牛的市场价格在 1 万~1.5 万元，如果遭受死亡事故，对养殖户造成的损失比较巨大；另一方面，部分基层政府部门尤其是在奶牛养殖大旗（县、区）可能会出于利农惠农考虑而以财政补贴为依据对奶牛保险市场进行不适当或者过度的干预。

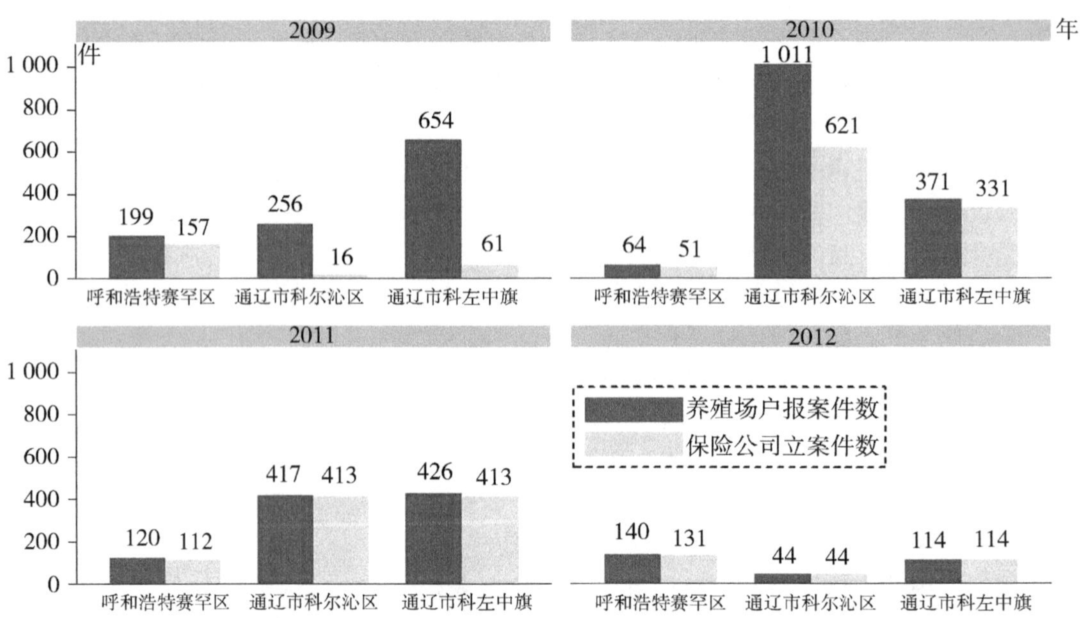

图 6-5　奶牛保险中养殖场户报案件数与保险公司立案件数

数据来源：A 保险公司内蒙古分公司农险事业部。

案例

通辽市分公司成功拒赔一起奶牛保险骗赔案①

2013 年 02 月 28 日，A 保险公司内蒙古分公司通辽市支公司理赔中心接到奶牛投保户陈××报案，称“自家一头奶牛因疾病死亡，耳号为 00880817”。

支公司查勘员刘××、包××接到报案后，第一时间携带相关承保及验险资料赶赴现场进行查勘。经现场反复比对耳号为 00880817 的死亡奶牛及承保时的验险照片，发现奶牛身上花纹不符。查勘员根据验险照片对奶站的 100 余头奶牛进行逐一比对，并赶赴所在地兽医站进行调查，经了解后确定死亡奶牛不是 A 保险公司承保的保险标的，成功拒赔此案，为公司挽回经济损失 5 000.00元。

因此，在奶牛保险市场中，投保养殖户虽然不存在改变饲养规范、降低努力程度的道德风险问题，但被保险人的保险欺诈这一道德风险问题也应引起保险公司的足够重视。正如 Spence 和 Zeckhauser（1971）、Dionne（1982）等人的研究发现，在被保险人事后道德风险存在的情况下，由于无法观察到保险事故发生的真正原因，保险人只能依赖于被保险人的报告或者是进行成本较高的调查，在较窄的意义上，道德风险问题实际上是一个欺诈问题。如何减少、规避投保养殖户的保险欺诈行为，可行的措施是提高投保养殖户进行欺诈的难度、加大对投保养殖户欺诈的惩罚、加强对投保养殖户的核查、降低保险公司核查的费用、增强保险公司的核保与核赔技术以提高其对投保养殖户保险欺诈的识别概率。例如，在奶牛保险的签单承保环节，保险公司可以和基层畜牧兽医部门加强合作，为每头参保奶牛打耳标、拍照、建档以增强对投保标的的标识力度，其中，参保奶牛的档案记录不仅应当包括奶牛生产、配种、怀孕、产犊等基本情况，还应包括奶牛畜龄、防疫免疫等情况，以备出险时甄别出险奶牛是否为投保标的，以防止张冠李戴骗保、骗赔案件的发生。此外，基层政府部门也应减少对养殖业保险市场的不适当或者过度干预，理清政府与保险公司的行为边界，唯有此，才能促使政策性奶牛保险走出市场萎缩的困境。

6.3 本章小结

在农业保险市场中，投保农户的事前道德风险主要表现为因投保人不诚实或者故意欺诈以及投保人事前防损行为不积极而引起保险事故的发生；事后道德风险则主要表现为投保农户在受灾以后谎报灾情、虚报损失、串换标的以骗取农业保险赔款和投保农户在受灾以后怠于采取减损措施以获取保险公司的超额农业保险赔款。

基于前一章对投保农户道德风险问题的理论分析，本章分别以内蒙古农作物保险市场和养殖业保险（主要是奶牛保险）市场为例，根据农业保险市场中投保农户事前道

① 资料来源：A 保险公司内蒙古分公司农险事业部，内部刊物《农险之窗》。

德风险问题和其事后道德风险问题的不同表现，从农户事前消极防损与事后怠于减损的不积极行为和农户事前骗保与事后骗赔的保险欺诈行为两个角度，采用比较分析、案例分析、实证研究等方法对投保农户的道德风险问题进行检验；结果发现：无论是在种植业保险市场还是在养殖业保险市场，在内蒙古现行“低保障、广覆盖、低保费、低赔偿”的农业保险政策体系下，投保农户均不存在事前消极防损和事后怠于减损即事前与事后的不积极行为的道德风险问题，但存在事前骗保与事后骗赔等属于保险欺诈范畴的道德风险问题。鉴于此，要减少投保农户在农业保险市场中的欺诈行为，可行的措施包括提高投保农户进行欺诈的难度、加大对投保农户欺诈的惩罚、加强对投保农户的核查、降低保险公司核查的费用、增强保险公司的核保与核赔技术以提高其对投保农户保险欺诈的识别概率；同时，基层政府部门也应减少其对农业保险市场的不适当或者过度干预，理清政府与保险公司的行为边界。

7 农业保险中农户逆向选择行为的理论分析

自 2007 年以来，在内蒙古农业保险尤其是种植业保险蓬勃快速的发展过程中，其自身所面临的经营风险也不容忽视，比如投保人（即农户）的逆向选择问题，但现有的研究都是从理论角度阐述逆向选择存在对中国农业保险市场可持续发展的制约与影响；从理论上看，与其他保险市场一样，农业保险中农户逆向选择的存在会使得市场资源难以得到有效合理地配置，而且其程度大小会严重影响这一支农惠农政策的公平性。然而，在中国现行“低保障、广覆盖、低保费、低赔偿”的政策性农业保险市场中，农户是否存在逆向选择，还未能从实证角度给予定论。鉴于此，本章和下一章主要是讨论农业保险中农户的逆向选择行为，试图回答本书研究的问题二，即“农业保险开展中受益主体即农户是否存在由信息不对称引起的逆向选择行为？有何表现？如何产生？如果存在，如何规避？”。就本章而言，其着重从理论角度分析农户逆向选择行为的主要表现、产生机理、深层根源以及其会给农业保险政策带来的危害，进而为下一章以内蒙古种植业保险为例，采用非参数分析方法和计量经济模型对现行农业保险政策下农户逆向选择问题的存在性进行实证检验奠定理论基础。

7.1 逆向选择的界定与表现

所谓逆向选择，是一种事前隐藏信息的行为，是指由交易双方信息不对称产生的“次品”驱逐“良品”，进而出现保险市场上充斥着“高危险的投保人”的现象（张洪涛，2006）；在农业保险市场，逆向选择是指由于投保农户的信息隐藏导致保险公司无法或者很难分离高低风险农户，唯有采用统一的保险费率，进而使得低风险农户不愿投保而高风险农户则乐于投保。众所周知，保险是以大数法则为基础的，其费率往往能够反映投保主体的客观风险水平，投保主体越多，保险费率就越低。在农业保险市场，保险公司是根据一个较大区域（通常是一个省或者一个市）在一定时期内的农牧业生产的平均风险状况来厘定保险费率，其一般介于向高风险者收取的高保费和向低风险者收取的低保费之间，导致具有不同风险特征的农户对同质的农险产品的吸引力是大不相同的；具体来说，在农业保险“自主自愿”的开办原则和目前内蒙古全区统一的农险费率水平下，高风险者参加农业保险的积极性比较高，因为其在农牧业生产中极易遭受灾害；低风险者参加农业保险的积极性比较低，因为低风险者会发现其在参加农业保险后获取赔款的机会与数额总是少于高风险者。

农业保险中农户逆向选择行为的表现主要有两类。

第一，不同地区、不同农户的逆向选择问题。农业生产风险具有典型的区域性特征，即使在一个省、一个市、一个县的范围内，各地的农业生产风险也会表现出一定的差异性。内蒙古东西跨度上千公里，不同盟市的农业生产条件与农业风险状况是千差万别，即使在同一盟市，不同旗县间的农业生产条件与农业风险状况也是不尽相同，故在目前内蒙古全区统一的农业保险保障水平和费率水平下，不同地区的农户在参加农业保险的积极性方面显现出明显的差异性，从而形成具有不同平均风险水平特征的参保农户群体。以种植业保险为例，如图 7-1 和图 7-2 所示，根据 2010—2012 年内蒙古巴彦淖尔市、包头市、赤峰市、通辽市、乌兰察布市、锡林郭勒盟六个盟市的旱地玉米和水地玉米的播种面积比例和各自的玉米保险参保比例可知：一方面，在旱地玉米播种面积比较大的盟市，意味着该盟市的耕地质量往往比较差，玉米保险的参保率则比较高；例如，在内蒙古中部地区的乌兰察布市和锡林郭勒盟，2010—2012 年旱地玉米播种面积比例远远高于其他四个盟市，且这两个盟市的旱地玉米保险的参保比例也远远高于其他四个盟市，尤其是在 2011 年和 2012 年，这两个盟市的旱地玉米保险的参保率更是接近于 100%。另一方面，在水地玉米播种面积比例比较大的盟市，意味着该盟市的耕地质量往往比较好，玉米保险的参保率则比较低，如巴彦淖尔市和包头市。同理，根据 2010—2012 年内蒙古巴彦淖尔市、包头市、赤峰市、通辽市、乌兰察布市、锡林郭勒盟六个盟市的旱地小麦和水地小麦的播种面积比例和各自的小麦保险参保比例，如图 7-3和图 7-4 所示，也可以得出上述结论。

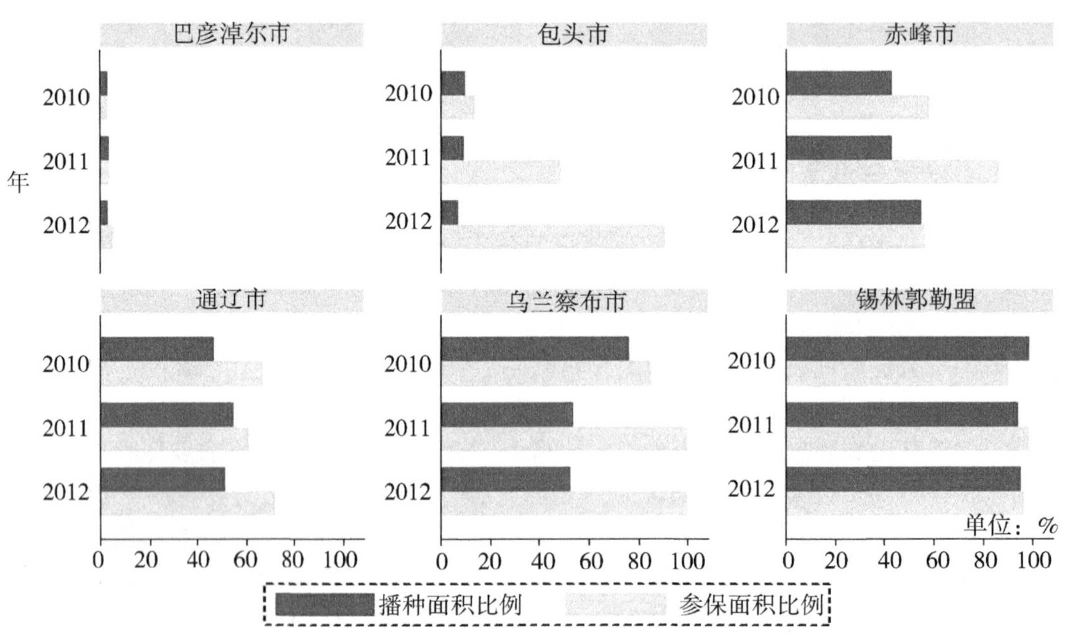

图 7-1　2010—2012 年内蒙古部分盟市的旱地玉米保险参保比例

注：旱地玉米播种面积比例=旱地玉米播种面积/玉米总播种面积×100%；

参保比例=参保面积/播种面积×100%。

数据来源：内蒙古自治区农牧业厅种植业管理处，农业保险数据库。

第二，同一地区、不同农户或同一农户的逆向选择问题，即农户的选择性投保问

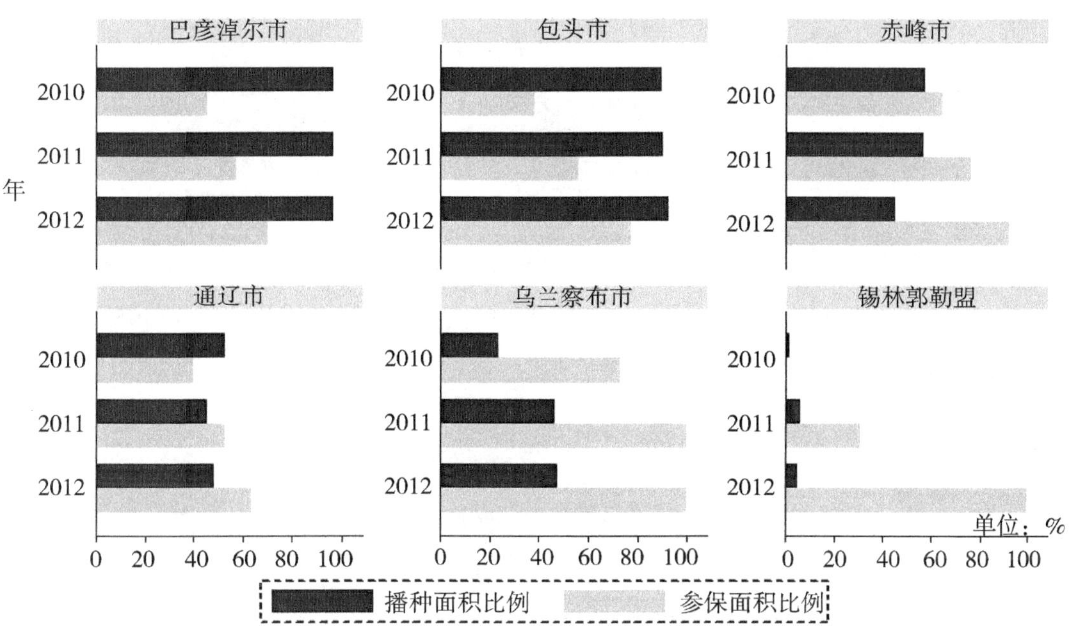

图 7-2 2010—2012 年内蒙古部分盟市的水地玉米保险参保比例

注：水地玉米播种面积比例=水地玉米播种面积/玉米总播种面积×100%。

数据来源：内蒙古自治区农牧业厅种植业管理处，农业保险数据库。

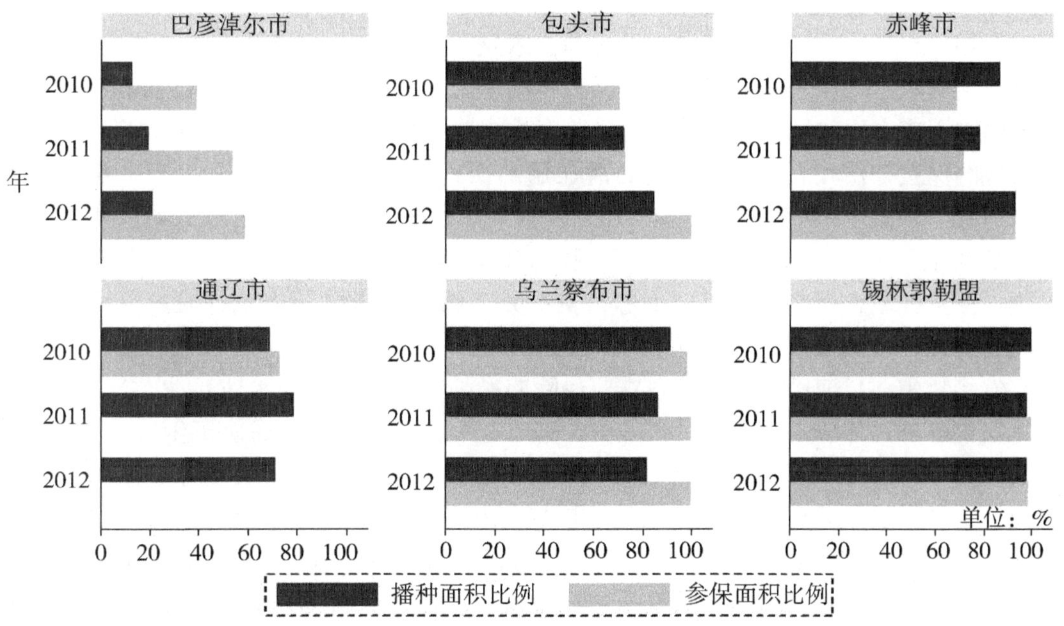

图 7-3 2010—2012 年内蒙古部分盟市的旱地小麦保险参保比例

注：旱地小麦播种面积比例=旱地小麦播种面积/小麦总播种面积×100%。

数据来源：内蒙古自治区农牧业厅种植业管理处，农业保险数据库。

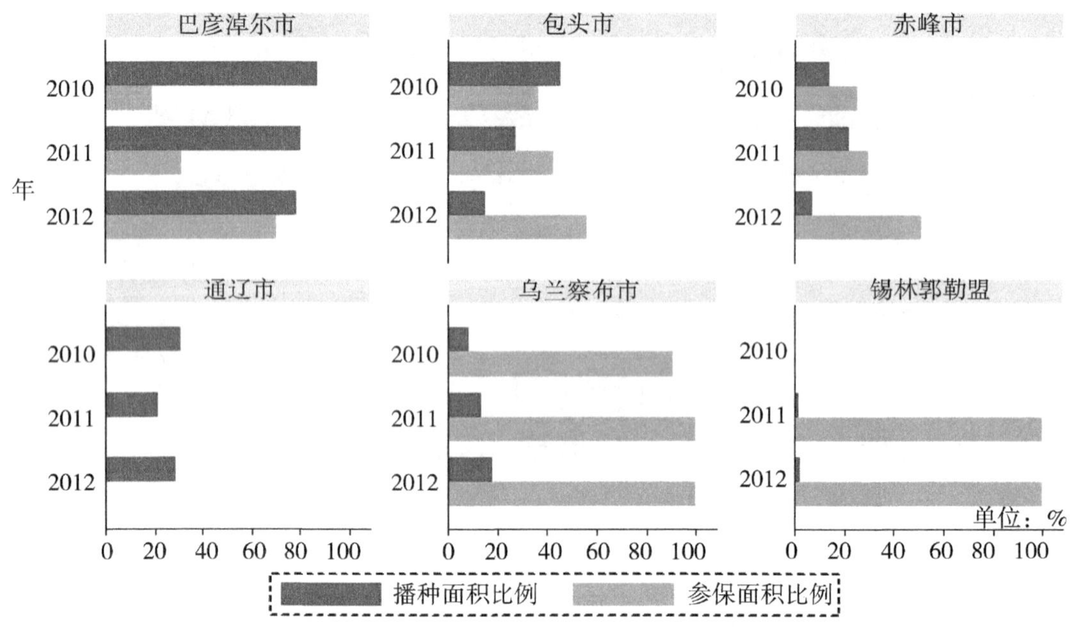

图 7-4　2010—2012 年内蒙古部分盟市的水地小麦保险参保比例

注：水地小麦播种面积比例 = 水地小麦播种面积/小麦总播种面积×100%。

数据来源：内蒙古自治区农牧业厅种植业管理处，农业保险数据库。

题。例如，在某一地区，部分农户虽主动要求购买农业保险，但只愿意将其地势低洼、容易受灾的农田投保，或者只愿意将其种植的风险较大的农作物投保，而对相对不容易受灾的农田或农作物则不愿意投保；有临时性损失预期或赔款预期较高的农户，为了获取相应的保费补贴和高于平均损失的潜在赔偿而投保；等等。在农业生产中常有“风吹一道线”“雹走一条带”“低温冻害毁全面”等说法，对于那些总被大风或冰雹“光顾”的耕地，农户投保的积极性很高，而常年“风调雨顺”的田地，即便是有政府的大规模保费补贴，有些农户仍旧不愿自掏部分“腰包”来购买农业保险。以地处“塞外河套”地区的内蒙古巴彦淖尔市临河区和杭锦后旗为例，在这两个地区所能种植的主要农作物中，目前已开展政策性农业保险的品种主要是玉米（水地）、小麦（水地）、葵花三个险种；如表 7-1 所示，由 2010—2012 年临河区和杭锦后旗玉米（水地）、小麦（水地）和葵花的参保情况与理赔情况可知：农户在为其种植的农作物购买农业保险时，选择性投保意识比较强，导致不同农作物的参保率呈现出显著的差异性。一方面，从 2010—2012 年这三种农作物保险的赔付率可以看出玉米（水地）和小麦（水地）的种植风险相对较低，不易受灾，而葵花作为这两个地区最主要的经济作物，风险相对较高；另一方面，三种农作物不同的赔付率说明各自的风险状况不同，加之不同的费率水平（表 7-2），从而导致各自的参保率也大不相同，葵花的参保率远远高于玉米（水地）和小麦（水地）的参保率。此外，微观农户调查数据也可以证实在同一盟市的不同农户或者同一农户在参加农业保险时存在选择性参保问题，如图 7-5 所示，在内蒙古巴彦淖尔市和赤峰市，如果农户耕地均为水浇地，则其可参保农作物的参保比例均是在0~1之间波动，且波动起伏较大；与此相反，在乌兰察布市，农户可参保农作物的参保比例则波动起伏较小。

表7-1　2007—2012年临河区和杭锦后旗不同农作物保险的参保率与赔付率　单位：%

地区/品种		2010年		2011年		2012年	
		参保率	赔付率	参保率	赔付率	参保率	赔付率
临河区	玉米（水地）	49.93	31.25	56.21	48.72	64.04	82.58
	小麦（水地）	15.64	73.89	28.02	0.00	71.34	90.91
	葵花	100.00	81.05	74.25	58.54	100.00	133.11
杭锦后旗	玉米（水地）	56.35	40.59	69.64	35.62	97.94	53.39
	小麦（水地）	30.93	50.40	45.87	0.00	97.25	82.35
	葵花	99.46	62.59	100.00	58.93	88.47	125.94

注：（1）参保率=参保面积/种植面积×100%；

（2）赔付率=赔款支出/保费收入×100%。

数据来源：A保险公司内蒙古分公司农险事业部。

表7-2　2007—2012年临河区和杭锦后旗不同农作物保险的保障水平与保险费率

单位：元/亩，%

品种	2010年			2011年			2012年		
	保障水平	保险费率	保险费用	保障水平	保险费率	保险费用	保障水平	保险费率	保险费用
玉米（水地）	400	9	36	400	8.5	34	400	8.5	34
小麦（水地）	400	7	28	400	6.5	26	400	6.5	26
葵花	250	7.5	18.75	250	7	17.5	250	7	17.5

数据来源：内蒙古自治区农业保险保费补贴领导小组。

7.2　逆向选择的产生机理

7.2.1　一个简单的例子

本部分根据效用理论，利用一个简单的实例来阐述农户逆向选择如何影响农业保险市场的均衡与效率。假定：（1）在农业保险市场中，高风险投保农户与低风险投保农户的数量相等，拥有的确定性收入均为1 500元，且二者所购买的保险数量均为1 000元（或者说，农户的风险资产的价值为1 000元）；（2）农业保险市场中的投保农户的数量

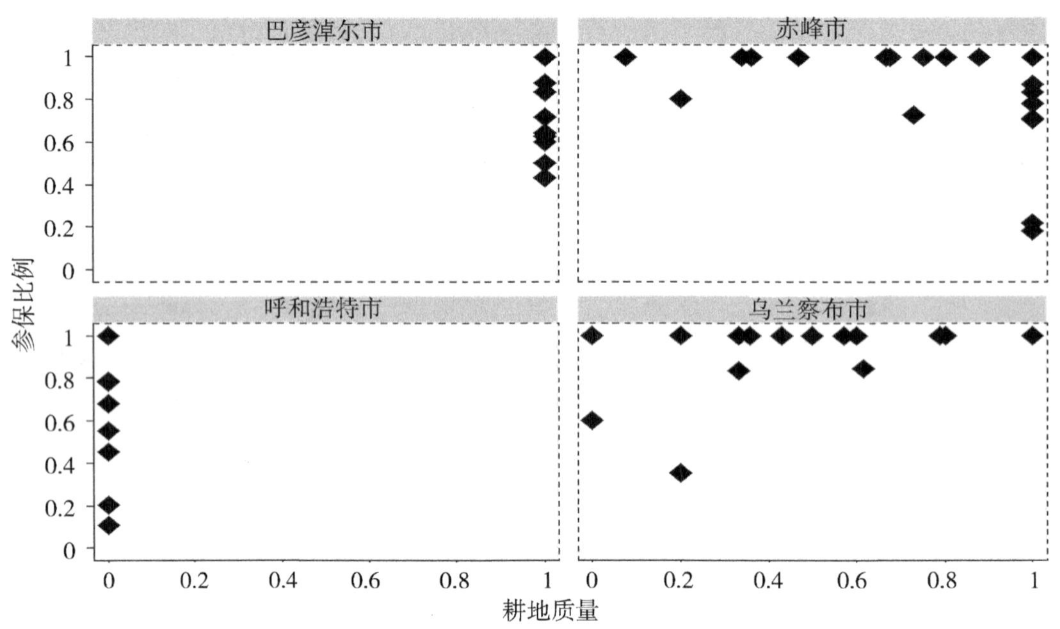

图 7-5　2012 年样本农户农作物参保比例与其耕地质量的关系

注：农户耕地质量=农户水浇地面积/农户耕地总面积。

数据来源：2012 年农户调查数据。

足够大，可以满足保险行业“大数法则”的运营基础，由此使得每一类投保农户的平均损失等于期望损失（在样本数量足够大时，样本均值等于期望值）。高风险农户与低风险农户两类投保农户的损失分布如表 7-3 所示。

表 7-3　高风险农户和低风险农户的损失分布

农户类型	发生损失概率	不发生损失概率	损失程度	期望损失
高风险农户	0.3	0.7	1 000 元	300 元
低风险农户	0.1	0.9	1 000 元	100 元

如果保险公司可以区分高风险农户与低风险农户，则其向两类投保农户分别收取的保险费用等于这两类农户各自的公平精算费率，也就是说，保险公司向低风险投保农户收取的保险费用等于 100 元，即 0.1×1 000=100 元，而向高风险投保农户收取的保险费用等于 300 元，即 0.3×1 000=300 元。此时，作为理性经济人，农户在决定是否参加农业保险时会对其建立在公平精算费率基础上的期望效用和其不参加农业保险时的期望效用进行比较进而做出理性选择，结果是：（1）低风险农户会选择参加农业保险，因为其参加农业保险的期望效用要大于其不参加农业保险时的期望效用；具体来说，低风险农户参加农业保险的期望效用为 $EU_{I-L}=U(1\,500+1\,000-100)$，不参加农业保险时的期望效用为 $EU_{NI-L}=0.1U(1\,500)+0.9U(1\,500+1\,000)$，且 $EU_{I-L}>EU_{NI-L}$；

（2）高风险农户也会选择参加农业保险，因为其参加农业保险的期望效用也要大于其不参加农业保险时的期望效用；具体来说，高风险农户参加农业保险的期望效用为 $EU_{I-H}=U(1\ 500+1\ 000-300)$，不参加农业保险时的期望效用为 $EU_{NI-H}=0.3U(1\ 500)+0.7U(1\ 500+1\ 000)$，且 $EU_{I-H}>EU_{NI-H}$。在保险公司可以公平精算农业保险费率时，高风险农户和低风险农户参加农业保险和不参加农业保险的效用可如图 7-6 所示。

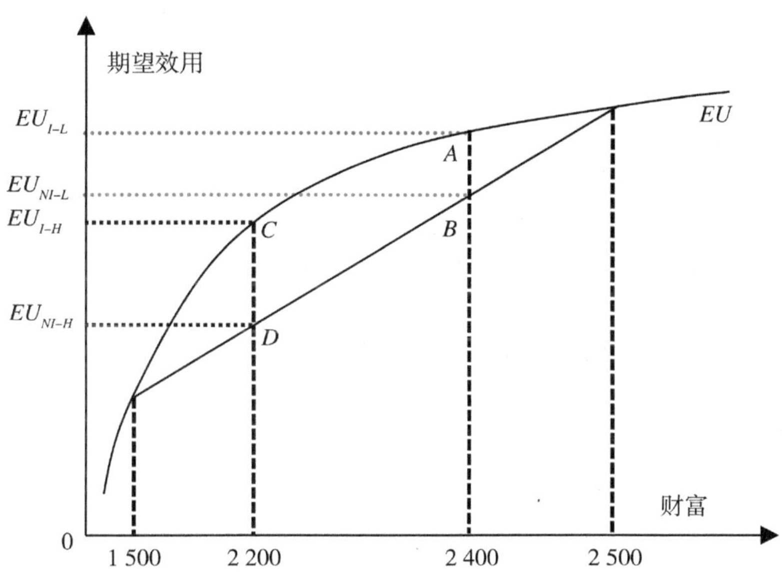

图 7-6 高风险农户和低风险农户参加农险与不参加农险时的期望效用

然而，在实际的农业保险运营过程中，由于信息不对称和信息不完全的客观存在，保险公司针对具有不同风险水平的农户很难实现公平精算保费。如果保险公司无法区分高风险农户与低风险农户，向两类投保农户收取公平平均保费，也就是向两类投保农户分别收取的保险费用等于这两类农户的平均期望损失，即（300+100）/2=200 元，或者说保险公司厘定的保险费率等于两类投保农户的风险事故发生的平均概率，即(0.3+0.1）/2=0.2。此时，作为理性经济人，农户在决定是否购买农业保险时会对其建立在公平平均费率基础上的期望效用和其不参加农险时的期望效用进行比较进而做出理性选择，结果是高风险农户会选择购买农业保险，因为其所缴纳的保费低于期望损失，即200-300=-100 元；而低风险农户会理智地选择不购买农业保险，因为其所缴纳的保费高于期望损失，即 200-100=100 元，这 100 元实际上是低风险农户向高风险农户提供的补贴。如果高风险农户与低风险农户分别购买相同数量的保险，由于低风险农户会发现其会比高风险农户多支付额外的 100 元保费，故低风险农户会减少保险购买数量；相反，由于高风险农户会发现其所缴纳的保费会明显少于其期望损失，故高风险农户会增加保险购买数量，由此则形成农业保险市场中投保农户的逆向选择问题。

假定低风险农户将农业保险的购买数量降低至 500 元，而高风险农户仍然购买1 000元的农业保险，则在公平平均费率下保险公司出售每份保单的保费收入为 300 元，即（0.2×500+0.2×1 000）= 300 元，但每份保单的平均期望损失则为 350 元，即(0.1×500+0.3×1 000)= 350 元；长此以往，保险公司就会发现部分低风险农户不会按照公平平均费率水平选择参加农业保险，公司承保的客户主要是高风险农户，但如果主要向高风险农户提供风险保障的话，保险公司必将会发生亏损，不能实现盈亏平衡；因此，在下一个保险期间内，保险公司就不会再按照公平平均保费提供保险合同，而是厘定适合于高风险投保农户的保险费率。假定保险公司将费率提高至 0.26，费率的提高会导致低风险农户继续选择减少保险购买数量，假定其保险购买数量降低至 250 元，而高风险农户仍然选择购买1 000元的保险，此时，保险公司出售每份保单的保费收入为 325 元，即（0.26×250+0.26×1 000）= 325 元，且每份保单的平均期望损失为 325 元，即(0.1×250+0.3×1 000)= 325 元；此时，保险公司实现盈亏平衡，两类投保农户均以较高的保险费率购买了一定数量的保险，同时，低风险农户为了减少补贴而放弃完全保险。因此，在逆向选择存在的条件下，竞争性保险市场并不能实现帕累托最优，保险公司很难厘定一个既能保证其实现盈亏平衡，又能吸引低风险农户选择参保的费率水平，由此使得保险公司不得不提高费率，结果是低风险农户逐渐放弃参加农业保险而高风险农户则积极参加农业保险，费率的提高最终导致农业保险市场出现逆向选择这一市场失灵问题。

7.2.2 逆向选择的产生机理

在农业保险开展中农户逆向选择是如何发生？当农户的风险特征具有异质性特点，且相对于保险公司，农户对其农业生产的风险状况占有更多的信息时，逆向选择就会发生（Just 和 Calvin，1994）。本部分根据 Rothschild 与 Stiglitz（1976）关于保险市场中逆向选择的基本模型（即 R-S 模型），分析农业保险市场中农户逆向选择行为的产生机理。

首先，农户的农业保险需求如何产生？本研究假定农户追求期望效用最大化、风险规避，且农户的绝对风险规避程度符合 Arrow-Pratt 测度，即 $r_A(Y) = -u''(x)/u'(x)$；参照 Rothschild 和 Stiglitz（1976）的保险需求模型，可知农户购买农业保险的期望效用不小于其不购买农业保险的期望效用时，农户的农业保险购买决策才会发生。假定农户在农业生产中面临两种可能的自然状态：风险事故发生和风险事故不发生，且农户在这两种自然状态下的收入分别为 W_1 和 W_2；则农户在不参加农业保险时的收入为 $Y_0 = \begin{cases} W_1 = W，风险事故不发生 \\ W_2 = W - L，风险事故发生 \end{cases}$，其中，$W$ 是农户的初始收入，L 为风险事故发生时农户的损失程度；农户在参加农业保险时的收入为 $Y_1 = \begin{cases} W_1 = W - \alpha_1，风险事故不发生 \\ W_2 = W - \alpha_1 + \hat{\alpha}_2 - L = W + \alpha_2 - L，风险事故发生 \end{cases}$，其中，$\alpha_2$ 是投保农户在风险事故发生时获得的保险赔款 $\hat{\alpha}_2$ 与其在参加农业保险时支付给保险公司的保费 α_1 之差，即 $\alpha_2 = \hat{\alpha}_2 - \alpha_1$；此外，保险合同可以表示为 $\alpha = (\alpha_1, \alpha_2)$。假定农户在农业生产中风险事

故发生的概率为 p ，风险事故不发生的概率为 $1-p$ ，且 $0<p<1$，则农户的期望收入为 $\bar{W}=(1-p)W_1+pW_2$。假定农户的效用函数为 $u(W)$ ，其满足 $u'>0$ 和 $u''<0$（即农户严格风险规避，为风险厌恶者，会尽可能降低风险事故发生的可能性），则农户的期望效用为 $u(p,\ W_1,\ W_2)=(1-p)u(W_1)+pu(W_2)$ 。因此，农户在不参加农业保险时的期望效用为 $u(p,\ 0)=(1-p)u(W)+pu(W-L)$ ，农户在参加农业保险时的期望效用为 $u(p,\ \alpha)=(1-p)u(W-\alpha_1)+pu(W+\alpha_2-L)$ ，很显然的是，只有当且仅当 $u(p,\ \alpha)\geqslant u(p,\ 0)$ ，即农户购买农业保险的期望效用不小于其不购买农业保险的期望效用时，农户的农业保险购买决策才会发生。此外，若 $W+\alpha_2-L=W-\alpha_1$，则称投保农户被完全保险；若 $W+\alpha_2-L<W-\alpha_1$，则称投保农户被部分保险；若 $W+\alpha_2-L>W-\alpha_1$，则称投保农户被过度保险。

其次，保险公司的农业保险供给如何发生？根据 R-S 模型，假定：（1）保险公司风险中性且其提供农业保险的目的是为实现预期利润最大化；（2）保险公司拥有一定的财力资源，愿意而且能够销售任何数量的可以使其实现预期利润的农业保险合同；（3）农户最多只能购买一份保险合同。保险公司的预期利润用 $\pi(p,\ \alpha)=(1-p)\alpha_1-p\alpha_2=\alpha_1-p(\alpha_1+\alpha_2)$ 表示，因此，基于上述假定，在具有竞争性的农业保险市场中，任何有需求且可期望获得收益的农业保险合同均会被销售，同时保证保险公司可以实现预期利润最大化。

最后，考察农业保险市场中农户的逆向选择行为究竟是如何产生？不妨先考察信息对称条件下或者说是同质投保农户条件下农业保险市场的均衡问题。在信息对称条件下，保险公司了解农业保险市场中投保农户的损失概率。如图 7-7 所示，横轴表示在风险事故不发生时投保农户的收入水平 W_1，纵轴表示在风险事故发生时投保农户的收入水平 W_2。在完全保险（即投保农户在风险事故不发生和发生时的收入相等，$W_1=W_2$）时，投保农户的损失将由保险公司完全补偿，即 $L=\hat{\alpha}_2$，也就是说，在农业保险市场的供需实现均衡[①]时，均衡的合同点位于 45°线（又可称之为确定性收入线，表示投保农户在两种风险状态下有相同的收入）上；在不完全保险（即投保农户在风险事故不发生时的收入大于其在风险事故发生时的收入，$W_1>W_2$）时，均衡的合同点位于45°线右侧。在图 7-7 中，点 A 表示投保农户起初未参加农业保险时的状态，用 $A(\hat{W}_1,\ \hat{W}_2)$ 表示，此时，农户自己承担农业生产中的全部风险；作为风险规避者的农户将会通过参与保险将风险转移，在直线 AB 上且在点 A 左上方的每一点均表示由保费 α_1 和收益 α_2 所唯一确定的保险合同 α 。在竞争性的农业保险市场中，保险公司销售在合同集 α 内的任一保险合同，其所得的预期利润将等于 0，即 $\alpha_1(1-p)-\alpha_2p=0$，故代表所有预期利润均为 0 的保单集合可用图 7-7 中的直线 AB 表示，AB 也称之为等预期利润线或精算公平线；同时，直线 AB 的斜率为风险事故不发生的概率 $1-p$ 和风险事故发生的概率 p 之比，即 $(1-p)/p$ 。因此，在竞争性的农业保险市场结构中，由于在 E 点有 $\pi_E=0$，在

① 根据 Rothschild 与 Stiglitz（1976）的研究，竞争性保险市场的均衡是指满足以下条件的合同集：（1）均衡集中不存在会导致负的预期利润的合同；（2）如果存在均衡集以外的合同，那么这些合同不会产生正的收益。

F 点有 $\pi_F > 0$，帕累托最优点只能位于点 E 和点 F 之间的线段上，但究竟哪一个是均衡点则取决于保险公司与投保农户之间的谈判能力。

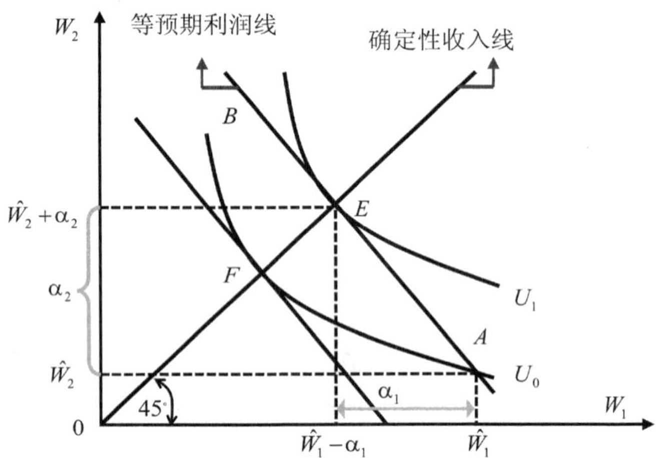

图 7-7　信息对称下的竞争性保险市场均衡

此外，图 7-7 中的 U_0 和 U_1 分别表示投保农户在风险事故不发生和在风险事故发生时的无差异效用曲线，根据消费者效用函数的性质以及投保农户风险规避，可知投保农户的无差异曲线是凸的，且 $U_0 < U_1$，此时，农业保险市场的均衡合同点应当是确定性收入线与等预期利润线 AB 的交点，也是等预期利润线 AB 与无差异曲线的切点，即点 $E(\hat{W}_1 - \alpha_1, \hat{W}_2 + \alpha_2)$。同时，无差异曲线的斜率等于风险事故不发生状态下的收入和风险事故发生状态下的收入的边际替代率，即无差异曲线的斜率等于 $[(U'(W_1)(1-p)]/[U'(W_2)p]$；此时，若投保农户完全保险，则有 $[U'(W_1)(1-p)]/[U'(W_2)p] = (1-p)/p$，即无差异曲线的斜率与 U 无关（乔治斯·迪翁，斯科特·E·哈林顿，2005）。因此，根据 R-S 模型可知：在投保农户风险厌恶、保险公司风险中性以及信息对称的条件下，若农业保险市场实现均衡，则每一位投保农户在公平精算保费下均会购买完全保险。

然后，考察信息不对称条件下或者说是异质投保农户条件下农业保险市场中农户的逆向选择问题。假定农业保险市场中存在两种类型的农户：高风险农户和低风险农户，令 p_H、p_L 分别表示两类农户各自的风险事故发生概率，显而易见的是 $p_H > p_L$。根据上文的分析可知：如果假定农业保险市场为完全竞争市场，则在保险市场达到均衡时保险公司的预期利润为零。如果保险公司可以区分投保农户的风险水平，那么其就可以分别为不同风险水平的投保农户提供不同的最优合同，即图 7-8 中的点 C 和点 D，保险合同分别为 $\alpha_H = (\hat{W}_1 - \alpha_{H1}, \hat{W}_2 + \alpha_{H2})$ 和 $\alpha_L = (\hat{W}_1 - \alpha_{L1}, \hat{W}_2 + \alpha_{L2})$，显然，$\alpha_{H1} > \alpha_{L1}$ 且 $\alpha_{H2} < \alpha_{L2}$，也就是说高风险农户在参加农业保险时缴纳的保费较高，而在风险事故发生时其得到的保险赔付却较少，因为高风险农户在不参加农业保险时的期望收入也较低。

如果保险公司无法区分投保农户的风险水平，只知道其属于高风险类型和低风险类

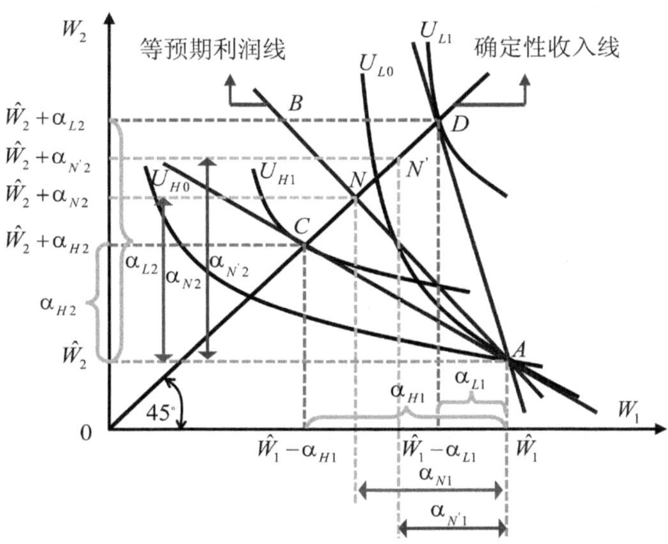

图 7-8 信息不对称下的竞争性保险市场均衡

型的概率分别为μ和$1-\mu$，那么保险公司只能向农户提供单一的保险合同$\alpha_N=(\hat{W}_1-\alpha_{N1}, \hat{W}_2+\alpha_{N2})$，此时，保险公司的等预期利润线介于$AC$和$AD$之间，满足投保农户的完全保险合同的点在$N$处，$\alpha_N=\mu\alpha_H+(1-\mu)\alpha_L$，显然，点$N$不是一个均衡点，因为在点$N$处，低风险农户得到的效用低于其不参加农业保险时的效用，结果出现从低风险投保农户到高风险投保农户的再分配。如果农户可以自由退出农业保险市场，那么低风险农户就会选择不参加农业保险，只剩下高风险农户愿意参保，而保险公司唯有提高保险费率才能防止亏损，故均衡点只能在C处，高风险农户将低风险农户挤出农业保险市场，从而产生逆向选择这一市场失灵问题。实际上，在农业保险政策实施过程中各级政府财政提供大规模的保费补贴，由农户自己承担的保费较少，加之目前农险定损与理赔的不尽科学，使得农户存在根据地区、作物、地块选择是否参加农业保险的问题，即农户的选择性投保现象，故实际的合同点应当是在点N'处，保险合同$\alpha_{N'}=(\hat{W}_1-\alpha_{N'1}, \hat{W}_2+\alpha_{N'2})$，在负预期利润线上，此时，农业保险市场存在农户逆向选择行为。

综上所述，理性的农户只有在其参保的效用大于其不参保的情况下才会选择参加农业保险；农业保险市场中逆向选择的发生是由于低风险农户不参加农业保险的效用要高于其参加保险的效用，而高风险农户参加农业保险的效用要高于其不参加保险的效用。如图 7-9 所示，农户未参加农业保险时的期望效用为$EU_0=(1-p)U(W)+pU(W-L)$，农户参加农业保险时的期望效用为$EU_1=(1-p)U(W-\alpha_1)+pU(W+\alpha_2-L)$；因此，由农户期望效用与其农业生产中风险事故发生的可能性之间的关系可知：低风险农户（风险事故发生的可能性为p_L）不参加保险的效用要高于其参加保险的效用，高风险农户（风险事故发生的可能性为p_H）参加保险的效用要高于其不参加保险的效用，从而导致了农业保险中逆向选择的发生（侯玲玲，Hoag，等，2011）。

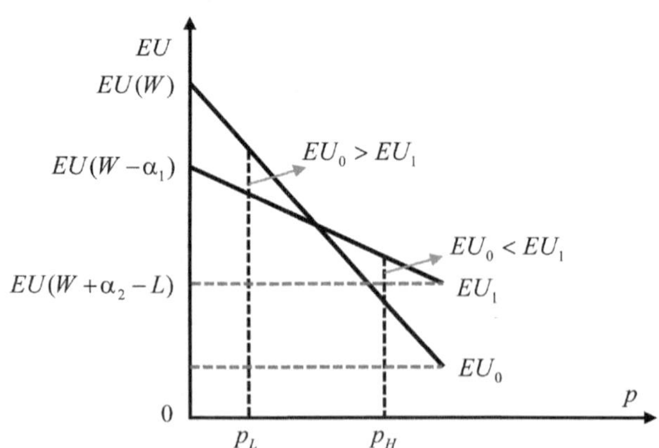

图 7-9　农户期望效用与其受损可能性之间的关系

7.3　逆向选择的深层根源

根据上文的分析可知，农业保险中逆向选择的产生是由于投保农户在农业生产中风险差异的客观存在和保险公司根据农户在农业生产中的平均损失概率厘定保险费率；然而，农户在农业生产中的风险状况为何会存在巨大差异？保险公司为何不能按照农户在农业生产中的个体损失概率提供保险合同？这两个问题的解答可以对农业保险中逆向选择产生的深层根源做出进一步解释。

第一，农业保险标的的特殊性。农业保险承保的保险标的通常是有生命的动植物体，具有不同于一般财产保险的非生命保险标的的特点：（1）保险价值难以准确测定。一般财产保险的承保标的是无生命物，保险价值相对稳定，容易确定；农业保险的承保标的在保险期间内一般都处于生长期，保险价值在不断变化，只有当它成熟或收获时才能最终确定，在此之前，保险标的处于价值的孕育阶段，不具备独立的价值形态，因此，投保时的保险价值难以确定。（2）保险标的具有明显的生命周期及生长规律，在动植物生长的不同时期，风险事故发生所造成的损失程度也不一样，同时，保险标的在某一生长期受到损害后，其后期的生长调节也会对风险事故的最终损失程度具有重要影响，导致难以准确估计出保险标的的损失程度。（3）农业保险标的不仅种类繁多、生命规律各异，而且各自抵御风险事故的能力也大不相同，因而经办农业保险的公司通常很难厘定统一的费率标准和赔偿标准，同时，不同的农业保险标的其在不同年际间的因灾损失差异也比较大；加之中国乡镇、农村地区的原始记录极不完整，农作物的产量、损失等准确、可靠的历史资料难以搜集，以及农户耕地的占有资料也不尽可信等，这都给农业保险经营带来困难。因此，农业保险标的的特殊性，使得保险公司很难厘定公平精算费率，只能依据某一地区农户的平均损失概率厘定保险费率。

第二，保险公司经营管理水平的不足。保险公司一般是通过尽可能多地获取关于被保险人的信息并对其进行准确地分类进而厘定出公平精算费率，同时加强在承保过程中的核保工作以减少保险市场中的逆向选择问题。然而，中国农业在耕地资源上的稀缺和生产技术上的落后决定了农业保险特别是种植业保险的被保险人是数以万计的农户，保险标的是农户的几亩或者几十亩甚至上百亩耕地；受制于参保农户点多面广、农作物品种繁多、各品种的农作物生产时间参差不齐、各地区的农业生产物化成本千差万别以及科技手段的欠缺等因素，保险公司在农业保险开展中的费率厘定和签单承保环节均暴露出粗放经营的"短板"。例如，对于农业保险而言，其风险分类至少应该反映不同地区、不同作物、不同农业生产实践和不同土壤类型之间的风险差异，但当前内蒙古农业保险各品种实行全区统一的费率水平①，这显然不切合自治区东、中、西部地区各旗县、乡镇的农业生产风险水平差别较大的实际，如果所有农户均在相同的农业保险费率水平下得到风险保障，那么逆向选择问题就必然会发生；同时，由于政府财政大规模支持下的农业保险政策开办时间尚比较短，各家保险公司的农险工作人员多是从其他保险行业转业而来，且存在知识结构不尽合理、从业人员数量严重偏少的问题，加之目前内蒙古农业保险在签单承保中的"统保"模式（即首先由保险公司与乡村签订保险合同，然后再由乡村干部将保险凭证分配到户）等，都在一定程度上导致了农户逆向选择行为的产生。

第三，部分农户对农业保险的认知存在偏差。现阶段，在中国广大农村地区常年从事农业生产的多为"386199"部队②，导致农民的文化素质普遍较低，往往比较注重眼前的既得利益，不仅对农业生产中客观存在的风险缺乏管理意识，而且对农业保险存在各种各样的认知偏差，主要表现有：一是部分农户认为参加农业保险无用；二是部分农户认为农业保险可以作为一种短期的投资或者投机方式。

7.4　逆向选择的危害

正如前文所述，在"完全理性""完全信息"的假定条件下，现代保险需求理论认为投保人要么是购买全额保险，要么是购买部分保险；如果保险人可以根据精算原理对具有不同农业生产风险状况的投保人的费率水平做到完全精算，则投保人的最优选择是购买全额保险。然而，在现实生活中，由于"信息不完全"和"信息不对称"的客观存在，投保人通常比保险人掌握更多关于其农业生产的风险信息，如气候条件、土壤特征、当地的耕作制度、保险标的生长状况、风险事故的发生状况等，故投保人多是信息优势方，而保险人若想完全掌握这些信息则需付出高昂的信息搜寻成本，故保险人多是信息劣势方。另外，在中国农业保险的费率厘定过程中，保险人搜集一个省、一个市的农业生产风险信息相对比较容易，但其若是搜集一个县、一个镇的农业生产风险信息则相对比较困难，若是想搜集单个农户的农业生产风险信息则更是难上加难，故目前中国

① 实际上，内蒙古自2011年开始在巴彦淖尔市试行农业保险费率分区政策，具体是将巴彦淖尔市的农业保险费率划分成两类：Ⅰ类地区，是种植业自然灾害风险相对较低的旗县，包括杭锦后旗、乌拉特后旗、临河区、磴口县、五原县和巴彦淖尔农垦，其农业保险费率是在自治区基准费率的基础上下调0.5个百分点；Ⅱ类地区，是种植业自然灾害风险相对较高的旗县，包括乌拉特前旗和乌拉特中旗，执行历年度自治区农业保险的基准费率。

② 随着中国城市化快速的发展，农村男性青壮年劳动力进城打工的数量剧增，广大农村留守的妇女、儿童、老人也作为一个特殊群体备受关注，被戏称为"386199部队"，38指妇女，61指小孩，99指老人。

的农业保险费率多是以省或者市为单位进行厘定，反映的是一个省或者一个市范围内农业生产风险的总体平均水平，但由于一个省或一个市范围内的农业生产也会客观存在因经营地域不同而经营种类和经营风险也不同的显著差异，从而导致逆向选择成为农业保险市场上投保农户在信息不完全和信息不对称条件下的理性选择；因为市场信息的不完全和双方信息占有的不对等，以及建立在平均概率基础之上的农业保险费率水平，使得投保农户和保险公司在进行市场交易时，风险概率低于平均概率的农户（即低风险农户）可能不愿购买保险，风险概率高于平均概率的农户（即高风险农户）则是积极购买保险，出现农业保险市场中的“劣币驱逐良币”现象，即保险公司开展农业保险业务多是为高风险农户提供风险保障，而低风险农户要么是放弃购买保险以被排除市场之外，要么是转为从事高风险的农业项目，形成一个典型的“柠檬市场”，结果导致农业保险市场的风险累积和市场失灵（Rothschild 与 Stiglitz，1976）。

如图 7-10 所示，横轴表示农业保险的供给或需求数量 Q，纵轴表示农业保险市场上的产品价格 P，即农业保险费率水平，需求曲线 D_1 表示在任意一个价格水平下农户对农业保险的需求，供给曲线 S_1 表示在任意一个价格水平下保险公司对农业保险的供给。假定在农业保险市场的初始状态下，需求曲线 D_1 和供给曲线 S_1 相交于点 E_1，即农险市场的供求均衡点，均衡的保费价格为 P_1，根据上文的分析可知，该价格是保险公司依据一个地域范围内总体平均的风险损失精算而得。

然而，由于农业保险中农户逆向选择行为的存在，保险公司为了降低其农业保险业务的经营风险，通常会提高产品价格，从理论上看，增加保费可以扩大保险公司对农业保险产品的供给，即形成图 7-10 中的供给曲线 S_2，而价格上升则会导致需求减少，从而使得风险规避型农户或者清楚自己农业生产面临较低风险的农户被挤出农业保险市场，风险偏好型农户或者农业生产面临较高风险的农户成为农险市场上的需求主体，需求曲线则从 D_1 向右移动至 D_2（王志刚，黄圣男，钱成济，2013）；此时，需求曲线 D_2 与供给曲线 S_2 相交于点 E_2，似乎形成农业保险市场新的均衡点，但在农业保险实际运营过程中，由于农户逆向选择导致保险公司多是为高风险农户提供风险保障，故保险公司唯有在更高的产品价格下才有可能增加供给，可由于保险公司提高保费则意味着政府需要增加财政补贴，受限于各级政府财力，保险公司很难提高产品价格，由此则促使保险公司虽在逐年扩大农险规模，但实际上农险规模的增加幅度却是在逐年递减，即保险公司压缩农业保险供给①，也就是说，保险公司实际的农业保险供给曲线是 S'_2，其与需求曲线 D_2 相交于点 E'_2，即 E'_2 点才是切合实际的市场均衡点，比较点 E'_2 与点 E_2，可知：在市场均衡点 E'_2 处，价格升高（$P'_2 > P_2$），供给减少（$Q'_2 < Q_2$）；久而久之，农业保险市场就会因需求主体主要集中于高风险农户和保险公司压缩供给而呈现出市场萎缩的态势。

① 在内蒙古自治区，尤以东部地区的通辽市、赤峰市、兴安盟和呼伦贝尔市为例，由于农业保险是各级政府“三农”工作的重要抓手、强农惠农富农政策的重要手段、保障和改善民生的重要措施，以及受限于基层政府的财政实力，部分旗县存在控制苏木乡镇、嘎查村落承保面积的现象，例如，部分旗县在农业保险开展中分配各个苏木乡镇、嘎查村落的参保面积指标，嘎查村落分年度获得参保资格，即所谓的“轮保”。

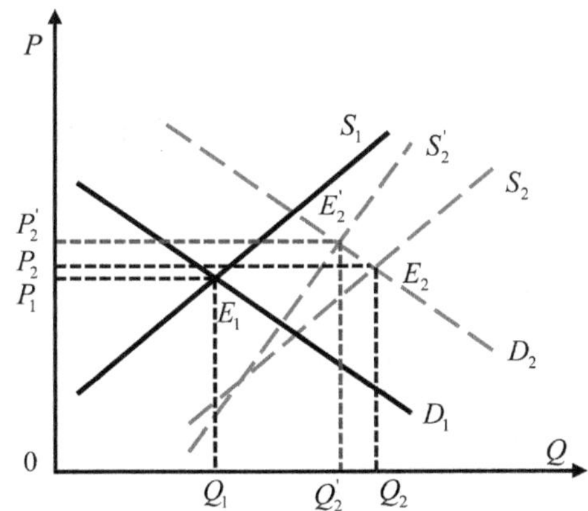

图 7-10 农户逆向选择对农业保险市场的影响

7.5 本章小结

逆向选择是保险市场中信息不对称的典型表现之一。在农业保险市场，逆向选择是指由于投保农户的信息隐藏导致保险公司无法或者很难分离高低风险农户，唯有采用统一费率，进而使得低风险农户不愿投保而高风险农户则乐于投保。现阶段，中国农业保险市场中农户逆向选择行为的表现有两类：一是不同地区、不同农户的逆向选择问题；二是同一地区、不同农户或者同一农户的逆向选择问题，即农户的选择性投保问题。农户逆向选择究竟是如何产生？当农户的风险特征具有异质性特点，且相对于保险公司，农户对其农业生产的风险状况占有更多的信息时，低风险农户不参加农业保险的效用要高于其参加保险的效用，而高风险农户参加农业保险的效用要高于其不参加保险的效用，由此产生逆向选择。因此，农业保险市场中农户逆向选择的产生机理是投保农户在农业生产中风险差异的客观存在和保险公司根据农户在农业生产中的平均损失概率厘定保险费率；深层根源则包括三个方面：一是农业保险标的的特殊性；二是保险公司经营管理方面的不足；三是部分农户对农业保险的认知存在偏差。关于逆向选择的危害，如果农户的逆向选择行为非常严重，则会导致农业保险市场的风险累积和供求失衡。

8 农户逆向选择行为的实证检验：基于主客观风险视角

长期以来，国内外学者针对农户农业保险需求的研究大多以期望效用理论为基础且遵循“决策者理性”的共同假设，但近年来经济学和心理学的发展已表明：个体在现实决策中往往表现出和“理性”相偏离的特征，如过度自信、框架效应、认知偏差、锚定效应等。实际上，客观风险水平和主观风险特质均是影响个体风险管理决策的重要因素，其中，主观风险特质一般包括风险偏好和风险认知（Sitkin 和 Pablo，1992）。因此，农业保险作为管理农业生产风险的有效制度安排，农户消费决策也会受到其风险偏好和风险认知的影响。鉴于此，本部分基于内蒙古现行的农业保险保障水平、费率水平和理赔模式，利用微观农户调查数据采用非参数分析和计量经济模型两种方法，旨在从客观风险水平和主观风险特质两个方面对农户农业保险参与决策做出解释，其中，实证分析的重点是考证农业保险开展中农户是否存在逆向选择行为？有多严重？原因是什么？以期为内蒙古农业保险的健康持续发展提供政策启示。

8.1 理论框架

8.1.1 客观风险与农户农业保险参与

农业保险作为一种风险管理工具，农户是否选择购买取决于农户在参保后其效用水平有无提高。农户参加农业保险是为化解其在农业生产中面临的各种风险，在中国的现行制度下则主要是自然风险，以保障其收入不会因灾减少。本研究构造形如 Chambers（1989）的农户利用保险化解农业生产风险的保险决策模型；假定农户的 VNM 效用函数为 $U(x, R, \delta, \eta)$ ；以 R 表示农户农业生产的总收入，以 y 代表产出，x 表示农业生产投入，η 代表投入要素 x 的价格（假定其为常量），$\tilde{\theta}$ 代表农户在农业生产中的风险因素（主要是自然风险，如干旱、暴雨、洪涝、风灾、雹灾、病虫鼠害等），概率密度函数为 $h(\tilde{\theta})$ ，则农户农业生产真正实现的产量为 $y = y(x, \theta)$ ，此处的 θ 是 $\tilde{\theta}$ 在其取值范围内的任一实现值；农户的农业产出以随机价格 P 出售，且 P 的概率密度为 $v(P)$ ；因此，农户农业生产的总收入为 $R = Py$ 。以 p 表示农户在农业生产中风险事故发生的概率，$0 < p < 1$，则 $1 - p$ 表示风险事故不发生的概率；以 L 表示农户的受损程度，令 δ 代表农业保险的保险费率，w 为农户购买的保额，则农户参加农业保险应交纳的保险费用为 $\alpha_1 = \delta w$ ，以 $I(R)$ 代表农户在风险事故发生时可以获得的保险赔付，以 π 代表农户的农业生产最终实现的净收入，则农户是否参加农业保险对其农业生产净收入的影

响为：

$$\pi = R - \eta x - \alpha_1 - pL + I(R) = Py - \eta x - \delta w - pL + I(R) \tag{8-1}$$

对式（8-1）进行比较静态分析，则有：

$$\frac{\partial \pi}{\partial p} < 0 \tag{8-2}$$

故农户的农业生产净收入与其在农业生产中遭受损失的可能性呈负相关关系，也就是说农户的受损可能性越大，其农业生产净收入可能会越少，故其越有可能参加农业保险以化解农业生产风险。

作为“理性经济人”，农户的目标是最大化其期望效用，即在农业生产中一般追求既定投入下的效用最大化，因此，该效用可被定义为农户农业生产净收入 π 的函数，则：

$$EU = \int_{R_0}^{R^0} U[(R - \eta x - \delta w - pL + I(R))]dG(R, x) \tag{8-3}$$

其中，$G(R, x)$ 是给定 x 后 R 的条件分布，其由 $y(x, \theta)$ 、$h(\theta)$ 和 $v(P)$ 决定，R^0、R_0 分别为农户收入水平的最大值与最小值。

因此，参照 Rothschild 和 Stiglitz（1976）的保险需求模型，令 W 表示农户的初始收入，则农户未参加农业保险时的期望效用为：

$$EU_0 = (1 - p)U(W) + pU(W - L) \tag{8-4}$$

农户参加农业保险时的期望效用为：

$$EU_1 = (1 - p)U(W - \alpha_1) + pU(W - \alpha_1 + I(R) - L) \tag{8-5}$$

显而易见，理性的农户只有在其参保的效用不小于其不参保的效用时才会选择参加农业保险，即 $EU_1 \geqslant EU_0$；实际上，农户面临的农业生产风险具有异质性特点，当农业风险处于农户可控或者可接受的范围之内时，农户一般不会诉诸于农业保险。据此，本研究提出如下假设：

假设 1：农户面临的农业生产风险具有异质性，风险水平越高，其越有可能参与农业保险，即农户存在逆向选择行为。

8.1.2　农户风险偏好与农业保险参与

虽然风险客观存在，但决策者的风险管理在很大程度上依赖于其对风险的主观认知与判断，以及决策者应对风险所采取的策略，故要探讨具有不确定性的风险问题，必须从主观上研究受险单位的风险偏好。在保险经济学中，决策者的风险偏好分为风险厌恶、风险中性和风险喜好三个类型；在其他条件不变的情况下，决策者风险偏好程度与其保险参与决策呈负相关关系。在农业保险中，由于农户个人特征、家庭禀赋、农业生产条件等不尽相同，使得各自参与农业保险的偏好也显现出一定差异，具体而言，风险厌恶型农户更有可能参加农业保险，风险中性农户次之，风险喜好型农户参与农业保险的比例最低（Hill 和 Hoddinott 等，2011；Enjolras 和 Capitanio 等，2012；Menapace 等，2016；Jin 等，2016；于洋和王尔大，2011；等等）；据此，本研究提出如下假设：

假设 2a：农户风险偏好程度越高，其参与农业保险的可能性会越低；反之亦然。

另外，农户风险偏好和其农业生产风险不仅会单独作用于农户风险管理决策，而且二者存在交互效应。例如，对于风险厌恶型农户而言，农业生产的高风险可能会进一步增加其对不确定性的厌恶，故参与农业保险的可能性会提高；与之相反，对于风险喜好型农户而言，农业生产的高风险可能意味着潜在的高收益，故不确定程度越高，农户参与农业保险的可能性会越低；据此，本研究提出第三项假设：

假设 2b：农户风险偏好在农业生产风险和农业保险参与之间存在显著的负向调节作用。

8.1.3 农户风险认知与农业保险参与

要处理现实的风险问题，只有在对风险进行认知之后才有可能。风险认知是个体对存在于外界环境中的各种客观风险的主观感知与判断。风险认知会影响个体的风险管理决策，在农业保险领域，王阿星和张峭（2008）、王敏俊（2009）、侯玲玲等（2010）、杜鹏（2011）、张虎和孔荣（2014）、叶明华（2015）、Jin 等（2016）均对农户风险认知如何影响其农业保险需求给予实证研究，发现对农业生产风险具有良好认知的农户，往往具有风险规避倾向，通常会采取风险防范措施减少风险，也更愿意为规避风险和不确定性而参与农业保险；据此，本研究提出如下假设：

假设 3a：农户风险认知与农业保险参与之间存在正相关关系，风险认知程度越高的农户，越有可能选择农业保险化解农业生产风险。

风险认知的提高是农户选择保险进行风险分担的基础（叶明华等，2014），但农户主观风险认知可能因其年龄、受教育水平、风险偏好程度、农业生产禀赋、历年因灾损失等不同而产生差异。在现实中，农户风险管理决策不仅与其认知水平相关，而且会受到农户主观风险认知和客观风险损失之间的偏差的影响。周县华（2010）指出农户可能存在风险“感知失灵”问题，其总是认为小概率的农业灾损事件一般不会发生在自己身上，故而减少农业保险需求。Turvey 等（2013）认为农户主观风险认知与客观风险水平之间的偏差是导致农业保险参与率低的主要原因，其基于陕西省 730 户农户的调查，发现农户普遍具有高估收益、低估损失的倾向，82. 3%的受访农户认为下一年的粮食产量会高于过去年份的平均产量，71. 63%的受访农户认为下一年的损失会低于历史平均值。因此，农户的主观农业风险判断和其实际风险概率往往不相符，当风险概率低于某一主观阈值时，农户会选择忽视风险或者风险自担（刘飞和陶建平，2016）。据此，本研究提出如下假设：

假设 3b：农户风险认知在农业生产风险和农业保险参与之间存在显著的正向调节作用。

8.2 研究方法

本研究主要是从农户农业生产面临的客观风险及其主观风险偏好、风险认知视角检验农户个体因素在农业保险消费决策中的作用，其中，对客观风险如何影响农户农业保险购买的研究旨在检测农户是否存在逆向选择行为。Chiappori 与 Salanie（2000）指出：在信息不对称条件下，对于可观测特征完全一样的被保险人，保险保障大小的选择与其损失发生频率之间应当存在正相关关系；因此，保险保障大小的选择与损失频率高低之间的正相关关系是信息不对称存在的必要条件，如果不考虑道德风险的影响，则是逆向选择存在的必要条件。在农业保险市场中，由于投保农户往往比保险公司拥有更多关于保险标的的风险信息，且保险公司很难针对单个农户在农业生产中的风险大小厘定因人而异的农业保险合同，由此导致不同的投保农户在面临相同的农业保险合同时，其行为选择发生明显变化。在目前内蒙古种植业保险只提供一种保险合同的情况下，逆向选择的典型表现是高风险的农户选择参加保险，而相对低风险的农户选择不参加；或者高风险农户的保险保障广度显著高于低风险农户①。

8.2.1　非参数分析方法

采用非参数分析方法检验农户在参加农业保险时是否存在逆向选择行为就是要分析参保农户样本和未参保农户样本是否具有相同的风险损失特征，或者说参保农户样本和未参保农户样本各自的农业生产风险之间是否具有明显差异，如果二者一致，则意味着高风险农户在参加农业保险时并没有比低风险农户购买更多的保险，即农业保险中并不存在逆向选择问题。根据 Makki 和 Somwaru（2001，2002）的研究，本研究选择 Kruskal-Wallis 检验和 Kolmogorov-Smirnov 检验两种非参数分析方法来检测农户选择参加农业保险与其农业生产风险之间是否相互独立来验证农户是否存在逆向选择问题。

关于 Kruskal-Wallis（K-W）检验，即克鲁斯卡尔-沃利斯检验，亦称 H 检验，是一种秩和检验（周概容，1993）。基本原理：首先将所有数据按从小到大的顺序合并成一个单一的样本，大小为 $N = n_1 + n_2 + \cdots + n_k$，然后给单一样本中的每一个观察值评秩，即给出等级，秩为整数，从 1 到 N，对于 N 个观察值来说，平均等级为 $\frac{1}{N}(1 + 2 + \cdots + N) = \frac{1}{2}(N + 1)$；对于含有 n_j 个观察值的第 j 个样本来说，等级总和的期望值是 $\frac{n_j}{2}(N + 1)$；若以 R_j 表示第 j 个样本的实际等级总和，则 $R_j - \frac{n_j}{2}(N + 1)$ 代表 k 个样本中第 j 个样本的等级总和与其均值的偏差。如果样本之间无显著差异，则偏差较小，反之，偏差则较大。因此，Kruskal-Wallis 检验的基本步骤是：（1）提出假设，检验多个总体是否具有相同的统计分布；H_0：$F_1(x) = F_2(x) = \cdots = F_k(x)$，$H_1$：$F_j(x)$ 中至少有两个不相等（$j = 1, 2, \cdots, k$）。（2）构造检验统计量 H；其建立在实际等级总和 R_j 与期望等级总和 $\frac{n_j}{2}(N + 1)$ 的偏差的基础之上，计算公式为 $H = \frac{12}{N(N + 1)} \sum_{j=1}^{k} \frac{[R_j - n_j(N + 1)/2]^2}{n_j} =$

① 农业保险保障广度=承保面积/种植业生产规模。

$\frac{12}{N(N+1)}\sum_{j=1}^{k}\frac{R_j^2}{n_j}-3(N+1)\sim\chi_\alpha^2(k-1)$。(3) 做出显著性检验；当 $H<\chi_\alpha^2$ 时，不能拒绝 H_0，当 $H\geqslant\chi_\alpha^2$ 时，拒绝 H_0。

关于 Kolmogorov-Smirnov（K-S）检验，即柯尔莫戈洛夫-斯米尔诺夫检验，亦称 D 检验，主要用于检验两个独立样本是否来自于同一总体，或者说两个样本的总体分布是否相同（周概容，1993）。K-S 检验的基本步骤是：（1）提出假设；H_0：$F_m(x)=F_n(x)$，对于所有的 x；H_1：$F_m(x)\neq F_n(x)$，至少有一 x；其中，$F_m(x)$ 和 $F_n(x)$ 分别代表参保农户和未参保农户的农业生产条件的累计频数分布，m 和 n 分别表示参保农户和未参保农户的样本容量。(2) 构造检验统计量 D；$D_{m,n}=\sup_x|F_m(x)-F_n(x)|$。(3) 做出显著性检验；当 $\sqrt{mn/(m+n)}D_{m,n}<\chi_\alpha^2$ 时，不能拒绝 H_0，当 $\sqrt{mn/(m+n)}D_{m,n}\geqslant\chi_\alpha^2$ 时，拒绝 H_0；也就是说，K-S 检验是通过衡量两个样本的累计频数分布是否相当接近来判断 H_0 是否为真，如果两个样本间的累计概率分布的离差很大，则意味着这两个样本来自不同的总体，应拒绝 H_0。

8.2.2 理论与实证模型

基于上述理论框架，本研究构建如下验证农户生产风险、风险偏好、风险认知影响其农业保险参与决策的理论模型：

$$Insu_i=\alpha+\beta\cdot Risk_i+\gamma Appe_i+\delta Perc_i+\lambda\sum_{i=1}X_i+\varepsilon_i \tag{8-6}$$

其中：$Insu_i$ 代表农户 i 的农业保险参与情况；$Risk_i$ 表示农户 i 在农业生产中的客观风险状况；$Appe_i$ 代表农户 i 的风险偏好程度；$Perc_i$ 表示农户 i 的主观风险认知；X_i 代表控制变量，包括农户 i 的个人特征、家庭禀赋、农业生产特征、农户对农业保险政策的认知等；ε_i 为随机误差项；$i=1,2,\cdots,n$。

本研究选择 *Logit* 模型进行估计，实证结果重点关注变量 $Risk_i$、$Appe_i$ 和 $Perc_i$ 的系数 β、γ 和 δ。如果 β 显著为正，则说明农户参加农业保险与其客观风险之间正相关，意味着农户在农业生产中的风险越大，越有可能参与农业保险，从而证实农业保险中农户逆向选择行为的存在；如果 γ 显著为负，则说明农户参加农业保险与其主观风险偏好之间负相关，意味着农户风险偏好程度越高，参与农业保险的可能性越低；如果 δ 显著为正，则说明农户参加农业保险与其主观风险认知之间正相关，意味着农户风险认知程度越高，越有可能参与农业保险。

因此，农户参加农业保险的 *Logit* 模型可以表示为：

$$\begin{aligned}P(Insu_i=1|X_i)&=P(Insu_i^*>0|X_i)=P(\beta_0+\beta X_i+\varepsilon>0|X_i)\\&=P[\varepsilon>-(\beta_0+\beta X_i)|X_i]=1-F[-(\beta_0+\beta X_i)]=F(\beta_0+\beta X_i)=F(x,\beta)\end{aligned} \tag{8-7}$$

在式（8-7）中：$Insu_i$ 是可观测到的被解释变量，表示农户是否参加农业保险，如果 $Insu_i=1$，则表示农户参保；如果 $Insu_i=0$，则表示农户未参保。X_i 为可观测到的解释变量；ε 为随机扰动项；$Insu_i^*$ 是不可观测的潜变量，其可定义为：

$$Insu_i = \begin{cases} 1，当 Insu_i^* > 0 时 \\ 0，当 Insu_i^* \leqslant 0 时 \end{cases} \tag{8-8}$$

同时，$F(x, \beta)$ 是一个取值严格介于 0 与 1 之间且服从逻辑分布的累计分布函数，且对所有实数 z，均有 $0 < F(z) < 1$，从而确保估计出来的响应概率严格地介于 0 和 1 之间；即：

$$P(Insu_i = 1 \mid X_i) = F(x, \beta) = \Lambda(x'\beta) = \frac{\exp(x'\beta)}{1 + \exp(x'\beta)} \tag{8-9}$$

另外，为更方便地解释各变量对保险参与决策的影响，本研究进一步估计各变量的边际效应。

$$\frac{P(Insu_i = 1 \mid x)}{x_j} = g(\widehat{\beta}_0 + \widehat{\beta}_j X) \times \widehat{\beta}_j \tag{8-10}$$

8.3　数据来源

本研究使用数据来源于课题组 2012—2015 年在内蒙古呼和浩特市、包头市、巴彦淖尔市、乌兰察布市、赤峰市、兴安盟、呼伦贝尔市等 7 个盟市 19 个旗县 49 个乡镇苏木 96 个村嘎查进行的入户问卷调查，共计调查 982 户农户，剔除信息存在缺失的问卷，最终得到有效样本 950 个，样本有效率为 96.74%，具体的样本分布情况如表 8-1 所示。调查问卷共有四个部分：第一，农户个人基本信息，包括性别、年龄、受教育年限等；第二，农户家庭基本特征，包括家庭人口数量、劳动力数量、收入结构等；第三，农业生产情况，包括农作物种植、收入与成本、农业灾害影响及减灾策略等信息；第四，农业保险认知与参与情况，包括农户风险偏好、风险认知、农业保险投保与理赔等。

表 8-1　样本分布情况　　单位：个，户

年份	盟市	旗县（区）	乡镇苏木	村嘎查	受访农户
2012 年	巴彦淖尔市	2 个：乌拉特前旗、五原县	5	6	51
	包头市	1 个：土默特右旗	1	1	19
	赤峰市	2 个：松山区、翁牛特旗	5	11	95
	呼和浩特市	1 个：武川县	2	4	16
	乌兰察布市	2 个：卓资县、察哈尔右翼中旗	5	8	48
2013 年	巴彦淖尔市	2 个：临河区、磴口县	5	7	124
	包头市	1 个：土默特右旗	1	1	15
	呼伦贝尔市	1 个：扎兰屯市	4	5	49
	兴安盟	1 个：科尔沁右翼前旗	2	4	46

（续表）

年份	盟市	旗县（区）	乡镇苏木	村嘎查	受访农户
2014 年	包头市	1 个：达茂旗	11	28	204
2015 年	包头市	2 个：土默特右旗、达尔罕茂明安联合旗	5	8	128
	呼和浩特市	2 个：土默特左旗、武川县	4	8	73
	呼伦贝尔市	2 个：扎兰屯市、牙克石市	4	6	47
	兴安盟	1 个：扎赉特旗	2	2	35
合计	7 个	19 个	49	96	950

数据来源：农户问卷调查数据。

8.4　变量选择

1. 因变量。*Logit* 模型的被解释变量为农户是否参与农业保险，“1”表示农户参保，“0”表示农户未参保。

2. 自变量。

（1）农业生产风险。本研究选择“农户在农业生产中遭受的自然灾害数量”指标来衡量。自然灾害①会显著影响农户的农业生产产出，故受自然灾害影响越大的农户越有可能选择保险进行风险转移（孙蓉和何海霞，2015；Wang 和 Ye 等，2016）。

（2）农户风险偏好。本研究通过设计“保险购买数量”指标来衡量农户风险偏好程度，可供农户选择参与的保险产品除农作物保险以外，还包括养殖业保险、新型农村合作医疗保险（即“新农合”）、新型农村社会养老保险（即“新农保”）、商业性人身保险、农机具保险、汽车保险等。如果农户参加保险的数量不多于 2 种，则说明农户为风险偏好型。

（3）农户风险认知。本研究选择“农户对其近五年农业生产风险大小”的评价来衡量其风险认知程度，具体包括 5 个维度：风险非常小、风险比较小、风险一般、风险比较大、风险非常大。

3. 控制变量。

参照 Enjolras 和 Capitanio 等（2012），Menapace 等（2016），Santeramo 和 Goodwin 等（2016），张跃华等（2005）、陈妍等（2007）、姜岩和李扬（2012），孙蓉和何海霞（2015）等学者的研究，本研究选择的控制变量主要包括农户年龄、受教育年限、家中有无乡村干部、有无借贷、可参保农作物的种植种类、种植收入①和耕种面积、保险政

① 受访地区农户在农业生产中遭受的自然灾害主要包括暴雨、洪涝、风灾、雹灾、冻灾、旱灾、病虫鼠害等。

策认知等。年龄不仅会影响农户对农业风险的认知水平[②]，而且会影响农户对新鲜事物的接受能力；农户的受教育程度越高，其越能理解农业保险的功能与作用（张跃华等，2005）；在内蒙古农业保险政策实施过程中，广大乡村干部多数是协保员（如村支书、村长、村会计、合作社社长、生产队队长等），故农户家庭若有乡村干部，则其越有可能参与农业保险；家庭有借贷农户面临的财务风险要远大于无借贷农户，故有借贷的农户更有可能参与农业保险；农户可参保农作物的耕种种类越多，则可通过多样化经营分散农业生产风险；种植收入越大，说明灾害给农户带来的损失也相应越大，同时，收入水平的提高也可使农户的可支配收入增多，进而使农户有更多的富余资金来购买农业保险（陈妍等，2007）；农作物耕种面积可以反映农户的农业生产规模，耕种面积越大，说明农户遭受的风险也越大，故其越有可能参与农业保险；对农业保险政策认知程度越高的农户越能准确把握国家的这项支农惠农政策，也就越有可能选择农业保险这一市场化工具化解农业生产风险（王敏俊，2009）。另外，回归过程中还对年份、地区等影响因素给予控制。

各变量的定义及赋值如表 8-2 所示，描述性统计见表 8-3。

表 8-2　变量的定义和赋值

	变量	代码	单位	测量方法
因变量	农户是否参与农业保险	insu	—	二分类变量（参保=1；未参保=0）
自变量	农户农业生产风险	risk	个	连续型变量，实际数据
	农户风险偏好特征	appe	—	二分类变量（风险偏好=1；其他=0）
	农户主观风险认知	perc	—	次序型变量（风险非常小=1；风险比较小=2；风险一般=3；风险比较大=4；风险非常大=5）

① 农户种植的可参加农业保险的农作物的收入为：$Y = \sum_{i}^{n} Q_i P_i S_i$，其中，$Y$ 表示农户的年种植业收入，Q_i 表示农户第 i 种农作物的产量，P_i 表示农户第 i 种农作物的销售价格，S_i 表示农户第 i 种农作物的种植面积，i=1，2，…，8。

② 关于农户对农业保险政策的认知程度，本研究通过农户是否知晓保费补贴、保险金额、保险责任、免责条款、查勘定损、理赔条款这六项内容构建农户对农业保险政策的认知变量。如果农户一项也不知道或者仅知晓其中一项，则其对农业保险政策的认知状况为“根本不了解”；若知晓其中两项，则其认知状况为“了解较少”；若知晓其中三项，则其认知状况为“一般了解”；若知晓其中四项，则其认知状况为“了解较多”；若知晓其中五项或者六项，则其认知状况为“非常了解”。

	变量	代码	单位	测量方法
控制变量	农户年龄	age	岁	连续型变量，实际数据
	农户受教育年限	educ	年	连续型变量，实际年限
	农户家庭有无乡村干部	head	—	二分类变量（有=1；无=0）
	农户家庭有无借贷	loan	—	二分类变量（有=1；无=0）
	农户农作物种植种类	type	种	连续型变量，实际数据
	农户可参保农作物种植收入	inco	元	连续型变量，实际数据
	农户可参保农作物耕种面积	area	亩	连续型变量，实际数据
	农户对农业保险的认知	know	—	次序型变量（根本不了解=1；了解较少=2； 一般了解=3；比较了解=4；非常了解=5）
	年份	year	—	虚拟变量
	地区	zone	—	虚拟变量

注：可参保农作物的种植收入是通过对农户种植的可参加农业保险的农作物的收入加总求和而得，主要包括玉米（分水地和旱地）、小麦（分水地和旱地）、大豆、马铃薯、油菜、葵花。

表 8-3 变量的描述性统计

变量		insu	risk	appe	perc	age	educ	head	loan	type	inco	area	know
全部样本（950）	均值	0.87	1.19	0.81	3.98	51	6.98	0.19	0.61	1.93	76 090	104	2.40
	标准差	0.33	1.02	0.40	1.10	10	3.02	0.39	0.49	1.02	228 715	427	1.32
	最小值	0	0	0	1	22	0	0	0	1	75	1.35	1
	最大值	1	5	1	5	75	16	1	1	8	2 722 625	5 800	5
参保农户（830）	均值	1	1.24	0.79	4.01	51	7.07	0.18	0.63	1.93	79 506	113	2.48
	标准差	0	1.03	0.41	1.05	10	3.02	0.38	0.48	1.02	238 577	455	1.34
	最小值	1	0	0	1	22	0	0	0	1	75	2	1
	最大值	1	5	1	5	75	16	1	1	8	2 722 625	5 800	5
未参保农户（120）	均值	0	0.88	0.94	3.78	52	6.33	0.23	0.47	1.93	52 458	47	2.85
	标准差	0	0.88	0.24	1.34	9	2.97	0.42	0.50	1.03	141 420	64	1.03
	最小值	0	0	0	1	28	0	0	0	1	260	1.35	1
	最大值	0	4	1	5	72	13	1	1	6	1 445 105	370	5

数据来源：农户问卷调查数据。

由表 8-3 可知："农户是否参与农业保险"变量的均值为 0.87，表示约有 87%（830 户）的受访农户选择参与农业保险。在农业生产风险方面，受访农户在农业生产中至少要遭受一类自然灾害，且参保农户受自然灾害的影响高于未参保农户；在农户风险偏好方面，81%的农户户均保险购买数量不多于 2 种，且未参保比未参保农户高 0.15 个百分点；在农户风险认知方面，农户普遍认为其近五年的农业生产风险比较大。农户的平均年龄约为 51 岁，这与当前中国从事农业生产的人口多为中老年人的现实相吻合；农户的平均受教育年限为 6.98 年，说明受访农户的受教育程度普遍较低；约有 19%的农户家庭中有乡村干部；约 61%的农户有借贷，且参保农户的借贷比重明显高于未参保农户，前者为 63%，后者为 47%，相差 16 个百分点；在种植农作物的种类方面，参保农户与未参保农户并无显著性差异，均为 2 种；农户可参保农作物的年均种植收入约为 76 090元，说明种植业仍然是样本农户家庭收入的主要来源；受访农户可参保农作物的户均耕种面积约为 104 亩，且参保农户的耕种面积明显大于未参保农户，前者为 113 亩，后者为 47 亩，相差 66 亩；关于农户对农业保险政策的认知程度，均值为 2.40，说明受访农户对农业保险政策接近一般了解。

8.5 实证结果

1. 农业生产风险与农户保险参与。有关农户农业生产风险如何影响其保险参与决策的 *Logit* 模型回归结果如表 8-4 所示，可知：测度农业生产风险的变量"农户遭受自然灾害的种类"在 1%水平下显著为正，这一结果支持假设 1：农户农业生产的风险水平越高，其越有可能参与农业保险；同时，农户面临的农业生产风险具有异质性特征。本研究选择 K-W 检验和 K-S 检验两种非参数分析方法来检测农户选择参加农业保险与其农业生产风险之间是否相互独立来验证参保农户和未参保农户是否具有相同的风险损失特征，其零假设为"高风险农户（农户遭受自然灾害的种类多）与低风险农户（农户遭受自然灾害的种类少）在参加农业保险时不存在显著性差别"，备择假设为"高风险农户比低风险农户更有可能参加农业保险"；如果检验结果拒绝零假设，则说明参保农户和未参保农户在受灾害影响程度方面具有显著性差别，也意味着农户在利用农业保险化解农业生产风险时存在逆向选择问题。如表 8-5 所示，K-W 检验和 K-S 检验的结果均拒绝零假设，也就是说，农户的农业保险参与决策与其农业生产风险之间并不是相互独立，说明参保农户和未参保农户在农业生产中的客观条件的确存在显著性差别，故农户在参加农业保险时存在逆向选择行为。

然而，农户的逆向选择问题并不是很严重；在其他条件不变的情况下，农户在农业生产中遭受的自然灾害每增加 1 种，农户参与农业保险的概率仅会上升 0.04~0.05 个百分点。就参保农户的农业保险参与率①而言，其平均值为 0.74，说明参保农户并未将其种植的可参保的农作物全部参加农业保险，而只是将其中的 74%参加，这也反映出农户在参加农业保险时的选择性投保现象。

① 农户的农业保险参与率=农作物参保面积/农作物种植面积。

2. 农户风险偏好与农业保险参与。有关农户风险偏好和其保险参与决策的 *Logit* 模型回归结果如表 8-6 所示，可知：(1) 假设 2a 得到验证；模型 1 显示，在控制其他变量的影响后，测度农户风险偏好的变量在 1%的水平下会显著影响农户农业保险消费决策：风险偏好型农户会减少保险购买，而其他类型农户则更有可能购买保险。然而，农户风险偏好与其保险参与之间的典型相关系数仅为-0. 131，说明二者之间具有一定相关性，但相关程度并不高。(2) 假设 2b 未得到验证；模型 2 显示，农户风险偏好和其生产风险之间交互项的符号为负，说明当农户为风险偏好型时，其面临的农业生产风险越大，则其越有可能减少保险参与，但并未通过显著性检验。

表 8-4 农业生产风险与农业保险参与

变量	模型 1		模型 2	
	回归系数	边际效应	回归系数	边际效应
农业生产风险 (risk)	0. 410 1***	0. 035 1***	0. 633 6***	0. 046 8***
农户年龄 (age)	-0. 250 6**	-0. 021 5**	-0. 190 0*	-0. 014 0*
农户年龄平方 (age2)	0. 002 4**	0. 000 2**	0. 001 9*	0. 000 1*
农户受教育年限 (educ)	0. 045 6	0. 003 9	0. 026 3	0. 001 9
农户家庭有无乡村干部 (head)	-0. 617 3**	-0. 062 0**	-1. 564 1*	-0. 048 5
农户家庭有无借贷 (loan)	0. 483 2**	0. 043 4**	0. 518 5**	0. 040 4**
农户农作物种植种类 (type)	-0. 317 3***	-0. 027 2***	-0. 309 7**	-0. 022 9**
农户可参保农作物种植收入 (lninco)	-0. 305 8**	-0. 026 2**	-0. 057 7	-0. 004 3
农户可参保农作物耕种面积 (lnarea)	0. 603 4***	0. 051 7***	0. 395 6**	0. 029 2**
农户对农业保险的认知 (know)	0. 445 7***	0. 038 2***	0. 412 0***	0. 030 4***
年份 (year)	—	—	控制	控制
地区 (zone)	—	—	控制	控制
常数项	7. 956 8***	—	3. 771 1**	—
伪 R^2	0. 107 0		0. 163 1	
对数似然比	-321. 78		-301. 60	
LR χ^2	77. 15		117. 52	
样本量	950		950	

注：(1) lninco=ln (inco)，表示对农户可参保农作物种植收入取对数；(2) lnarea=ln (area)，表示对农户可参保农作物的耕种面积取对数；(3) *、**、*** 分别表示 10%、5%、1%显著水平。

表 8-5　农户是否参保与其农业生产风险之间的独立性检验

检验类型	检验统计量	P 值
Kruskal-Wallis（K-W）检验	14.439 0	0.000 1***
Kolmogorov-Smirnov（K-S）检验	0.133 5	0.035 0**

注：**、*** 分别表示 5%、1%显著水平。

表 8-6　农户风险偏好与农业保险参与

变量	模型 1		模型 2	
	回归系数	边际效应	回归系数	边际效应
农户风险偏好（appe）	-0.975 0**	-0.054 9***	-0.638 6	-0.038 1
农业生产风险（risk）	0.612 6***	0.043 4***	0.926 5**	0.064 8**
农户年龄（age）	-0.194 0*	-0.013 8*	-0.191 1*	-0.013 4*
农户年龄平方（age2）	0.001 8*	0.000 1*	0.001 8*	0.000 1*
农户受教育年限（educ）	0.023 2	0.001 6	0.022 5	0.001 6
农户家庭有无乡村干部（head）	-0.628 4**	-0.053 0*	-0.632 4**	-0.052 6*
农户家庭有无借贷（loan）	0.524 5**	0.039 3**	0.517 2**	0.038 2**
农户农作物种植种类（type）	-0.286 0**	-0.020 3**	-0.290 4**	-0.020 3**
农户可参保农作物种植收入（lninco）	-0.065 8	-0.004 7	-0.070 0	-0.004 9
农户可参保农作物耕种面积（lnarea）	0.355 2*	0.025 2*	0.359 4*	0.025 1*
农户对农业保险的认知（know）	0.400 4***	0.028 4***	0.404 9***	0.028 3***
风险偏好与生产风险的交互项（appe * risk）	—	—	-0.337 7	-0.023 6
年份（year）	控制	控制	控制	控制
地区（zone）	控制	控制	控制	控制
常数项	6.764 3**	—	6.446 9**	—
伪 R^2	0.172 2		0.172 9	
对数似然比	-298.31		-298.05	
LR χ^2	124.08		124.62	
样本量	950		950	

注：*、**、*** 分别表示 10%、5%、1%显著水平。

3. 农户风险认知与农业保险参与。有关农户风险认知和其保险参与决策的 *Logit* 模型回归结果如表 8-7 所示，可知：（1）假设 3a 得到验证；模型 1 显示，在控制其他变量的影响后，测度农户风险认知的变量在 5%的水平下会显著影响农户农业保险消费决策：农户的风险认知程度越高，其越有可能选择农业保险化解农业生产风险。（2）假设 3b 得到验证；模型 2 显示，农户风险认知和其生产风险之间交互项在 10%的水平下显著为正，说明当农户的风险认知水平较高时，其面临的农业生产风险越大，则越有可能参与农业保险，故可通过对农户开展风险教育，提高其风险认知水平和保险参与意识。

表 8-7　农户风险认知与农业保险参与

变量	模型 1		模型 2	
	回归系数	边际效应	回归系数	边际效应
农户风险认知（perc）	0.217 6**	0.015 9**	0.050 7	0.003 6
农业生产风险（risk）	0.640 3***	0.046 4***	−0.013 4	−0.001 0
农户年龄（age）	−0.193 2*	−0.014 0*	−0.197 0*	−0.014 1*
农户年龄平方（age2）	0.001 8*	0.000 1*	0.001 9*	0.000 1*
农户受教育年限（educ）	0.031 1	0.002 3	0.032 2	0.002 3
农户家庭有无乡村干部（head）	−0.615 7**	−0.052 8*	−0.624 1*	−0.052 9*
农户家庭有无借贷（loan）	0.508 9**	0.038 9**	0.510 8**	0.038 5**
农户农作物种植种类（type）	−0.309 4**	−0.022 4**	−0.307 1**	−0.022 0**
农户可参保农作物种植收入（lninco）	−0.012 4	−0.000 9	−0.020 1	−0.001 4
农户可参保农作物耕种面积（lnarea）	0.345 8*	0.025 1*	0.349 4*	0.025 0*
农户对农业保险的认知（know）	0.394 8***	0.028 6***	0.394 5***	0.028 2***
风险认知与生产风险的交互项（perc * risk）	—	—	0.174 6*	0.174 6*
年份（year）	控制	控制	控制	控制
地区（zone）	控制	控制	控制	控制
常数项	4.687 2	—	5.363 3*	—
伪 R^2	0.171 2		0.175 2	
对数似然比	−298.67		−297.22	
LR χ^2	123.36		126.27	
样本量	950		950	

注：*、**、*** 分别表示 10%、5%、1%显著水平。

8.6　结论、讨论和启示

本部分基于内蒙古微观农户调查数据，从农户农业生产面临的客观风险及其主观风险偏好、风险认知视角检验农户个体因素在农业保险消费决策中的作用，得到如下结论：

第一，农户农业生产的风险水平越高，其越有可能参与农业保险，即农户的保险决策可能存在逆向选择；同时，农户面临的农业生产风险具有异质性特征。然而，目前内蒙古甚至全国的农业保险产品均存在同质化问题，一方面是保险产品基本上都属于多灾害单产保险（类似美国的 MPCI），农业保险本质上属于低水平的成本保险；另一方面是现行农业保险政策条款均缺乏弹性，多是以省或自治区为单位，施行统一保额和统一费率，导致不同区域农业生产风险、保险保障程度和保险费用负担存在事实上的不对等；因此，"一刀切"费率政策导致广大农户多样化的农业保险需求很难得到满足。

另外，K-W 检验和 K-S 检验均发现农户的农业保险参与决策和其农业生产风险之间并不是相互独立，说明农户在参加农业保险时存在逆向选择行为，但其并不是很严重，究其原因，可能有二：一是当前内蒙古农业保险在理赔过程中所存在的"协议"赔付或"平均"赔付模式；农业生产风险较小的农户由于受灾预期较低，使得其往往只交保费并不受益，即使某一年份受灾，但也有可能达不到农业保险条款所规定的起赔点，加之"协议"理赔模式下受灾农户所得赔款可能并不足以弥补农户在农业生产中的直接物化成本，也在一定程度上影响低风险农户的参保积极性。二是在 2016 年以前农户参加种植业保险时有各级政府高达 90%的保费补贴；如图 8-1 所示，在政府未向农业保险提供保费补贴时，风险事故发生的可能性 p_0 是农户参保与不参保的分界点；在政府为农业保险提供保费补贴时，如果农户没有参加农业保险，则其期望效用仍为 $EU_0=(1-p)U(W)+pU(W-L)$，如果农户参加农业保险，则其期望效用为 $EU_1^S=(1-p)U(W-\alpha_1+S)+pU(W-\alpha_1-L+\hat{\alpha}_2+S)$，其中，$S$ 表示政府提供的保费补贴，s 代表政府的保费补贴比例，且 $0<s<1$，则有 $S=s\alpha_1$，此时，风险事故发生的可能性 p_1 是农户参保与不参保的分界点，显然有 $p_1<p_0$，即有更多的低风险农户开始将参加农业保险作为其化解农业生产风险的措施。正如 Smith 和 Glauber（2012）的研究结果，美国联邦农作物保险计划最近 30 多年的实践表明，随着政府对农业保险补贴力度的不断加大，农户的参与率呈现出逐步提高的趋势，故农户逆向选择问题已经成为美国农业保险计划中一个相对较小的问题①；然而，政府补贴虽然可以减少农户的逆向选择行为，但其并不能彻底消除此信息不对称问题。

---

① 从美国联邦农作物保险计划在 1980 年-2010 年之间的农户参与率可知，在 20 世纪 80 年代，在 1980 年新修订的《农作物保险法》颁布之后，美国政府向参保农户提供大约 30%的保费补贴，但在整个 80 年代，美国农业保险的参与率多居于 20%以下，除 1989 年和 1990 年以外；在 1994 年《农作物保险改革法》实施以后，政府对农户的保费补贴提高至 40%，此时，农户的参与率为 50%～60%；在 2000 年，美国政府进一步将补贴增加至 60%，农户参与率也进一步上升，在 2007 年-2010 年之间，农户参与率已经达到 80%～85%；由此说明，随着时间的推移，政府对农业保险的补贴力度在逐步加大，农户的逆向选择行为在美国的农业保险计划中已经逐渐成为一个相对较小的问题（Smith 和 Glauber，2012）。

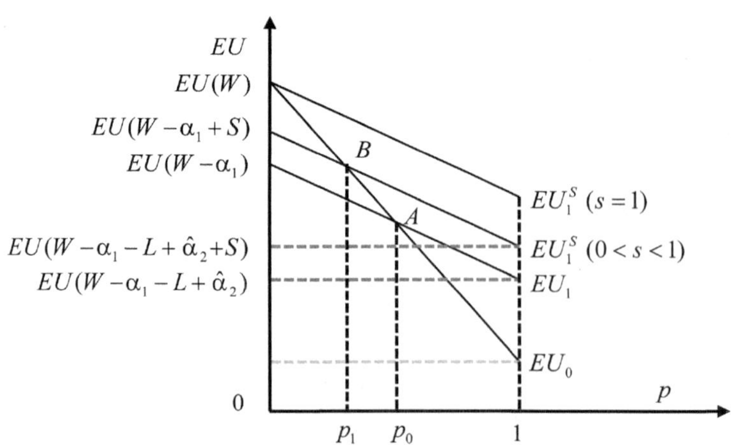

图 8-1　政府保费补贴下农户期望效用与其受损可能性之间的关系

第二，农户风险偏好和其农业保险参与决策之间具有显著的负相关关系，但相关程度较低；同时，农户风险偏好在农业生产风险和农业保险参与之间也并不存在显著的负向调节作用；原因有二：一是受访的风险偏好型农户年龄较大（均值为 52 岁），受教育程度较低（均值为 7 年），农作物耕种面积适中（均值为 84 亩），对保险条款内容知之甚少，根本不清楚投保后的权利和义务，加之现行保险的保障水平和其生产成本之间的差距较大，导致多数农户将农业保险作为一种"以小钱换大钱"的逐利方式；二是目前农业保险运行机制存在保险人和被保险人缺少话语权、只有执行权、过度依赖政府的问题，例如，保险公司和农户在选择险种、地区、费率、理赔等方面均受限，往往是由地方政府主导，部分地区甚至将农业保险参保率作为基层政府的绩效考核目标，通过行政命令代替农户自主自愿投保，强制性十分明显。

第三，农户风险认知与其农业保险参与决策之间存在显著的正相关关系，同时，农户风险认知在农业生产风险和农业保险参与之间存在显著的正向调节作用，说明风险认知水平的提高是农户选择农业保险化解农业生产风险的基础，故在当前内蒙古乃至全国农业保险的转型升级过程中，需要进一步提高农户风险认知。

虽然信息不对称问题在任何一个保险市场都是永恒存在的，信息的不对称会使得保险市场很难实现帕累托最优，农业保险市场也不例外，但农户逆向选择问题的存在也应引起相关政府部门和各家农业保险经办公司的重视，因为该问题会影响农业保险这一支农惠农政策的公平性以及政府财政补贴农业保险的效率性。因此，如何通过制度改进减少农户逆向选择将成为相关政府部门与保险公司面临的现实问题；可行的措施有四个：

一是提高农户风险认知；过往十余年的政策性农业保险实践已使绝大多数农户对政策有一定程度了解，但尚未充分理解农业保险的政策功效，故需要进一步对农户加强风险教育和保险宣传，继续提高农户的保险意识和风险承担能力。

二是推进农业风险区划。农业生产风险评估与区划是农业保险可持续开展的基础性工作之一。内蒙古东西跨度上千公里，导致各盟市间的农业生产条件与农业发展水平千差万别，即使在同一盟市，不同旗县（市、区）间的农业生产条件也不尽相同，甚至在一个苏木乡镇，不同村落嘎查之间的农业生产条件也存在客观差别，由此使得内蒙古农业保险呈现出不平衡性、多层次性和区域间农业保险供求的差异性。针对当前内蒙古全区农业保险各险种费率在地区之间差异性不明显、定价不科学的现状，建议在自治区农业保险保费补贴领导小组的统一协调下，尽快开展以旗县（市、区）为单位的农业灾害风险评估与农业保险费率厘定，改变现行的自治区统颁农业保险费率条款的政策，实行不同地域、不同险种、不同费率的差异化农业保险政策从而实现农业保险费率水平和保险责任的对等。

三是试行多样化的保险合约。Rothschild 和 Stiglitz（1976）认为保险公司通过提供具有不同费率水平和责任范围的多样化保险合约并让投保人自主选择，可以形成一个不同风险的分离均衡，从而克服保险市场中的逆向选择问题。例如，美国的农作物保险产品虽属于产量保险或者收入保险，但其通常有多个保障水平可供参保农户进行选择。目前，内蒙古甚至全国的农业保险产品基本上都属于多灾害单产保险（类似美国的 MPCI），且农业保险政策条款也缺乏弹性，多是以省或自治区为单位，实行统一费率和统一保额，导致不同区域农业生产风险、保险保障程度和保险费用负担存在事实上的不对等，故“一刀切”费率政策会使广大农户多样化的农业保险需求很难得到满足。例如，在内蒙古巴彦淖尔市，目前“低保障”的农业保险产品难以满足农户的“高端”需求，多数农户不仅愿意而且有保费支付能力参加具有高保障水平的农作物保险。因此，设计丰富多彩的农业保险合约，对不同类型的产品实行差别化的补贴标准，由农户根据保费承担能力、财政补贴标准、自身农业生产特点和风险防范需要自由选择最适于自己的农业保险合同，也可以在一定程度上减少农户的逆向选择行为。

四是推行指数保险产品。研究已表明指数保险可以有效防范农户逆向选择，故内蒙古也应加强农业保险产品创新，尤其是比较切合地域农业生产实际的天气指数保险（如农作物干旱指数保险或者降雨指数保险）的开发与应用。

8.7　本章小结

本部分试图以内蒙古为例，立足于950户农户问卷调查数据，采用非参数分析方法和计量经济模型，识别农户在农业生产中的客观风险、主观风险偏好和风险认知如何影响其农业保险参与决策，研究发现：农业生产风险、风险认知均与农户参与农业保险之间具有显著正相关关系，农户风险偏好和其参与农业保险之间具有显著负相关关系，农户风险认知在农业生产风险和农业保险参与之间存在显著的正向调节作用；同时，农户面临的农业生产风险具有异质性特征，K-W 检验和 K-S 检验均发现农户的农业保险参与决策和其农业生产风险之间并不是相互独立，说明农户在参加农业保险时存在逆向选择行为，但其并不严重，原因可能是目前内蒙古农业保险理赔中“协议”赔付或“平均”赔付的广泛存在和政府对农户的大规模保费补贴。然而，农户逆向选择问题的存在也应引起相关政府部门和各家农业保险经办公司的重视，可以从提高农户风险认知、推进农业风险区划、试行多样化的保险合约和推行指数保险产品四个方面着手来规避农户逆向选择行为，进而保证农业保险这一支农惠农政策的公平性以及政府财政补贴农业保险的效率性。

9 主要结论与政策含义

9.1 主要结论

本书基于两个研究问题，一是“农业保险开展中三方参与主体（即农户、政府、保险公司）是否存在道德风险问题？各自有何表现？其形成原因又是什么？如果存在，如何减少？”；二是“农业保险开展中受益主体即农户是否存在由信息不对称引起的逆向选择行为？有何表现？如何产生？如果存在，如何规避？”，得出以下研究结论：

9.1.1 内蒙古农业保险发展成效显著，但仍面临各种挑战

作为首批中央财政农业保险保费补贴政策的试点省份，在各级政府的支持下，内蒙古农业保险取得前所未有的蓬勃发展，一直走在全国市场的前列，具体表现在：制度体系日趋完善，财政支持力度不减，市场规模稳步扩大，农户认知不断提高，现有产品日渐合理，新型产品逐步试点。因此，政策性农业保险已成为内蒙古农牧业生产的“保护伞”、政府的“减压阀”和农牧民收入的“稳定器”。

然而，农业保险虽为内蒙古农牧业发展起到保驾护航的作用，但在其发展过程中也面临一系列挑战，例如，政策认知需要进一步提升，制度体系需要进一步优化，服务质量需要进一步提高，运营风险需要进一步重视，产品创新需要进一步深入，等等。

9.1.2 农业保险中三方主体均存在具有不同表现形式的道德风险问题

在农业保险市场中，由于涉及农户、保险公司和政府三个行为主体，故政策性农业保险中的道德风险可包括三类，分别是投保农户的道德风险、保险公司的道德风险和政府部门的道德风险。根据风险事故发生的时间，投保农户的道德风险又可以分为事前道德风险和事后道德风险两种类型，其中，前者的主要表现是因投保人不诚实或者故意欺诈以及投保人事前防损行为不积极而引起保险事故的发生；后者的主要表现是可能有投保农户在受灾以后谎报灾情、虚报损失、串换标的以骗取农业保险赔款和投保农户在受灾以后怠于采取减损措施以获取保险公司的超额农业保险赔款。保险公司的道德风险主要表现为选择性供给，隐形拒保；通过虚假承保、虚假退保、虚假理赔、虚挂保费和虚列费用等“五虚”方式套取财政补贴资金；农业保险运作不规范而造成理赔纠纷；等等。管理部门的道德风险主要表现为可能克扣、截留、挤占、挪用财政补贴资金或者农户农业保险赔偿款；骗保、骗赔；部分区域存在外部因素导致保险公司“无灾也赔”、“小灾多赔”等等。

9.1.3 三方主体道德风险的存在既有理论基础，也有现实原因

关于投保农户的道德风险问题，根据其表现形式的不同，可从投保农户事前与事后的不积极行为（即事前防损不积极和事后减损不积极）角度和投保农户事前骗保与事后骗赔的保险欺诈行为角度进行分析。在投保农户的不积极行为方面，当投保农户在农作物田间管理中投入较少努力可能比其投入较多努力获得更多的收入时，无论风险事故是否发生，其都有激励降低农业生产努力程度以期获得保险公司的赔付，即投保农户在农业生产中有可能存在防灾防损不积极的事前道德风险问题和在风险事故发生后怠于采取减灾减损措施的事后道德风险问题。在投保农户的保险欺诈方面，根据投保农户与保险公司之间的博弈分析结果，可以发现：投保农户在参加农业保险后是否进行保险欺诈与投保农户的欺诈成本、投保农户的欺诈行为被发现后遭受的经济惩罚、保险公司的核查概率、保险公司的核查费用以及保险公司对投保农户保险欺诈的识别概率等因素相关。如果投保农户的欺诈成本越高以及其欺诈行为被发现后遭受的经济惩罚越严重，保险公司的核查概率以及其对投保农户保险欺诈的识别概率越大，则投保农户在参加农业保险后选择进行保险欺诈的可能性就越小；如果保险公司的核查费用越高，则投保农户选择进行保险欺诈的概率就越大。因此，保险公司可以从提高投保农户进行欺诈的难度、加大对投保农户欺诈的惩罚、加强对投保农户的核查和降低保险公司核查的费用以及增强保险公司的核保与核赔技术以提高其对投保农户保险欺诈的识别概率这五个方面着手来减少投保农户在农业保险市场中的欺诈行为。

关于保险公司的道德风险问题，根据政府与保险公司之间的博弈分析，可知：在政府对保险公司的监管成本较高，效用减少的情况下，保险公司不遵守农险经营规范的收益要大于其遵守经营规范的收益，从而导致保险公司出现道德风险问题；然而，农业保险相关政府管理部门可以通过完善监管环境、加强监管力度、降低监管成本、加大惩罚力度、实施有效的激励与约束等措施来减少保险公司不遵守农业保险经营规范带给其的收益，督促保险公司依法合规经营农业保险业务。

关于政府部门的道德风险问题，农业保险的开展需要政府部门的支持、引导与监管，但政府监管者也同样具有追求自身利益最大化的目标诉求；如果没有良好的制度规范，政府监管者为了实现自身利益最大化就有可能忽视公共利益。起初，随着政府部门对农业保险市场支持、引导与监管的增加，保险公司的农业保险运营质量在不断改进，但随着政府介入农业保险市场越深，保险公司对改进其农险业务运营质量的积极性则会越小。因此，农业保险市场运营效率的提高，仅靠政府部门的支持、引导与监管远远不够，政府部门自身也需要得到其上一级相关政府部门或者外部其他主体的有效监管。

农业保险市场中三方利益主体均存在道德风险问题的现实原因是投保农户的认知偏差和侥幸心理，保险公司的利益驱使和机会主义，政府部门的认知误区与监管缺位。投保农户、保险公司、政府部门各自的道德风险问题均会对农业保险市场的健康、快速和可持续发展带来不利影响，不仅会使保险公司的业务拓展受挫，而且会造成各级政府的财政补贴资金流失。

然而，基于农户视角，根据农业保险市场中投保农户事前道德风险问题和其事后道

德风险问题的不同表现，从农户事前消极防损与事后怠于减损的不积极行为和农户事前骗保与事后骗赔的保险欺诈行为两个角度对农业保险市场中的农户道德风险问题进行实证检验，可以发现：无论是在种植业保险市场还是在养殖业保险市场，在内蒙古现行“低保障、广覆盖、低保费、低赔偿”的农业保险政策体系下，投保农户均不存在事前消极防损和事后怠于减损即事前与事后的不积极行为的道德风险问题，但存在事前骗保与事后骗赔等属于保险欺诈范畴的道德风险问题。鉴于此，要减少投保农户在农业保险市场中的欺诈行为，可行的措施包括提高投保农户进行欺诈的难度、加大对投保农户欺诈的惩罚、加强对投保农户的核查、降低保险公司核查的费用、增强保险公司的核保与核赔技术以提高其对投保农户保险欺诈的识别概率；同时，基层政府部门也应减少其对农业保险市场的不适当或者过度干预，理清政府与保险公司的行为边界。

9.1.4 农业保险中农户的确存在逆向选择行为，但并不严重

在农业保险市场，逆向选择是指由于投保农户的信息隐藏导致保险公司无法或者很难分离高低风险农户，唯有采用统一费率，进而使得低风险农户不愿投保而高风险农户则乐于投保。现阶段，中国农业保险市场中农户逆向选择行为的表现有两类：一是不同地区、不同农户的逆向选择问题；二是同一地区、不同农户或者同一农户的逆向选择问题，即农户的选择性投保问题。农业保险市场中农户逆向选择的产生机理是投保农户在农业生产中风险差异的客观存在和保险公司根据农户在农业生产中的平均损失概率厘定保险费率；深层根源则是农业保险标的的特殊性，保险公司经营管理方面的不足以及部分农户对农业保险的认知存在偏差。如果农户的逆向选择行为非常严重，则会导致农业保险市场的风险累积和供求失衡。

基于主客观风险视角，立足于950户农户问卷调查数据，采用非参数分析方法和计量经济模型，识别农户在农业生产中的客观风险、主观风险偏好和风险认知如何影响其农业保险参与决策，研究发现：农业生产风险、风险认知均与农户参与农业保险之间具有显著正相关关系，农户风险偏好和其参与农业保险之间具有显著负相关关系，农户风险认知在农业生产风险和农业保险参与之间存在显著的正向调节作用；同时，农户面临的农业生产风险具有异质性特征，K-W 检验和 K-S 检验均发现农户的农业保险参与决策和其农业生产风险之间并不是相互独立，说明农户在参加农业保险时存在逆向选择行为，但其并不严重，原因可能是目前内蒙古农业保险理赔中“协议”赔付或“平均”赔付的广泛存在和政府对农户的大规模保费补贴。然而，农户逆向选择问题的存在也应引起相关政府部门和各家农业保险经办公司的重视，可以从提高农户风险认知、推进农业风险区划、试行多样化的保险合约和推行指数保险产品四个方面着手来规避农户逆向选择行为。

9.2 政策含义

根据上述研究结论，本书提出以下促进内蒙古农业保险可持续发展的若干具有针对性、操作性的对策和建议。

9.2.1 进一步改进各主体对农业保险政策的认知及其行为

针对当前三方参与主体对农业保险政策存在认知不足与行为偏差的问题，基层政府部门和各家保险经办机构应继续加大对农业保险的宣传，不仅要纠正农业保险供给主体自身的认知错误和执行偏差，而且要提高广大农户的风险认知和保险意识。

就政府和保险公司而言，要纠正政策理解和执行偏差。财政部确定的“政府引导、市场运作、自主自愿、协同推进”十六字方针是开展农业保险工作的基本原则，各参与方要进一步加强政策学习和引导，处理好“政府与市场”的关系。一是要明确农业保险中政府与市场的边界。政府要发挥“引导”而非“主导”作用，做到有所为、有所不为，企业要确保经营自主权。在市场经济条件下，农业保险必须发挥市场机制的基础性作用，遵循基本的市场规律，政府不能直接干预企业的自主经营决策，更不能随意变更农业保险的政策环境；保险企业应把握市场机遇，充分发挥其在资金管理、财务核算、再保安排等方面的经营优势，独立自主做好“经营”工作，而不受政府“主导”。二是要以法治思维约束各类行政权力。要进一步完善农业保险立法，加快制定与《农业保险条例》配套的法律法规，通过立法的外在约束限制政府在农业保险中的权力边界，同时以农户参与农业保险制度决策与管理权利去制约政府的权力，实现权力的制衡，保障个体权利与自由。

就农户而言，不少农户虽然参加农业保险，但对农业保险的制度设计、保障内容、合同条款等认识不清；因此，各基层政府部门和农业保险承办公司要通过与新闻媒体、财政、农牧业、林业等部门的协调与配合，认真开展农业保险进村入户宣传活动，重点围绕“风险意识的增强、保险知识的普及、国家政策的宣导”等内容，通过发放宣传资料、刷新宣传标语、开办宣传咨询台、制作宣传栏等形式，深入农户大力宣传农业保险为农、支农、惠农的政策形象，提升农民对农业保险的知晓率，提高农民踊跃自主投保的积极性。另外，还应建立农户参与制度决策与管理的机制。目前，中国农业保险财政补贴自上而下分配的制度安排，很难对农户的合理诉求产生及时的响应性，故必须将农户参与政策性农业保险制度的决策和监督作为重要的发展方向，积极培育农户参与机制，构建农户与政府以及保险公司之间的利益制衡和协调机制（陈文辉等，2015）；具体而言，就是要建立起农户关于农业保险的公共需求表达、公共决策、绩效评估等民主参与机制，充分反映和尊重农户的需求偏好，进而影响政府对农业保险制度的决策和管理过程，实现权力的制衡。

9.2.2 提高农业保险保障水平

农业保险保障水平是农业保险所能为农业生产者或农业产业提供风险保障的程度，它是农业保险功效衡量的主要标准。《中国农业保险市场需求调查报告》研究发现：如果保险公司提升保额，愿意保费也同比例提升的受访农户占比 76.34%，不愿意但会投保的农户占比为 26.60%，不愿意也不会投保的农户占比为 3.06%（中国保险监督管理委员会，2015）；说明现阶段农户有提高农业保险保障程度的需求，并有支付能力。因此，内蒙古农业保险保费补贴领导小组应根据地区经济发展情况和财政承受能力，在充分考虑农民风险防范需要、灾害变化特点、农产品市场价格波动、农业生产成本变化等因素的基础上建立农险保障水平动态调整机制，使保障水平与自治区农牧业生产的直接物化成本相符合；在短期内，不仅应将保障范围扩展到农业生产的全部直接费用，还应将间接费用、人工成本、土地租金等逐步纳入保障范围；从长远来看，农业保险应逐步实现从目前的保成本向保产量转变，在条件允许的时候，还可以转为保收入。另外，领导小组也可以设计高、中、低不同档次的农作物保险保障水平和保险费用来满足农户差异化的农业保险需求，对不同档次的产品实行差别化的补贴标准，由农户根据保费承担能力、财政补贴标准、自身农业生产特点和风险防范需要自由选择最适合自己的农业保险合同。

9.2.3 规范承保、定损、理赔等操作

农业保险的政策性、专业性和技术性强，各家保险经办机构应根据农业保险实践需求与市场变化不断规范其签单承保、定损理赔等微观经营操作，最大限度保护农民的切身利益，以优质、高效、快捷的服务取信于民。在签单承保环节，在各个乡镇、村级协保员的配合之下，严格执行“三个确保”。确保承保“六要素”（被保险人姓名、农户身份证号码、保险标的名称、种养地点、保险数量、农户直补卡账号或其他银行账号）齐全准确；确保“三单一证一票”（投保单、投保分户清单、保险单、保险凭证、保险费发票）信息一致；确保“三清单信息”（投保分户清单、理赔定损清单和赔款支付清单）无缝链接。在定损理赔环节，不仅应力争做到查勘到村、定损到户，而且应坚持不拖赔、不惜赔、不乱赔，更重要的是应积极探索和改进目前内蒙古农业保险的理赔方式，逐步建立“大灾大赔”、“小灾小赔”、“无灾不赔”的良性运作规则；同时，对于理赔结果，要在各村（嘎查）实行张榜公示制，确保农业保险理赔的公平性、合理性与时效性。

9.2.4 开发适应农业经营主体的农险产品

2017 年中央一号文件在聚焦制约农业农村发展的“供给结构改革”和“体制机制改革”两大问题的同时，也对农业保险提出新的要求，指出“持续推进农业保险扩面、增品、提标，开发满足新型农业经营主体需求的保险产品，采取以奖代补方式支持地方开展特色农产品保险。鼓励地方多渠道筹集资金，支持扩大农产品价格指数保险试点。探索建立农产品收入保险制度。”就内蒙古自治区而言，开发适应农业经营主体的农业保险产品包括四个方面：

第一，增品扩面，试点地方特色农畜产品保险。根据《国务院关于加快发展现代保险服务业的若干意见》（国发〔2014〕29 号）的要求，在保证现有大宗农产品保险的基础上，因地制宜地增加地方特色农业保险保费补贴品种，例如，乌海市财政已连续多年支持当地发展葡萄和露地蔬菜保险，阿拉善盟自 2012 年起实施西瓜、蜜瓜、葡萄保险保费补贴政策，故内蒙古其他盟市也应积极对当地特色农畜产品自行开展保险保费补贴试点，如番茄（加工用）、蔬菜（温室和露天种植）、西甜瓜、籽瓜、杂粮（如荞麦、莜麦）等农区特色品种，肉牛、肉羊、基础母羊、种公羊、马匹、骆驼、草场等

牧区特色品种；同时，自治区财政可以实行特色农业保险奖补政策，酌情对盟市给予一部分不确定品种的保费补贴。

第二，化解市场风险，试点农产品价格保险。农产品价格保险是近 20 年国外农业保险发达国家开始研究和试验的一类保险产品，其有两种操作方式：一是作为保险的价格保险，由保险公司来承担价格风险责任；保险公司事先设定保险保障价格，在被保险人发生保险合同约定的价格风险损失，被保险标的的市场价格低于保险保障价格时，由保险公司负责赔偿价格差额。在国内保险市场中，多家保险主体已相继开办蔬菜、马铃薯、中药材、生猪、牛奶等农畜产品价格保险；截至 2016 年，内蒙古仅试点政策性马铃薯目标价格保险，由中华联合财险公司、大地财产保险公司和中国人保财险公司在乌兰察布市的察哈尔右翼中旗、察哈尔右翼后旗和四子王旗针对 300 亩以上种植大户、合作社、企业等进行试点。二是“保险+期货”；保险人接受投保农户就某种农作物或者畜禽产品的投保，当农畜产品上市或出栏时，市场价格低于保险保障价格时，依约定进行差额补偿；保险公司接受农户的投保后转手将这笔业务在期货市场上购买看跌期权合约，如果到了交割期现，货价格低于期货价格，保险人将得到的期货差价补偿，向投保农户理赔。目前，内蒙古仅有商业性玉米期货价格保险。

第三，助力适度规模经营，试点农产品收入保险。所谓的收入保险，是以某种作物或者某地域的多种作物，或者生产多种农产品的农场作为保险对象，以一季作物的收入或者整个农场经营的年收入为保险标的，当其收入因为约定灾害或者（和）市场价格下跌造成损失，由保险人为其补偿低于保障水平的收入损失。影响农户收入的风险因素为政策风险、产量风险和市场风险，传统农业保险只能保障产量风险，价格保险只能保障市场风险，唯有收入保险才能完全覆盖以上三重风险。随着中国现代农业的发展，家庭农场、种养大户、各种农业专业合作社等新型农业经营主体的不断增多，经营规模不断扩大，农民职业化进程不断加快，农作物收入保险能够和农场的生产效益紧密结合，将会更加受到新型经营主体的欢迎。然而，内蒙古首单商业性农业收入保险于 2017 年 7 月才在其甘河农场落定，人保财险内蒙古分公司共承保大豆种植面积近 3 万亩，为农场提供 1 700万元的风险保障。尽管已经破冰，但农业收入保险的发展仍然面临难题。对于农户而言，由于纯商业性保险缺乏政策性补贴，农户需要支付的保费价格将会有所增长；对于保险公司而言，如何分散农产品价格的波动性风险仍为难题。

第四，针对分散经营和气候变化，试点农业指数保险。国际经验表明，农业保险经营相对成功的国家或地区，规模化是必要条件，但中国农业保险的发展一直面临着市场化风险分散机制与传统农户规模小、组织化程度低、交易成本高的突出矛盾（朱俊生和庹国柱，2016）。为了摆脱小规模农户背景下农业保险经营的两难困境，需要针对小规模农户进行产品创新，主要以区域产量保险和天气指数保险取代当前的物化成本保险（朱俊生和庹国柱，2016）。就气候变化而言，内蒙古多数盟市、旗县（市、区）都是“十年九旱，年年春旱”地区，而中国现行耕地制度不仅造成农作物种植具有点多面广线长的特点，而且造成农业保险参保农户较为分散，由此导致农业保险的交易成本居高不下，但农作物天气指数保险的开发与应用则可以有效解决这一问题；内蒙古农业保险保费补贴领导小组和各家农险经办公司可以在自治区阿拉善盟、包头市（如固阳县、达茂旗）、乌兰察布市、赤峰市北部、呼伦贝尔市以及兴安盟等干旱超赔风险比较突出的地区先行试点粮油作物天气指数保险，待产品成熟后再推广至全区。

9.2.5 加快农业生产风险评估与区划

在农业实践中，不同地域的农作物受自然条件和社会经济条件的影响不同，其风险状况与区域大小紧密相关，故合理厘定费率，保证费率与承保区域内农户风险水平基本一致是农业保险经营的基础工作之一。内蒙古东西跨度上千公里，导致各盟市间的农业生产条件与农业发展水平千差万别，即使在同一盟市，不同旗县（市、区）间的农业生产条件也不尽相同，甚至在一个苏木乡镇，不同村落嘎查之间的农业生产条件也存在客观差别，由此使得内蒙古农业保险呈现出不平衡性、多层次性和区域间农业保险供求的差异性。因此，针对当前内蒙古农业生产评估与区划工作严重滞后于农业保险发展实际，以及各险种费率在地区之间差异性不明显、定价不科学的现状，建议在自治区农业保险保费补贴领导小组的统一协调下，一是组建农业风险评估与区划跨学科研究平台，组织和协调区内外农业、灾害、气象、水文、地质、经济等与农业风险评估与区划相关学科的研究力量；二是加快建立农业保险基础数据平台，收集和汇总有关农业生产风险评估与区划的基础信息，包括农业气象数据、农业经济数据、农业灾害数据、农业承保理赔数据、农业巨灾损失数据等。通过开展以旗县（市、区）为单位的农业灾害风险评估与农业保险费率厘定，改变现行的自治区统颁农业保险费率条款的政策，实行不同地域、不同险种、不同费率的差异化农业保险政策，从而实现农业保险费率水平和保险责任的对等。

9.2.6 构建发达的农业保险基层服务体系

现阶段，农业保险基层服务体系主要包括三个环节：在旗县及中心乡镇苏木，保险公司采取下延分支机构或营销服务部的方式延伸服务网络；在普通乡镇苏木，采取与基层涉农涉牧合作的方式设立农业保险服务站和服务点；在承保理赔服务方面，委托农经、农技、畜牧等涉农涉牧机构工作人员及村委干部作为专兼干或协保员，协助开展承保理赔工作。考虑到中国众多小规模农户分散经营仍将长期存在的现实，应继续建立健全农业保险基层服务网络体系。一方面，应鼓励农业保险经办机构继续加大业务投入力度，持续推进镇、村两级保险服务网点建设，努力实现网点乡镇全覆盖和服务行政村全覆盖，将农业保险服务关口前移到涉农涉牧第一线，缩短其与农牧户之间的“空间距离”和“社会距离”，切实解决农牧民投保、缴费、理赔、申诉和咨询中出现的各种问题；另一方面，应继续充实农业保险人才队伍，提高专业技术水平，努力提高农业保险服务能力和服务质量。应予以高度重视的问题是，强化对协保员的管理，各家保险公司应与其聘请的旗县（市、区）级、乡镇级、村级协保员签订权、责、利明确的委托协办协议，同时予以正规培训，在保证协保员补助按时足额到位的前提下，激励其协助保险公司共同搞好农险服务，有条件的地区还可以试行农业保险协保人员资格认证制度。

9.2.7 整合监管资源，加大监管力度

有效监管对农业保险可持续发展至关重要。目前，中国农业保险监管中存在的突出问题是资源分散，且规则不完善，因此，需要在借鉴国外农业保险监管经验的基础上，结合中国的国情，寻求更好更有效的组织机构和监管方式。在监管思路方面，应从当前的事后监督为主向事前监督、事中监督、事后监督相互衔接、多措并举转变。在监管机构方面，一是可从上到下建立统一的、由一个中央权威部门统领的，有几个主要的相关政府部门共同参与的监督和管理机构，对农业保险统一进行监管，其他部门不再插手监管事务；如果某些方面涉及其他部门，则由该统一的监管机构进行协调；可以设中央、省和县三级监管机构。二是可实行中央和省双层监管的方式；中央有关部门（例如保监会、财政部、农业部等）只负责制定监管规则和进行监管指导，具体的实质性的监管业务由在省一级组建的实质性的监管机构执行，该机构全面负责对本省农业保险有关各方（包括地方政府、保险机构和投保农户等参与方）和保险业务（从条款设计、费率厘定、展业、定损、理赔和防灾防损等活动）的统一监管；监管机构只设省级和县级（庹国柱，2017）。在监管制度方面，可以通过完善农业保险立法来规制各方参与主体的道德风险问题和逆向选择行为，明确监管主体，落实监管责任，进一步明晰基层农业保险经办公司、基层政府和村民委员会以及各级各类协保员的职责，限制和约束基层各方主体在农业保险经营活动中的权力，不再存有“监管真空”地带。值得注意的问题是，进一步优化目前的农业保险协办机制，对涉农涉牧机构在协助办理农业保险中的责任、义务予以明确，确保协办程序规范、行为得到有效约束；完善农业保险协办工作的财务管理制度，对工作经费列支渠道、支付标准等均予以规范。

9.2.8 加大养殖业保险发展力度

发展养殖业保险是新时期建设现代农业的重要组成部分，是完善牧业支持保护体系，保护生产者利益，促进养殖业稳定健康发展的一项重要举措。针对当前内蒙古种植业保险一险独大，养殖业保险广度与深度均不足的现状，建议自治区农业保险保费补贴领导小组在认真总结各家公司开办养殖业保险的问题及经验，全面调查养殖户对养殖业保险实际需求的基础上，充分借鉴发达国家的先进经验，发展多种形式的养殖业保险产品，提高养殖户参保积极性；具体而言，在财政补贴方面，在中央财政补贴品种基础上进一步增加自治区特色财政补贴品种；在保障水平方面，建立不同档次保险保障水平的动态调整机制，试点价格保险和收益保险；在费率条款方面，科学厘定差异化保险费率，完善现行保险合同条款；在具体操作方面，进一步简化承保、理赔等各环节手续。

9.2.9 参与农业全产业链风险分散

目前，中国农业保险尚未全面参与农业全产业链风险管理，故应加快创新，改革当前仅保障生产领域风险的农业保险制度，将农业产前、产中、产后风险均予以考虑，推动农业保险从“保成本”向“保收入”、“保大宗”向“保特色”、“保灾害”向“保

价格”、“保生产”向“保产业”升级。

第一，在融资保障环节。加强不同金融业态合作，将涉农保险与农业信贷等各项支农惠农政策结合，通过农业保险、保证保险的增信功能，撬动信贷资金有效投放。一是推动农业保单质押贷款，盘活农业保险保单，促进保险公司与涉农银行加强合作，开展“保费贷”、“生产贷”，向农业经营主体提供贷款支持；二是推动险资支农直接融资试点，鼓励保险公司将家庭农场、农业合作组织等新型农业经营主体纳入险资支农重点支持对象，为优势农牧业产业发展提供资金保障；三是积极开展小额贷款保证保险，推动发展土地承包经营权抵押贷款保证保险、农房财产权抵押贷款保证保险等。

第二，在土地流转环节，贯彻2017年中央一号文件精神，先行先试土地流转履约保证保险，保障农村土地流转风险，加强与市场化土地流转第三方平台的合作，通过“互联网+土地流转+保险保障”的深度融合，推动流转撮合、违约追偿市场化机制的建立。

第三，在生产加工环节，由“保大宗”向“保特色”延伸，选择体现地方特色、具有产业规模、农户投保意愿强烈，对促进农业增效、农民增收、农村发展有较大意义的农产品为保障对象，着力提高优势产业和特色农业保险的覆盖面，让保险惠及更多农业经营主体；同时，面向新型农业经营主体，开发多档次、高保障农业保险产品和组合型农业保险产品。

第四，在市场销售环节，一是推进农产品收益保险、产值保险、价格保险、“保险+期货”等新业务创新，实现农业保险从“保成本”向“保价值”、保自然风险向保市场风险的转变；二是开展农产品质量安全保险、农产品品牌责任保险试点，提高消费者对农产品的认可度，助力政府建立农产品安全监管体系；三是发展农产品物流保险、履约保证保险，化解农产品流通、交易风险。

9.2.10 加快建立农业保险信息系统

过往十年的农业保险实践，已使中国各地拥有丰富的相关数据积累，故亟需加强全国统一的农业保险数据信息平台系统建设，逐户逐人采集农户个人信息以及种养殖（植）标的信息，并与财政、农业部门的信息进行联网校对，加大数据准确性和全面性的核实力度，把农业保险承保、理赔、财务核算等管理环节完全嵌入系统程序，切实做到业务系统、财务系统及统计系统数据无缝连接，从技术上杜绝弄虚作假的违法违规行为，有效保障参保农户/企业的合法权益，以此支持中国农业现代化转型。另外，构建农业保险相关信息的跨部门共享机制，实现财政、农业、林业、国土资源等职能部门的数据开放和各自数据信息系统的相互对接、共享。

从长远看，随着农业保险信息化建设的不断升级，智慧农险将成为农业保险管理信息化的未来发展新模式。智慧农险是运用现代信息技术手段对农业保险标的生产、保险公司经营、气象等农业自然资源及社会经济等领域信息进行感知、测量、采集和整理，获取实时动态数据，通过网络实时上传到数据中心，运用数据挖掘技术对海量异构数据进行处理、整合、储存、分析和预测，实现农业保险的准确、动态、高效与智能管理，为政府部门、保险机构、广大投保户提供个性化、智能化服务。

9.2.11 依托现代科技实现农险服务精准化

经过十年的快速发展，中国农业保险已到转型升级的阶段，可在物联网技术、移动设备终端和移动互联技术、“3S”技术、大数据、云计算与数据挖掘技术等关键技术支持下实现保险服务精准化。例如，在物联网中，通过电子标签、条形码、无线射频等技术自动识别获取被保险人身份和生产信息、被保牲畜的耳标信息和养殖信息，有效提高农业保险工作的标准化和流程化的程度，控制农业保险道德风险；通过温湿传感器、气象传感器、图像采集传感器、土壤信息传感器等对各农业生产要素进行监控，实现对保险标的的实时动态监测，了解标的的实际生产过程，控制保险标的生产风险，实现保险机构、被保险人对保险标的监管与管理，对保险标的实际价值的鉴定等。再如，利用移动设备终端和移动互联技术，可使农业保险在承保理赔环节告别以往以手工方式抄录承保理赔信息的做法，采用含有定位系统的移动终端开展保险业务，通过无线宽带网络，移动设备终端可直接将农业保险采集的承保理赔等影像资料和数据录入和传送，并与保险公司核心系统实时在线互联，内勤工作人员甚至公司领导可以通过实时远程视频等方式查看承保、验标、核损的工作现场，监管业务人员作业流程规范，实现对承保理赔环节业务标准的控制，为农业保险规范化、精细化发展创造技术条件；同时，广大投保农户也可以通过移动终端设备随时查询投保、理赔情况，出险时第一时间报案并采集第一个出险信息；保险公司通过移动终端设备向广大投保农户推送各类农业保险信息，如气象灾害信息、农技服务信息和农险产品宣传信息，实现业务扩展及增值服务。最后，在“3S”技术（即遥感（RS）、地理信息系统（GIS）、全球定位系统（GPS））支撑下，农业保险可形成“天、空、地”立体化的服务体系，实现“按图承保”和“按图理赔”。在太空，即“天”，凭借卫星遥感大尺度、全天时、多分辨率、多时相的优势，可对地实施大面积、长时间观测，识别提取保险标的的地理位置，定期分析保险标的的长势，快速估算保险标的灾后损失；在空中，即“空”，凭借无人机遥感机动性强、分辨率高的特点，可对农业保险标的位置信息和标的受灾程度与受灾范围进行精准调查，实现精准验标和精准定损；在地上，即“地”，利用拥有电子地图和实时定位的移动终端设备、装备高性能工作站的移动调查车等，可在野外辅助实现农业保险标的的精确采集和灾后损失的精确勘查。因此，通过“天、空、地”立体化服务体系，不仅能够有效解决承保标的信息不对称、理赔成本高和效率低的难题，还能推动农业保险经营模式转变，将保险公司的大量人力、物力从劳动密集型模式中解放出来，提高承保和理赔精度和效率，切实提升服务“三农”的能力（李舒、赵思健和张峭，2016）。

9.3 进一步研究展望

农业保险中行为主体的道德风险和逆向选择是一个比较新的研究课题，随着本项研究的逐步深入，发现诸多值得继续研究的课题，故下一步的研究方向主要包括以下方面。

第一，信息不对称对农业保险影响程度的量化。国外学者在研究道德风险与逆向选择对农业保险市场的影响时，对二者的成本进行了测算，但目前中国农业保险理论界与实务界对此方面的研究还较为少见，故有关农业保险市场中道德风险与逆向选择的成本尚需要进一步给予衡量，以解释政府财政补贴资金有无耗散情况以及程度大小等问题。

第二，农业保险风险区划。农业保险的可持续发展和政府财政补贴的公平性客观上需要进行农业保险的风险区域划分，其是开展农业保险必不可少的基础性工作。通过农业保险的风险区划，可以为政策的有效开展提供科学厘定保险费率的基础；因此，如何基于旗县（区）层面的数据积累，对内蒙古农业保险进行风险区划，也是未来可值得研究的课题之一。

第三，指数保险产品开发。根据前文的研究结论可知，农业保险市场中的农户道德风险问题和逆向选择行为可以通过产品创新（如农业指数保险产品的开发与应用）来规避或者减少；对内蒙古自治区来说，适宜开发的指数保险产品主要是农作物干旱或者降雨指数保险，而如何开发和应用还有待于深入研究。

参考文献

安德鲁·马斯—科莱尔（美）等 . 2001. 微观经济学（上册）[M]. 刘文忻等译 . 北京：中国社会科学出版社 .

安宪全，唐俊英 . 2008. 安达市奶牛保险工作做法及其不足 [J]. 黑龙江畜牧兽医，(5)：108.

巴曙松 . 2012. 借鉴国际先进经验 推动中国农业保险风险管理创新 [N]. 中国保险报，10-25（4）.

毕瑞祥 . 2012. 财政支农资金监管研究——基于信息技术视角 [J]. 财政监督，(3)：26-27.

曹艳秋 . 2011. 财政补贴农业保险的双重道德风险和激励机制设计 [J]. 社会科学辑刊，(3)：107-110.

柴智慧，赵元凤 . 2012. 内蒙古政策性奶牛保险现状问题探析 [J]. 中国奶牛，(22)：37-40.

柴智慧，赵元凤 . 2013. 内蒙古政策性奶牛保险市场萎缩的经济学分析 [J]. 中国畜牧杂志，(6)：57-60+64.

柴智慧，赵元凤 . 2013. 亚太国家（地区）政府支持农业保险概况 [J]. 世界农业，(5)：69-74.

柴智慧，赵元凤 . 2015. 农业保险“协议”理赔的产生机理与现实考察——以内蒙古自治区为例 [J]. 农村经济，(9)：65-70.

柴智慧，赵元凤 . 2017. 政策性农业保险的收入效应研究：以内蒙古自治区为例 [M]. 北京：中国农业科学技术出版社 .

柴智慧，赵元凤 . 2017. 政策性农业保险的收入效应研究：以内蒙古自治区为例 [M]. 北京：中国农业科学技术出版社 .

陈文辉 . 2016. 中国农业保险市场年报 2016 [R]. 天津：南开大学出版社，43-51.

陈文辉等 . 2015. 中国农业保险发展改革理论与实践研究 [M]. 北京：中国金融出版社 .

陈妍，凌远云，陈泽育，郑亚丽 . 2007. 农业保险购买意愿影响因素的实证研究 [J]. 农业技术经济，(2)：26-30.

程静 . 2010. 我国农业保险市场的信息不对称及其规避路径 [J]. 农村经济，(5)：108-110

邓义，陶建平 . 2013. 基于契约执行机制视角的农业保险监管研究 [J]. 农业经济问题，(4)：49-54.

丁少群，罗婷 . 2017. 我国天气指数保险试点情况评析 [J]. 上海保险，（5）：

56-61.

丁少群，赵晨 . 2012. 农业保险逆选择行为的生成机理及规避策略研究［J］. 西北农林科技大学学报（社会科学版），(6)：55-60.

杜鹏 . 2011. 农户农业保险需求的影响因素研究——基于湖北省五县市 342 户农户的调查［J］. 农业经济问题，(11)：78-83.

冯文丽等 . 2012. 农业保险补贴制度供给研究［M］. 北京：中国社会科学出版社 .

郭祥 . 2011. 奶牛场卫生防疫措施［J］. 养殖技术顾问，(1)：164.

哈尔·R. 范里安（美）. 2009. 微观经济学：现代观点［M］. 费方域等译 . 上海：格致出版社 .

何小伟，庹国柱，李文中 . 2014. 政府干预、寻租竞争与农业保险的市场运作——基于江苏省淮安市的调查［J］. 保险研究，(8)：36-41.

侯玲玲，穆月英，曾玉珍 . 2010. 农业保险补贴政策及其对农户购买保险影响的实证分析［J］. 农业经济问题，(4)：19-25.

黄延信，李伟毅 . 2013. 加快制度创新 推进农业保险可持续发展［J］. 农业经济问题，(2)：4-9.

姜鲁宁 . 2008. 农业保险中的道德风险问题研究［J］. 学术交流，(2)：99-102.

姜岩，李扬 . 2012. 政府补贴、风险管理与农业保险参保行为——基于江苏省农户调查数据的实证分析［J］. 农业技术经济，(10)：65-72.

金大卫，潘勇辉 . 2009. 政策性农业保险的道德风险调控初探——基于信息经济学的视角［J］. 农业经济问题，(10)：25-33.

李舒，赵思健，张峭 . 2016. 智慧农险——农业保险信息化发展的展望［J］. 江苏农业科学，(1)：7-12.

李勇杰 . 2008. 论农业保险中道德风险防范机制的构筑［J］. 保险研究，(7)：67-69.

林光华，汪斯洁 . 2013. 家禽保险对养殖户疫病防控要素投入的影响研究［J］. 农业技术经济，(12)：94-102.

刘飞，陶建平 . 2016. 风险认知、抗险能力与农险需求——基于中国 31 个省份动态面板的实证研究［J］. 农业技术经济，(9)：92-103.

刘峰 . 2016. 农业保险的转型升级［J］. 中国金融，(8)：56-58.

刘亚男 . 2007. 石家庄市开展奶牛互助保险的做法和进展［J］. 中国奶牛，(9)：46-47.

卢现祥，朱巧玲 . 2007. 新制度经济学［M］. 北京：北京大学出版社 .

宁满秀，苗齐，邢鹂，钟甫宁 . 2006. 农户对农业保险支付意愿的实证分析——以新疆玛纳斯河流域为例［J］. 中国农村经济，(6)：43-51.

宁满秀，邢郦，钟甫宁 . 2005. 影响农户购买农业保险决策因素的实证分析——以新疆玛纳斯河流域为例［J］. 农业经济问题，(6)：38-44.

宁满秀 . 2006. 农业保险与农户生产行为关系研究——对新疆玛河流域农户的经验分析［D］. 南京农业大学 .

欧阳越秀，李贞玉．2010．逆向选择、系统性风险与政策性农业保险可持续发展［J］．保险研究，（4）：66-71．

潘勇辉．2008．财政支持农业保险的国际比较及中国的选择［J］．农业经济问题，（7）：97-103．

裴雷，姚海鑫．2016．农业保险领域犯罪的经济学分析——基于142个判例的研究［J］．保险研究，（10）：119-127．

乔治斯·迪翁（美），斯科特·E·哈林顿．2005．保险经济学［M］．王国军，马兰等译．北京：中国人民大学出版社．

全国保险业标准化技术委员会．2007．保险术语［S］．北京：中国财政经济出版社．

苏学文，魏骏．2005．奶牛保险的经营风险［J］．中国牧业通讯，（18）：32-33．

孙蓉，何海霞．2015．政府作为、保户参保意愿与保险需求研究——基于问卷调查数据的分析［J］．软科学，（11）：39-44．

田淑华．2011．农业保险中道德风险防范的实践与启示［N］．中国保险报，03-18（2）．

仝爱华．2011．浅析农业保险市场中信息不对称的双重性及其应对策略［J］．经济研究导刊，（6）：70-71．

庹国柱，王芳华．2013．中国农业保险发展报告2012［M］．北京：中国农业出版社，161．

庹国柱，王国军．2002．中国农业保险与农村社会保障制度研究［M］．北京：首都经济贸易大学出版社．

庹国柱，朱俊生．2007．政策性农业保险的强制性及道德风险［N］．中国保险报，04-02（7）．

庹国柱．2012．有效防范道德风险 促进政策性农业保险健康发展［N］．中国保险报，03-01（7）．

庹国柱．2013．农险中的政府行为存在监管真空［N］．上海证券报，09-27（A01）．

庹国柱．2013．中国农业保险发展报告2013［M］．北京：中国农业出版社．

庹国柱．2015．中国农业保险研究2014［M］．北京：中国农业出版社，2-8．

庹国柱．2016．中国农业保险研究2015［M］．北京：中国农业出版社，6-8．

庹国柱．2016．做农产品价格保险，必须弄清的几个基本问题［N］．中国保险报，06-02（4）．

庹国柱．2017-05-09．打造农险2.0版本需要突破的瓶颈问题（一）［N］．中国保险报，（004）．

庹国柱．2017．打造农险2.0版本需要突破的瓶颈问题（一）［N］．中国保险报，05-09（4）．

庹国柱．2017．中国农业保险研究2017［M］．北京：中国农业出版社．

王阿星，张峭．2008．内蒙古鄂尔多斯市农业保险需求实证分析［J］．农业经济问题，(S1)：101-106.

王敏俊 . 2009. 影响小规模农户参加政策性农业保险的因素分析——基于浙江省613 户小规模农户的调查数据［J］. 中国农村经济，(3)：38-44.

王鹏，林万龙 . 2010. 农户对奶牛保险支付意愿的影响因素分析——以内蒙古为例［J］. 调研世界，(2)：21-22.

王志刚，黄圣男，钱成济 . 2013. 纯收入、保费补贴与逆向选择对农户参与作物保险决策的影响研究——基于黑龙江和辽宁两省的问卷调查［J］. 中国软科学，(6)：30-38.

吴宗学，吴祖宏，韦祖勤 . 2012. 奶牛养殖风险分析［J］. 中国畜牧兽医文摘，(10)：30-31.

夏益国，刘艳华，傅佳 . 2014. 美国联邦农作物保险产品：体系、运行机制及启示［J］. 农业经济问题，35（4)：101-109.

项俊波 . 2016. 中国农业保险发展报告 2015［R］. 天津：南开大学出版社，113-119.

肖喜东，赵保泽，顾洁 . 2011. 奶牛养殖小区动物防疫条件要求与疫病防控措施［J］. 中国乳业，(12)：44-45.

谢凤杰，吴东立，陈杰 . 2016. 美国 2014 年新农业法案中农业保险政策改革及其启示［J］. 农业经济问题，37（5)：102-109+112.

谢家智等 . 2009. 中国农业保险发展研究［M］. 北京：科学出版社 .

姚海明 . 2012. 我国农业保险制度建立与完善机制研究——以苏州市为例［J］. 农业经济问题，(11)：49-54.

叶明华，汪荣明，吴苹 . 2014. 风险认知、保险意识与农户的风险承担能力——基于苏、皖、川 3 省 1554 户农户的问卷调查［J］. 中国农村观察，（6)：37-48+95.

叶明华 . 2015. 政策性农业保险：从制度诱导到农户自主性需求——基于江苏省585 户粮食种植户的问卷调查［J］. 财贸经济，(11)：88-100.

于洋，王尔大 . 2011. 多保障水平下农户的农业保险支付意愿——基于辽宁省盘山县水稻保险的实证分析［J］. 中国农村观察，(5)：55-68+96-97.

俞雅乖 . 2009. 有效需求、道德风险：农业产业化和政策性农业保险［J］. 经济问题探索，(1)：37-41.

曾小波，修凤丽，贾金荣 . 2009. 陕西农户奶牛保险支付意愿的实证分析［J］. 保险研究，(8)：77-83.

张芳洁，刘凯凯，柏士林 . 2013. 政策性农业保险中投保农户道德风险的博弈分析［J］. 西北农林科技大学学报（社会科学版)，(4)：82-87.

张洪涛 . 2006. 保险经济学［M］. 北京：中国人民大学出版社 .

张虎，孔荣 . 2014. 农户农业保险支付意愿影响因素研究——以福建省龙岩市 413户烟农的调查为例［J］. 西北农林科技大学学报（社会科学版)，(3)：76-82.

张兰 . 2011. 监管剑指农业保险道德风险［N］. 金融时报，04-27（9）.

张维迎 . 2004. 博弈论与信息经济学 [M]. 上海：上海人民出版社 .

张旭光，赵元凤 . 2016. 畜牧业保险能够稳定农牧民的收入吗？——基于内蒙古包头市奶牛养殖户的问卷调查 [J]. 干旱区资源与环境，(10)：40-46.

张跃华，顾海英，史清华 . 2005. 农业保险需求不足效用层面的一个解释及实证研究 [J]. 数量经济技术经济研究，(4)：83-92.

张跃华，刘纯之，利菊秀 . 2013. 生猪保险、信息不对称与谎报——基于农户“不足额投保”问题的案例研究 [J]. 农业技术经济，(1)：11-24.

张跃华，杨菲菲 . 2012. 牲畜保险、需求与参与率研究——基于浙江省生猪养殖户微观数据的实证研究 [J]. 财贸经济，(2)：58-65.

张跃华 . 2009. 农业保险、利益博弈分析与事后道德风险——基于浙江省乡（镇）级数据的经验分析 [A]. 中国保险学会 . 中国保险学会首届学术年会论文集 [C]. 中国保险学会，521-537.

张祖荣 . 2012. 中国政策性农业保险若干问题探析——基于政策性农业保险行为主体的视角 [J]. 内蒙古社会科学（汉文版），(5)：106-111.

赵元凤，柴智慧 . 2012. 农户对农业保险赔款作用的评价——基于内蒙古 500 多户农户的问卷调查 [J]. 中国农村经济，(4)：66-75.

赵元凤等 . 2013. 内蒙古自治区 2012 年农业保险保费补贴绩效评价 [M]. 北京：中国农业科学技术出版社 .

赵元凤等 . 2014. 内蒙古自治区 2013 年农业保险保费补贴绩效评价 [M]. 北京：中国农业科学技术出版社 .

中国保险监督管理委员会 . 2015. 中国农业保险市场需求调查报告 [R]. 北京 .

中国农业保险保障水平研究课题组 . 2017. 中国农业保险保障水平研究报告 [R]. 北京：中国金融出版社 .

钟甫宁，宁满秀，邢鹂，苗齐 . 2007. 农业保险与农用化学品施用关系研究——对新疆玛纳斯河流域农户的经验分析 [J]. 经济学（季刊），(1)：291-308.

周概容 . 1993. 应用统计方法辞典 [M]. 北京：中国统计出版社 .

周县华 . 2010. 民以食为天：关于农业保险研究的一个文献综述 [J]. 保险研究，(5)：119-127.

周延礼 . 2012. 我国农业保险的成绩、问题及未来发展 [J]. 保险研究，(5)：3-9.

朱俊生，庹国柱 . 2016. 财政补贴型农险的两难困境——农业保险经营模式创新探讨之一 [N]. 06-30（3）.

朱俊生，庹国柱 . 2016. 小规模生产难以匹配农险经营成本——农业保险经营模式创新探讨之二 [N]. 中国保险报，07-18（3）.

Ahsan, S. M., A. G. Ali, N. J. Kurian. 1982. Toward a Theory of Agricultural Insurance [J]. American Journal of Agricultural Economics, 64 (3): 520-529.

Akerlof, G. A. 1970. The Market for "Lemons": Quality Uncertainty and the Market Mechanism [J]. Quarterly Journal of Economics, 84 (3): 488-500.

Appel, D. , R. B. Lord, S. Harrington. 1999. The Agricultural Research, Extension and Education Reform Act of 1998 [J]. Crop Insurance Study.

Arrow, K. J. 1963. Uncertainty and the Welfare Economics of Medical Care [J]. The American Economic Review, 53 (5): 941-973.

Atwood A. J. , J. F. 2006. Robison-Cox, S. Shaik. Estimating the Prevalence and Cost of Yield-Switching Fraud in the Federal Crop Insurance Program. American Journal of Agricultural Economics, 88 (2): 365-381.

Babcock, B. A. , D. A. Hennessy. 1996. Input Demand under Yield and Revenue Insurance [J]. American Journal of Agricultural Economics, 78 (2): 416-427.

Bekkerman, A. , V. H. Smith, M. J. Watts. 2012a. The SURE Program and Incentives for Crop Insurance Participation: A Theoretical and Empirical Analysis [J]. Agricultural Finance Review, 72 (3): 381-401.

Bekkerman, A. , V. H. Smith, M. J. Watts. 2012b. The SURE Program: An Investigation of Moral Hazard Opportunities and Adverse Selection Effects [C]. Selected Paper Prepared for Presentation at the Agricultural & Applied Economics Association's 2012 AAEA Annual Meeting, Seattle, Washington, August 12-14.

Boyd, M. , J. Pai, L. Porth. 2013. Livestock Mortality Insurance: Development and Challenges [J]. Agricultural Finance Review, 73 (2): 233-244.

Chambers, R. G. , J. C. Quiggin. 2002. Optimal Producer Behavior in the Presence of Area-Yield Crop Insurance [J]. American Journal of Agricultural Economics, 84 (2): 320-334.

Chambers, R. G. 1989. Insurability and Moral Hazard in Agricultural Insurance Markets [J]. American Journal of Agricultural Economics, 71 (3): 604-616.

Chang, Hung-Hao, andA. K. Mishra. 2012. Chemical Usage in Production Agriculture: Do Crop Insurance and Off-farm Work Play a Part? [J]. Journal of Environmental Management, 105: 76-82.

Chen, S. L. , M. J. Miranda. 2007. Effects of Insurance on Farmer Crop Abandonment [C]. Selected Paper Prepared for Presentation at the American Agricultural Economics Association's 2007 AAEA Annual Meeting, Portland, OR, July 29-August 01.

Chiappori, P. A. , B. Salanie. 2000. Testing For Asymmetric Information in Insurance Markets with Unobservable Types [J]. The Journal of Political Economy, 108 (1): 56-78.

Coble, K. H. , T. O. Knight, R. D. Pope, J. R. Williams. 1993. An Empirical Test for Moral Hazard and Adverse Selection in Multiple Peril Crop Insurance [C]. Presented at the American Agricultural Economics Meetings, Orlando Florida, August.

Coble, K. H. , T. O. Knight, R. D. Pope, J. R. Williams. 1997. An Expected Indemnity Approach to the Measurement of Moral Hazard in Crop Insurance [J]. American Journal of Agricultural Economics, 79 (1): 216-226.

Dionne, G. 1982. Moral Hazard and State-Dependent Utility Function [J]. Journal of Risk and Insurance, 49 (3): 405-422.

Enjolras, G., F. Capitanio, F. Adinolfi. 2012. The Demand for Crop Insurance: Combined Approaches for France and Italy [J]. Agricultural Economics Review, 13 (1): 5-15.

Esuola, A., M. Hoy, Z. Islam, C. G. Turvey. 2007. Evaluating the Effects of Asymmetric Information in a Model of Crop Insurance [J]. Agricultural Finance Review, 67 (2): 341-356.

Gardner, B. L., R. A. Kramer. 1986. Experience with Crop Insurance Program in the United States, in Crop Insurance for Agricultural Development: Issues and Experience. Hazell, P. B. R., C. Pomareda, and A. Valdés, eds., Baltimore and London: the Johns Hopkins University Press.

Giné, X., R. Townsend, J. Vickery. 2008. Patterns of Rainfall Insurance Participation in Rural India [J]. World Bank Economic Review, 22 (3): 539-566.

Glauber, J. W., K. J. Collins. 2001. Risk Management and the Role of the Federal Government [C]. Regional Research Project NC-221 Conference, Financing Agriculture and Rural America: Issues of Policy, Structure and Technical Change, McLean, Virginia, October 1-2.

Goodwin, B. K., Armando Levy. 1996. A Semi-parametric Evaluation of Adverse Selection, Disaster Relief and the Demand for Insurance.

Goodwin, B. K., M. L. Vandeveer, J. L. Deal. 2004. An Empirical Analysis of Acreage Effects of Participation in the Federal Crop Insurance Program [J]. American Journal of Agricultural Economics, 86 (4): 1058-1077.

Goodwin, B. K. 1993. An Empirical Analysis of the Demand for Multiple Peril Crop Insurance [J]. American Journal of Agricultural Economics, 75 (2): 425-434.

Goodwin, B. K. 2001. Problems with Market Insurance in Agriculture [J]. American Journal of Agricultural Economics, 83 (3): 643-649.

Gunnsteinsson, S. 2012. Identifying Information Asymmetries in Insurance: Experimental Evidence on Crop Insurance from the Philippines [C]. A Preliminary Paper for NEUDC 2012, October 25.

Harri, A., K. H. Coble, A. P. Ker, B. J. Goodwin. 2011. Relaxing Heteroscedasticity Assumptions in Area-Yield Crop Insurance Rating [J]. American Journal of Agricultural Economics, 93 (3): 707-717.

Heckman, J. J. 1979. Sample Selection Bias as a Specification Error [J]. Econometrica, 47 (1): 153-161.

Hill, R. V., J. Hoddinott, N. Kumar. 2011. Adoption of Weather - index Insurance: Learning from Willingness to Pay among a Panel of Households in Rural Ethiopia [J]. Agricultural Economics, 44 (4-5): 385-398.

Horowitz, J. K., E. Lichtenberg. 1993. Insurance, Moral Hazard, and Chemical Use in Agriculture [J]. American Journal of Agricultural Economics, 75 (4): 926-935.

Hou, L. L., Dana L. K. Hoag, Y. Y. Mu. 2011. Testing for Adverse Selection of Crop Insurance in Northern China [J]. China Agricultural Economic Review, 3 (4): 462-475.

Hyde, C. E., J. A. Vercammen. 1997. Costly Yield Verification, Moral Hazard, and Crop Insurance Contract [J]. Journal of Agricultural Economics, 48 (3): 393-407.

Islam, Z., C. G. Turvey, M. Hoy. 1999. A Model of Agricultural Insurance in Evaluating Asymmetric Information Problems. Working Paper, University of Guelph, Guelph, Ontario, Canada.

Jin, J. J., W. Y. Wang, X. M. Wang. 2016. Farmers' Risk Preferences and Agricultural Weather Index Insurance Uptake in Rural China [J]. International Journal of Disaster Risk Science, (7): 366-373.

Just, R. E., L. Calvin, J. C. Quiggin. 1999. Adverse Selection in Crop Insurance: Actuarial and Asymmetric Information Incentives [J]. American Journal of Agricultural Economics, 81 (4): 834-849.

Just, R. E., L. Calvin. 1990. An Empirical Analysis of U. S. Participation in Crop Insurance. Unpublished Report to the Federal Crop Insurance Corporation.

Just, R. E., L. Calvin. 1994. Adverse Selection in U. S. Crop Insurance: the Relationship of Farm Characteristics to Expected Premiums. Unpublished Manuscript, College of Agricultural and Resource Economics, University of Maryland, Maryland.

Just, R. E., L. Calvin. 1994. An Empirical Assessment of Adverse Selection in U. S. Crop Insurance. Unpublished Manuscript, College of Agricultural and Resource Economics, University of Maryland, Maryland.

Just, R. E., L. Calvin. Moral Hazard in U. S. 1993. Crop Insurance: An Empirical Investigation. Unpublished Working Paper, College of Agricultural and Resource Economics, University of Maryland, Maryland.

Ker, A. P., P. McGowan. 2000. Weather-Based Adverse Selection and the U. S. Crop Insurance Program: The Private Insurance Company Perspective [J]. Journal of Agricultural and Resource Economics, 25 (2): 386-410.

Ker, A. P. 2001. Private Insurance Company Involvement in the U. S. Crop Insurance Program [J]. Canadian Journal of Agricultural Economics, 49 (4): 557-566.

Leathers, H. D., J. C. 1991. Quiggin. Interactions between Agricultural and Resource Policy: the Importance of Attitudes toward Risk [J]. American Journal of Agricultural Economics, 73 (3): 757-764.

Liang, Y., K. H. Coble. 2009. A Cost Function Analysis of Crop Insurance Moral Hazard and Agricultural Chemical Use [C]. Selected Paper Prepared for Presentation at the Agricultural & Applied Economics Association's 2009 AAEA Annual Meeting, Milwaukee, Wisconsin, July 26–29.

Loehman, E., C. Nelson. 1992. Optimal Risk Management, Risk Aversion, and Production Function Properties [J]. Journal of Agricultural and Resource Economics, 17 (2): 219–231.

Luo, H., J. R. Skees, M. A. 1994. Merchant. Weather Information and the Potential for Intertemporal Adverse Selection in Crop insurance [J]. Review of Agricultural Economics, 16 (3): 441–451.

Mahul, O. 1999. Optimum Area Yield Insurance [J]. American Journal of Agricultural Economics, 81 (1): 75–82.

Makki, S. S., A. L. 2001. Somwaru. Evidence of Adverse Selection in Crop Insurance Markets [J]. Journal Risk Insurance, 68 (4): 685–708.

Makki, S. S., A. L. Somwaru. 2002. Asymmetric Information in Cotton Insurance Markets: Evidence from Texas [C]. Selected Paper Prepared for Presentation at the American Agricultural Economics Association's 2002 AAEA Annual Meeting, Long Beach, California, July 28–31.

Makki, S. S., A. L. Somwaru. 2007. Assessing Adverse Selection in Crop Insurance Markets: An Application of Parametric and Nonparametric Methods [J]. Asia–Pacific Journal of Risk and Insurance, 2 (1): 1–22.

Menapace, L., G. Colson, R. A. Raffaelli. 2016. Comparison of Hypothetical Risk Attitude Elicitation Instruments for Explaining Farmer Crop Insurance Purchases [J]. European Review of Agricultural Economics, 43 (1): 113–135.

Miller, S. E., K. H., Kahl, R. P. James. 2000. Evaluation of Crop Insurance Premium Rates for Georgia and South Carolina Peaches [J]. Journal of Agribusiness, 18 (3): 303–317.

Miranda, M. J., J. W. Glauber. 1997. Systemic Risk, Reinsurance, and the Failure of Crop Insurance Markets [J]. American Journal of Agricultural Economics, 79 (1): 206–215.

Miranda, M. J. 1991. Area–Yield Crop Insurance Reconsidered [J]. American Journal of Agricultural Economics, 73 (2): 233–242.

Mishra, A. K., Nimon, R. W., H. S. El–Osta. 2005. Is Moral Hazard Good for the Environment? Revenue Insurance and Chemical Input Use [J]. Journal of Environmental Management, 74 (1): 11–20.

Mossin, J. 1968a. Aspects of Rational Insurance Purchasing [J]. Journal of Political Economy, 76 (4): 553–568.

Mossin, J. 1968b. Optimal Multiperiod Portfolio Policies [J]. The Journal of Business, 41 (2): 215–229.

Myerson, R. B. 1991. Game Theory: Analysis of Conflict [M]. Cambridge, MA: Harvard University Press.

Nelson, C. H. , E. T. Loehman. 1987. Further Toward A Theory of Agricultural Insurance [J]. American Journal of Agricultural Economics, 69 (3): 523-531.

Nimon, R. W. , andA. K. Mishra. 2001. Revenue Insurance and Chemical Input Use Rates [C]. Selected Paper Prepared for Presentation at the American Agricultural Economics Association's 2001 AAEA Annual Meeting, Chicago, IL, August 5-8.

Pauly, M. V. 1968. The Economics of Moral Hazard: Comment [J]. The American Economic Review, 58 (3): 531-537.

Pope, P. D. , R. A. Kramer. 1979. Production Uncertainty and Factor Demands for the Competitive Firm [J]. Southern Economic Journal, 46 (2): 489-501.

Quiggin, J. C. , G. Karagiannis, J. Stanton. 1993. Crop Insurance and Crop Production: An Empirical Study of Moral Hazard and Adverse Selection [J]. Australian Journal of Agricultural Economics, 37 (2): 95-113.

Quiggin, J. C. 1992. Some Observations on Insurance, Bankruptcy and Input Demand [J]. Journal of Economic Behavior and Organization, 18 (1): 101-110.

Quiggin, J. C. 1994. The Optimal Design of Crop Insurance. Economics of Agricultural Crop Insurance: Theory and Evidence, edited by D. L. Hueth, and W. H. Furtan, Kluwer Academic Publishers, Norwell, MA, 115-134.

Ramaswami, B. 1993. Supply Response to Agricultural Insurance: Risk Reduction and Moral Hazard Effects [J]. American Journal of Agricultural Economics, 75 (4): 914-925.

Ramaswami, B. and T. L. Roe. 2001. Structural Models of Area Yield Crop Insurance [C]. Selected Paper Prepared for Presentation at the American Agricultural Economics Association's 2001 AAEA Annual Meeting, Chicago, IL, August 5-8.

Rejesus, R. M. , A. C. Lovell, B. B. Little, M. H. Cross. 2003. Determinants of Anomalous Prevented Planting Claims: Theory and Evidence from Crop Insurance. Agricultural and Resource Economics Review, 32 (2): 244-258.

Rejesus, R. M. , K. H. Coble, T. O. Knight, Y. Jin. 2006. Developing Experience - Based Premium Rate Discounts in Crop Insurance [J]. American Journal of Agricultural Economics, 8 (2): 409-419.

Rejesus, R. M. 2003. Ex Post Moral Hazard in Crop Insurance: Costly State Verification or Falsification? [J]. Economic Issues, 8 (2): 29-46.

Richards, T. J. , Pamela Mischen. 1997. The Demand for Specialty - Crop Insurance: Adverse Selection and Moral Hazard [C]. Selected Paper Prepared for Presentation at the Western Agricultural Economics Association's 1997 Annual Meeting, Reno, Sparks, Nevada, July 13-16.

Richards, T. J. , Pamela Mischen. 1998. The Demand for Specialty - Crop Insurance: Adverse Selection and Inefficiency [J]. Journal of Agribusiness, 16: 53-77.

Roberts, M. J. , E. J. O'Donoghue, N. Key. 2009. Measuring the Incidence and

Indemnity Cost of Moral Hazard in the United States Crop Insurance Program. First Submission.

Roberts, M. J., N. Key, E. j. O'Donoghue. 2006. Estimating the Extent of Moral Hazard in Crop Insurance Using Administrative Data [J]. Review of Agricultural Economics, 28 (3): 381-390.

Rothschild, M., J. Stiglitz. 1976. Equilibrium in Competitive Insurance Markets: An Essay on the Economics of Imperfect Information [J]. The Quarterly Journal of Economics, 90 (4): 629-649.

Santeramo, F. G., B. K. Goodwin, F. Adinolfi, F. Capitanio. 2016. Farmer Participation, Entry and Exit Decisions in the Italian Crop Insurance Programme [J]. Journal of Agricultural Economics, 67 (3): 639-657.

Shaik, S., J. Atwood. 2000. Estimating the Demand of Crop Insurance and Supply for Indemnity Payment: Nebraska Agriculture Sector [C]. Selected Paper Prepared for Presentation at the American Agricultural Economics Association's 2000 AAEA Annual Meeting, Tampa, FL, July 30-August 2.

Shaik, S., J. Atwood. 2002. An Examination of Different Types of Adverse Selection in Federal Crop Insurance [C]. Selected Paper Prepared for Presentation at theWestern Agricultural Economics Association's 2002 Annual Meeting, Long Beach, California, July 28-31.

Shaik, S., K. H. Coble, T. O. Knight. 2005. Revenue Crop Insurance Demand [C]. Selected Paper Prepared for Presentation at the Agricultural & Applied Economics Association's 2005 AAEA Annual Meeting, Providence, Rhode Island, July 24-27.

Shavell, S. 1979. On Moral Hazard and Insurance [J]. The Quarterly Journal of Economics, 93: 541-562.

Shields, D. A. 2010. Federal Crop Insurance: Background and Issues [R]. CRS Report for Congress, December 13.

Sitkin, S. B., A. L. Pablo. 1992. Reconceptualizing the Determinants of Risk Behavior [J]. Academy of Management Review, 17 (1): 9-38.

Skees, J. R., M. R. Reed. 1986. Rate-making and Farm Level Crop Insurance: Implications for Adverse Selection [J]. American Journal of Agricultural Economics, 68 (3): 653-659.

Smith, V. H., B. K. Goodwin. 1996. Crop Insurance, Moral Hazard, and Agricultural Chemical Use [J]. American Journal of Agricultural Economics, 78 (2): 428-438.

Smith, V. H., J. W. Glauber. 2012. Agricultural Insurance in Developed Countries: Where have We been and Where are We Going? [J]. Applied Economic Perspectives and Policy, 34 (3): 363-390.

Smith, V. H., M. J. Watts. 2010. The New Standing Disaster Program: A SURE Invitation to Moral Hazard Behavior [J]. Applied Economic Perspectives and Policy,

32 (1): 154–169.

Somwaru, A. L., S. S. Makki, K. H. Coble. 1998. Adverse Selection in the Market for Crop Insurance [C]. Selected Paper Prepared for Presentation at the American Agricultural Economics Association's 1998 AAEA Annual Meeting, Salt Lake City, August 2–5.

Spence, M., R. Zeckhauser. 1971. Insurance, Information, and Individual Action [J]. American Economic Review, 61 (2): 380–387.

Stigler, G. J. 1961. The Economics of Information [J]. The Journal of political Economy, 69 (3): 213–225.

Turvey, C. G., M. Hoy, Z. Islam. 2002. The Role of Ex Ante Regulations in Addressing Problems of Moral Hazard in Agricultural Insurance [J]. Agricultural Finance Review, 62 (2): 103–116.

Turvey, C. G., X. Gao, R. Nie, *et al.* 2013. Subjective Risks, Objective Risks and the Crop Insurance Problem in Rural China [J]. The Geneva Papers on Risk and Insurance–Issues and Practice, 38 (3): 612–633.

Turvey, C. G. 2001. Weather Derivatives for Specific Event Risks in Agriculture [J]. Review of Agricultural Economics, 23 (2): 333–351.

Vercammen, J. A., G. C. van Kooten. 1994. Moral Hazard Cycles in Individual Coverage Crop Insurance [J]. American Journal of Agricultural Economics, 76 (2): 250–261.

Wang, M., T. Ye, P. J. Shi. 2016. Factors Affecting Farmers' Crop Insurance Participation in China [J]. Canadian Journal of Agricultural Economics, 64 (3): 479–492.

Weaver, R. D., T. Kim. 2002. Designing Crop Insurance to Manage Moral Hazard Costs [C]. Paper Prepared for Presentation at the Xth EAAE Congress "Exploring Diversity in the European Agri–Food System", Zaragoza, Spain, August 28–31.

Zeckhauser, R. J. 1970. Medical Insurance: A Case Study of the Tradeoffbetween Risk Spreading and Appropriate Incentives [J]. Journal of Economic Theory, 2: 10–26.

Zhang, Y. H., H. H. Wang. 2011. Cheating? The Case of Producers' Under–report Behavior in Hog Insurance in China. Working Paper.

Zhang, Y. H., X. Zhu, C. G. Turvey. 2016. On the Impact of Agricultural Livestock Microinsurance on Death – Loss, Production and Vaccine Use: Observations from a Quasi–Natural Experiment in China [J]. The Geneva Papers on Risk and Insurance–Issues and Practice, 41 (2): 225–243.

Zhao, Y. F., Z. H. Chai, M. S. Delgado, P. V. Preckel. 2017. A Test on Adverse Selection of Farmers in Crop Insurance: Results from Inner Mongolia in China [J]. Journal of Integrative Agriculture, 16 (2): 478–485.

Zhong, F. N., Ning, M. X., L. Xing. 2007. Does Crop Insurance Influence Agrochemical Uses under Current Chinese situations? A Case Study in the Manasi Watershed, Xinjiang [J]. Agricultural Economics, 36 (1): 103–112.